香港中文大學
昆曲研究推廣計劃叢書 ③

白先勇 顧問　華瑋 主編

香港昆曲人物志

華瑋 编

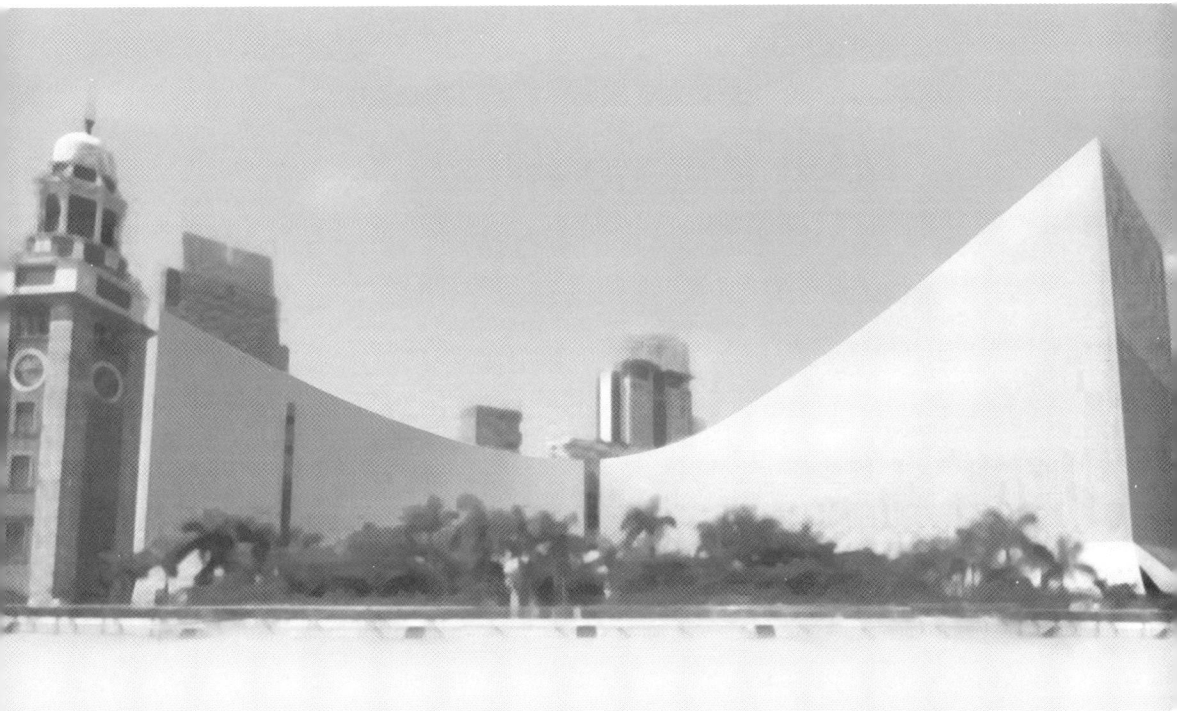

上海古籍出版社

图书在版编目(CIP)数据

香港昆曲人物志/白先勇顾问；华玮主编；华玮编.—上海：上海古籍出版社，2020.9
(香港中文大学昆曲研究推广计划丛书)
ISBN 978-7-5325-9743-7

Ⅰ.①香… Ⅱ.①白… ②华… Ⅲ.①昆曲-艺术工作者-访问记-香港 Ⅳ.①K825.78

中国版本图书馆CIP数据核字(2020)第167231号

香港中文大学昆曲研究推广计划丛书
香港昆曲人物志
华 玮 主编
华 玮 编
上海古籍出版社出版发行
(上海瑞金二路272号 邮政编码200020)
(1)网址：www.guji.com.cn
(2)E-mail: guji1@guji.com.cn
(3)易文网网址：www.ewen.co
上海商务联西印刷有限公司印刷
开本710×1000 1/16 印张22.25 插页7 字数329,000
2020年9月第1版 2020年9月第1次印刷
ISBN 978-7-5325-9743-7
J·632 定价：98.00元
如有质量问题，请与承印公司联系

1954年俞振飞和黄蔓耘在香港
联袂演出《贩马记》

1983年俞振飞于香港中文大学演讲
"我与昆剧六十年",饶宗颐主持

一生儿爱好是天然

此乃临川四梦中牡丹亭
游园惊梦之句 山书奉
宜修曲友 方家莞正
丙寅叁月 俞振飞 时年八十又五

1986年俞振飞手书《牡丹亭》名句赠吴宜修

1989年"香港文化中心"开幕献礼"南北昆剧汇香江"

2009年邓宛霞于香港文化中心演出《牡丹亭·寻梦》

2012年香港"中国戏曲节",江苏省苏州昆剧院演出白先勇制作《南西厢》与《长生殿》

2017年香港"中国戏曲节",江苏省苏州昆剧院演出白先勇制作新版《白罗衫》

2016年邢金沙、温宇航于香港"中国戏曲节"演出古兆申改编《紫钗记》

2008年"进念·二十面体"制作《临川四梦汤显祖》于香港演出

（左图）1953年俞振飞于香港出版《粟庐曲谱》

（右图）2002年王正来辑校、薛正康副编、顾铁华出版《粟庐曲谱外编》

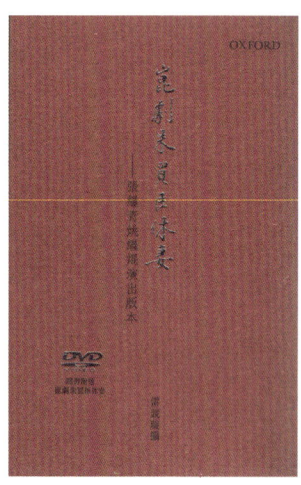 

（左图）2007年雷竞璇编《昆剧朱买臣休妻》

（右图）2009年华玮主编《昆曲·春三二月天》

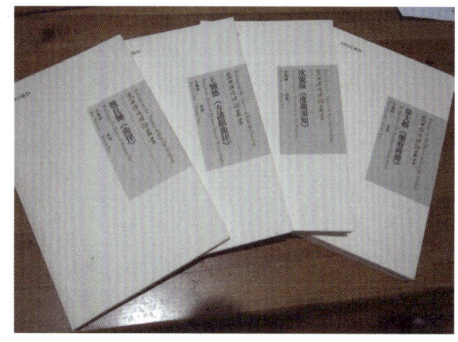 

2006年古兆申、余丹研究及翻译《昆曲演唱理论丛书》

2009年王正来著，古兆申、张丽真编校《新定九宫大成南北词宫谱译注》

1991年乐漪萍于"香港中华文化促进中心"主持张继青讲座
（左起：张继青、乐漪萍、钱洪明）

2015年白先勇、华文漪于香港中文大学"昆曲之美"通识课程讲座

2012年"香港中华文化促进中心昆剧研究及推广委员会"二十周年志庆暨"香港和韵曲社"成立典礼

前排左起：魏紫燕、俞为民、周秦、邓宛霞、郑培凯、顾铁华、姚德怀、古兆申、张丽真、黄景强、叶肇鑫

后排左起：刘国辉、石绮君、耿天元、叶嘉仪、朱为总、赵天为、华玮、余志明、余陈丽娥、谭飞燕、刘志宏、陈化玲、焦磊、刘楚华、苏思棣、霍咏强、魏城璧、陈泽蕾、刘骏业、吴君玉、陈春苗

序一　昆曲进校园

香港中文大学博文讲座教授　白先勇

这些年我致力于推广昆曲、振兴昆曲，其中重要目标之一是"昆曲进校园"计划。从一开始，我们的对象便锁定大学及大学生。我的看法是，大学校园应该是昆曲复兴的摇篮，大学生更应该是振兴昆曲的种子。从传统检视昆曲的发展，昆曲本属"雅部"，一向有大量文人阶层的投入，甚至得到皇室的提倡，因其辞曲高雅，所以一直深获传统知识分子亦即文人阶层的爱护，即使昆曲长期式微以来，亦全靠少数的文人曲友，薪火相传，使昆曲绵延不坠。现代大学生，因为他们的文化水平比较高，应该可以扮演传统文人的角色，保护昆曲，推广昆曲。由于这样的认知，我制作青春版《牡丹亭》，首要的受众对象便是大学生，我们曾经到大陆、香港、台湾以及美国三十多所高校巡回演出，培孕了大批的学生观众，受到大学的青年学子热烈欢迎。学生对昆曲的热情已经点燃起来了，要继续这股热潮，下一步"昆曲进校园"计划便是在大学里开设昆曲课程，建立昆曲中心。如此，才可以长期不断地培养大学生观众，以及一些热心于研究推广昆曲的种子。我们的大学教育，自"五四"以来，重理工，轻人文，尤其对于中国传统文化的课程，长期偏废，造成大学人文教育营养不良的后遗症，混淆了青年学子的文化认同。昆曲是明清时期一大文化成就，是中国表演艺术的佼佼者，有"百戏之祖"之称。在大学开昆曲课，可以补足一部分大学人文教育的缺失，让青年学子体验昆曲之美，从而重新认识我们自己的传统文化。

2011年，我应香港中文大学文学院之邀，在中大做了几场演讲。中大沈祖尧校长会见我，希望我能替中大开设昆曲课程，设立昆曲中心，并且保证他一定会设法筹足开办经费。沈祖尧校长说，中文大学，顾名思义，就应该负起推广中国文化的责任。我深为沈校长重视人文教育的热忱所感动，义不容辞，替中大设计了"昆曲之美"的讲座课程,于2012年春季开课,由华玮教授主持。华玮教授是汤显祖研究专家,青春版《牡丹亭》的编剧之一,主持"昆曲之美"的课程,不作第二人选。3月,"昆曲研究推广计划"成立,香港企业家余志明先生及夫人陈丽娥女士慷慨捐助二百万港币,支持"昆曲研究推广计划"及"昆曲之美"讲座,余先生伉俪长年来赞助昆曲推广运动,不惜余力。在校方及民间积极的鼓励下,昆曲课程在中大得以蓬勃展开,三年来,华玮教授鞠躬尽瘁,教导有方,"昆曲之美"大受学生欢迎,每年有昆曲示范演出进入中大校园,案头场上,同时进行。

"昆曲研究推广计划"重点之一,在鼓励昆曲研究并出版研究成果。昆曲有六百年历史,在史述、文本、音乐各方面都有丰富的资料可供学者研究。本计划在华玮教授主导下,网罗各地昆曲学者,从事共同研究,本套丛书有南京大学昆曲资深学者吴新雷教授等的著作,便是研究计划的成果。昆曲研究,应该有学术的尊严与地位。

2015年9月

序 二

香港中文大学历史系荣休教授、研究教授
前文学院院长　　**梁元生**

香港中文大学于1963年成立以来，一直以传承及发扬中国文化为使命。"连接传统与现代，融会中国与西方"为其校园文化及学术研究之特色，目的是在培育下一代成为"兼通古今，博识中外"的"中大人"。

香港中文大学继承了创校的三所书院，即新亚、崇基、联合所奠立的人文精神，特别在中国文学、哲学、历史和艺术方面，有杰出的学术成果。近些年来，对传统中国的民间社会、科技发展及中医中药的研究，也正方兴未艾。除此以外，还有一个教研的范畴为近年学者和学生所注意，而它的吸引力也逐年增加。这个范围就是传统戏曲，包括粤曲和昆曲。粤曲是本土文化，根深蒂固，有一定的追随者；而昆曲则近年才在校园兴起，却如一阵旋风，颇受瞩目，极受欢迎。主要原因，除了昆曲本身之文化内涵及艺术魅力充满吸引力之外，也是有关人士热心推动所致。首先，我要诚心多谢白先勇教授，他是家喻户晓的著名作家，也是美国加州大学圣芭芭拉分校的文学教授。退休后，他把全部精力和时间，都用来推广昆曲，特别是在大学校园和年轻人中间做工作。十多年前，他在苏州发掘了一批年轻的昆曲演员，栽培他们成为"青春版牡丹亭"的台柱，这些年来走遍了中国大江南北，在各大学演出，又把昆曲带出中国，走向世界，在许多国际知名学府中演出，深得好评。为了进一步让昆曲植根校园，他在北京大学、台湾大学和香港中文大学开办昆曲课程，此为香港中文大学成立"昆曲之美"课程之由来。而课程之统筹者华玮教授，乃研究明清戏曲之专家，系出名门，在伯克莱加州大学博士毕业后，即在北美及台湾从事教研工作，在中研院中国文哲研究所担任研究员多年，专治传统戏曲艺术和历史，是昆曲历史方面的学术权威。由她领导昆曲研究和昆曲推广的工作，是不二之选。当然，我们还需要特别向全力支持"昆曲研究推广计划"的余志明伉俪致谢，他俩除了捐助经费，还出席演讲和演出，又和同学分享经验，真是对推广昆曲抱着关怀和敬意的有心人。

为了使昆曲文化能在学术界和文化圈内得以长久发展，香港中文大学"昆曲研究推广计划"正准备由华玮教授主编以《插图本昆曲史事编年》为首的一套昆曲研究丛书。我们期待这一套丛书的出版，能够为昆曲的未来注入更活泼的生命力，使年轻一代的大学生不只是慕新而弃旧，让传统文化得以传承及发展下去。是所愿也，乐为之序！

2015年6月

出版说明

香港中文大学中国语言及文学系教授　华　玮
"昆曲研究推广计划"主任

2012年9月，香港中文大学正式启动"昆曲研究推广计划"，由白先勇教授出任荣誉主任，由本人主持工作。"计划"致力于昆曲文化遗产的研究与整理，包括昆曲在文学文本、音乐、表演等各种艺术形式的研究；并在校内以及国际网络平台创设"昆曲之美"课程，邀请昆曲表演艺术家及学者专家到访，参与"计划"的教育推广。我们期待能为世界各地、不同学术背景的研究者和学生，提供自由而广阔的交流平台，借此促进香港与国际间的昆曲研究与对话合作，并进一步推动世界性的昆曲与人文研究。

"香港中文大学昆曲研究推广计划丛书"的出版，正是立基于此目标之上，其内容涵盖昆曲史、昆曲美学、昆曲与社会文化等不同方面。"丛书"已出版了吴新雷教授编著的《插图本昆曲史事编年》，以及陆萼庭先生的遗著《钟馗考》。此次出版的《香港昆曲人物志》，乃走访十八位在香港传承推广昆曲的重要人物的访谈录，采访对象包括昆曲表演艺术家、学者文人、教育工作者、剧场导演、企业家、政府公务员等不同背景人士。之后我们将继续推出昆曲"折子戏"的学术论集，以及昆曲表演艺术家在港中大"说戏"的文字纪录。

香港长期华洋共存，传统演剧在现代都市中占有一席之地，尤其是广东粤剧，迄今依然拥有众多剧团与大批观众，每年约有一千场演出。昆曲被带至香港，可上溯至梅兰芳。1922年，他到香港献演，除京剧外，也演出了《春香闹学》、《游园惊梦》、《佳期》、《拷红》等昆曲经典剧目。不过，此次演出，昆曲只是昙花一现。

香港的昆曲发展，经历了几个重要时期。初期在香港开荒拓土的是现代昆曲大师俞振飞。二十世纪四十年代末至五十年代中，俞振飞旅居香港，除与马连良、张君秋合演京剧外,亦曾单独成立"俞振飞剧团",兼演京昆剧目。1961和1962年之交,已返大陆的俞振飞特率上海青年京剧团赴港、澳举行系列演出,轰动一时,吸引大批由大陆南来的观众。然而,之后二十年,除私人雅集偶有曲唱,昆曲几乎绝迹于香港。

直至二十世纪八十年代,香港昆曲方得以继续推进。1983年,俞振飞率领上海昆剧团来港演出十五场。其后,俞振飞又多次到港演出、举办讲座,影响深远。1985年,香港本地一批文化人自发组建文化团体,成立了"香港中华文化促进中心",其名下的"昆剧研究及推广委员会"1992年设置,二十多年来先后延请乐漪萍、王亨恺、古兆申、张丽真诸位先生为曲友拍曲,于2012年正式成立"香港和韵曲社"。而俞振飞海外入室弟子顾铁华亦于1989年成立"香港传统戏曲艺术研究院"。这批文化人通过举办昆曲观赏会、邀请演员举行示范讲座、组织清唱传授及身段工作坊、组团到大陆观看昆曲等活动,培养出香港最重要的一批昆曲爱好者与传播者。也是在八十年代的1986年,邓宛霞建立了"香港京昆剧场"。当1989年香港文化中心开幕,"六大昆班"受香港政府之邀赴港演出,成为一时盛事,此后几乎每年均有大陆昆剧团访港。整体来看,二十世纪八十年代至九十年代,昆曲演出、昆曲清唱、示范演讲、昆曲出版等活动不绝如缕,奠定了香港昆曲的发展格局。

世纪之交迄今,为香港昆曲发展的第三期,其重要特点是昆曲推广逐步进入教育机构。在企业家余志明、何鸿毅家族基金会的鼎力支持下,香港教育工作者更系统地在各大高校及中小学推广昆曲,培养新观众。香港城市大学郑培凯、香港浸会大学刘楚华和张丽真、岭南大学陈化玲、香港中文大学白先勇和华玮等老师在高校陆续开设昆曲相关课程,组织演出、示范讲座、工作坊。同时,邓宛霞的"香港京昆剧场"在大中小学积极传播戏曲教育;邢金沙在香港演艺学院任教,并在2006年成立"邢金沙戏曲传习社",传授、推广昆曲。另一方面,香港特区政府康乐及文化事务署也设置专门筹办传统戏曲演出的单位,并于2010年起推出每年一度的"中国戏曲节",昆剧、粤剧、京剧,年年必演,故在香港培养了一大批爱好者。

总的来说,香港对昆曲艺术的贡献最少有三方面:首先,保护传承。在二十世纪八九十年代,当昆曲陷于困顿时,一批香港文化人如古兆申,对传统艺术珍而重之,并积极介入。他们提供资金为"传字辈"录制教学影像,组织昆曲年轻演员向前辈学习;他们不仅把昆曲引介给香港观众,更利用地缘优势,组织"游江南·看昆剧"促进台湾文化人与大陆昆剧团的联系,间接推动昆曲在台湾的传播,迄今港、台观众依然是昆曲非常重要的知音。此外,半个世纪以来,香港在昆曲上累积了可观的出版成果,涵盖了曲谱、演唱理论、艺术传承、学术研究等方方面面。例如《粟庐曲谱》、《粟庐曲谱外编》、《新定九宫大成南北词宫谱译注》、《昆曲字音》、《昆曲演唱理论丛书》、《昆曲蝴蝶梦》、《昆曲朱买臣休妻》、《昆曲·春三二月天:面对世界的昆曲与〈牡丹亭〉》、《普天下有情谁似咱:汪世瑜谈青春版〈牡丹亭〉的创作》、《依旧是水涌山叠:侯少奎艺术传承记录》、《春心无处不飞悬:张继青艺术传承记录》、《文苑奇葩汤显祖:中国戏曲艺术国际研讨会论文集》、《袅晴丝吹来闲庭院:昆曲与非实物文化传承国际研讨会论文集》、"香港中文大学昆曲研究推广计划丛书"等。同时很值得重视的,还有叶肇鑫先生"昆曲百种·大师说戏"的录像工程。

其次,教育推广。香港昆曲人士在长期摸索中,开拓出多元有效的推广方式。尤其是二十世纪九十年代末开始,他们就致力于结合剧场与教育,并逐渐将昆曲艺术引入现代教育体制的知识架构中。从一开始传授曲唱,再到请表演艺术家登上讲坛,此方式日渐系统化,取得有目共睹的成绩。近年来,香港昆曲人士也通过翻译曲论著作、制作英文网络课程等方式,向世界弘扬昆曲。例如香港中文大学借助网络平台Coursera推出的中、英文版"昆曲之美"慕课课程,学员已遍及一百多个国家。

最后,发展创新。得益于多元的文化氛围与艺术品位,香港提供了古今中西对话、剧种交流的重要平台。这里有一批忠于传统艺术的昆曲知音,也有乐于融合传统表演与现代剧场的话剧团体如"进念·二十面体"的艺术总监荣念曾先生。康乐及文化事务署举办的"中国戏曲节"通常以传统戏码为主,具实验性质的剧目则会在"香港艺术节"、"新视野艺术节"中找到位置。在剧种交流方面,不少粤剧演员或直接向昆曲艺术家学习,或观摩演出、聆听讲座,从中汲取灵感。

　　从二十世纪五十年代中叶昆曲在香港播种算起，至今已逾一甲子。虽然香港迄今没有专业昆剧团，有心人士却能精耕细作，从组织演出、传承清唱、推广教育、促进出版、开拓剧场形式等方面，培育昆曲在香港扎根，在现代社会开花。本书所采访的十八位人士，各有其工作岗位，出于热爱而志愿投入昆曲推广事业。在演员缺乏、观众隔膜、生活紧张的现代香港，几十年如一日地坚持这项堪称寂寞的工作，非"有情人"不能为也。昆曲几百年间得以维持不坠，实有赖于类似的有心人士传薪继绝。采访稿结书为《香港昆曲人物志》，其名为"人物志"，其意则在"香港昆曲"。借着这批历史亲历者与推动者的口述，我们得以回顾香港昆曲一甲子的发展历程，并展望未来。

　　本书是访谈逐字稿的整理，以存实求真为原则。惟为使行文更加流畅，在不增改语意与文字的前提下，重新组织部分段落、语句的顺序，删减过于口语化的词汇，并力求尽量维持受访者的语气。配合访谈文字，我们插配了图片，包括演出剧照、宣传资料、活动照片等。这些图片是珍贵的一手历史资料，可与口述内容互证。另外，我们根据演出文宣、书籍、杂志、报纸等文献及网络资料，制作了一份"香港昆曲史事编年"，以为附录。受访者口述侧重于描述事件经过、组织细节及经验感受，此编年则可补资料遗漏，使读者更明晰全面地了解香港昆曲。在此需特别致意的是沈苇窗先生（1918—1995）及其一手创办、只身经营的《大成》杂志。沈先生出生于上海，乃昆曲名宿徐凌云的外甥，本人也是昆曲票友，二十世纪五十年代曾与俞振飞在香港演出《贩马记》。从七十年代初到沈先生去世，他在香港创办经营《大成》及其前身《大人》杂志，宣传戏曲、书画等传统艺文，并为相关活动留下弥足珍贵的记录。本书采访的吴宜修女士即经常为《大成》撰稿。本书附录得以整编而成，沈先生及其刊物居功厥伟。受限于机缘、人力、时间及资源，还有许多像沈先生一样为香港昆曲发展作出重要贡献的人士，我们未能一一采访，是此项目的遗憾之处。

　　最后，我要真诚感谢愿意接受采访的诸位先生、女士及他们的耐心等候。其中，陈化玲老师与李明珍女士，以及周嘉仪女士更提供了大批演出场刊，极大地充实了本书的资料；杨葵女士曾帮忙引介多位受访者。感谢陈亮亮博士、郑佩群女士、蒋镇鸿先生、刘丽丽女士、陈春苗博士、张家祯博士，他们为采访、文字整理、图片搜寻、附录制作、文稿校对等工作付出了大量时间与精力。感谢袁家璐女士为封面设计提供的帮助。感谢上海古籍出版社社长高克勤先生、副总编奚彤云女士与编辑黄亚卓女士一如既往的支持。本丛书得以出版，则要归功于余志明先生及夫人余陈丽娥女士的慷慨赞助、白先勇教授的前瞻视野、香港中文大学文学院前院长梁元生教授与前院长赖品超教授的鼎力支持，谨此一并致谢！

目　录

序一　昆曲进校园……………………………………白先勇 /1
序二…………………………………………………… 梁元生 /3
出版说明……………………………………………… 华　玮 /5

人物访谈录（按姓氏笔划序）

白先勇………………………………………………………… 1
古兆申………………………………………………………… 16
邓宛霞………………………………………………………… 37
乐漪萍………………………………………………………… 50
邢金沙………………………………………………………… 66
华　玮………………………………………………………… 79
刘国辉………………………………………………………… 99
刘楚华………………………………………………………… 118
李明珍………………………………………………………… 129
杨　葵………………………………………………………… 144
吴宜修………………………………………………………… 164
余志明………………………………………………………… 176
张丽真………………………………………………………… 187
陈化玲………………………………………………………… 200

郑培凯……………………………………………… 217
荣念曾……………………………………………… 231
顾铁华……………………………………………… 243
雷竞璇……………………………………………… 260

附录　香港昆曲史事编年…………………………… 271

白先勇

著名作家。美国加州大学圣塔芭芭拉分校东亚语言及文化研究学系荣休教授、香港中文大学博文讲座教授。二十世纪四十年代在上海观看俞振飞、梅兰芳演《游园惊梦》,1967年创作同名小说,并于八十年代改编为舞台剧。荣休后致力于推广昆曲艺术,自称"昆曲义工"。2002年在香港开设首次昆曲讲座,2003年着手策划制作青春版《牡丹亭》。2004年此剧在台湾首演,其后于大陆、香港、欧美等地巡回演出,引起热烈反响,至今已上演超过三百场。此后,陆续制作新版《玉簪记》、新版《白罗衫》、新版《义侠记》等。2012年起,受邀担任香港中文大学文学院"昆曲研究推广计划"荣誉主任,筹设"昆曲之美"大学通识课程及网络课程。

时间：2018年3月6日
地点：香港沙田凯悦酒店

白老师，我们知道您曾经在香港念过小学、中学，青春版《牡丹亭》也与香港颇有渊源，可否谈谈您的香港昆曲缘？

的确，我的香港昆曲缘很深。青春版《牡丹亭》的由来，要追源头的话，是从香港开始的。2002年，香港康乐及文化事务署（以下简称为"康文署"）邀请我来演讲昆曲。那是古兆申在后面安排。之前我已经来过香港，郑培凯邀请我到城市大学讲文学创作，讲座对象原本是大学生，但却来了许多中学老师和他们的学生。那次轰动得不得了，开了好几个房间。古兆申看到这个情形，认为我在香港有号召力，就想到让我来讲昆曲。他本来就在推动昆曲，所以要我来讲。一讲讲四天。头一天是在香港大学陆佑堂，第二、第三次是在香港沙田大会堂，讲给中学生听。香港沙田大会堂有一千多个座位，蛮可怕。第四天

香港大学"昆剧里的男欢女爱"讲座场刊，2002年12月8日，香港大学陆佑堂（陈化玲老师提供）

"白先勇说昆剧"暨示范演出海报，2002年12月11日，香港沙田大会堂演奏厅（李明珍女士提供）

蛮有意思的,面向一般公众,而且卖票,凭票入场。

我当时想,光是这么讲,尤其是第二、第三天,一千多个中学生,吓死我了。那些"香港仔,点算"(广东话,"这些香港小孩子,怎么办")?要他们坐一两个钟头不动,还得了?我教了二十九年大学,没试过这阵仗。我就开始动脑筋,想要一边讲,一边示范。刚好古兆申知道苏昆。他跑到苏州参加昆曲节,看了之后发觉,有一波青年演员小兰花。他说长相很好,功夫也不错。他就跟我讲:那就把他们弄来吧。好了,就把他们弄来。哪几个呢?俞玖林、吕佳、俞红梅。由老生杨晓勇带团来了,他是苏州昆剧院的副院长。本来邀请的闺门旦是沈丰英,当时她生病了,就由俞红梅代替。那次是上妆的。乐队好像只有一个主笛,不是大乐队。

所以这是您第一次接触到这批年轻演员?

这是第一次接触他们,第一次见面,以前没看过他们演出,只是听古兆申讲。最关键的是,居然俞玖林就唱《惊梦》。一看,诶,就是我要的柳梦梅。然后我们就开始示范了。第一场在港大,由香港大学中文系主办,地点在港大陆佑堂。相当轰动,陆佑堂七百多个座位挤得满满的。除了港大师生,好多外面的人也来,我记得导演杨凡也来了。那天的题目很好玩,"昆剧里的'男欢女爱'——以《佳期》及《惊梦》为例"。这个题目可以引起他们的好奇,可以吸引多一点人来。讲爱情,大家看得开心。而且昆曲以爱情戏为主,这是它的特征。我把这一套讲给中学生听。他们觉得,哇,从前这样子的!很有触动。你不要看那些小鬼,有些小孩子很敏感的。

后面三场都是康文署主办的,三场讲座都在沙田大会堂。[①] 那个场地就大很多,一千四百个座位,但观众都坐满了。其中最后一场还是公开售票,票价50元港币。示范的剧目有《游园惊梦》、《下山》、《琴挑》、《秋江》。

---

① 三场讲座题目分别为:
—— "昆剧《游园惊梦》给我的创作灵感",示范剧目为《下山》、《游园惊梦》;
—— "昆曲中的爱情表演方式",示范剧目为《惊梦》、《下山》及《琴挑》;
—— "昆曲:世界性的艺术",示范剧目为《佳期》、《弹词》及《秋江》。

这是不是很多香港人第一次看昆曲？

我看很多人是。以前俞振飞来过，有些香港人听过，但那是老一辈的。对于年轻人来说，这是第一次。

您就是在这次讲座结束之后，开始萌发制作青春版《牡丹亭》的念头的吗？

那时候我就跟古兆申讲，要不要考虑制作青春版？之前浙江昆剧团跑到台湾演《牡丹亭》，浙江昆剧团、上海昆剧团都去演过。我总觉得老演员当然功夫好，但青春气息、爱情这种东西没出来，觉得不对，形象不对。我想，我们去哪里找年纪轻的柳梦梅、杜丽娘？我不说别的，我心中的直觉很准。不光是戏曲，我的电影、舞台剧主角，都是我挑的，一挑就中。《游园惊梦》的卢燕，她演得一级棒。胡锦，她就是天辣椒。

其实制作青春版《牡丹亭》不是偶然的。因为1982年，我制作了《游园惊梦》的舞台剧，轰动得不得了。这舞台剧里面就有一段昆曲，卢燕唱。那次话剧我们把整个昆曲文武场乐队搬到台上去。我们还有两个乐队，一个是京戏，一个是昆曲，好大的场面。胡锦唱京剧，卢燕唱昆曲。那是我第一次制作舞台剧，里面有昆曲，在台北演出很轰动。这样子，很多台湾人第一次结识昆曲是看我的舞台剧。1988年，又排了另一个版本的《游园惊梦》，这次我请了华文漪饰演剧中女主角蓝田玉。这个剧后来还到香港高

《大成》杂志"天南地北"栏目对《游园惊梦》舞台剧的报导（文广生：《天南地北：白先勇小说成舞台剧》，《大成》第181期，1988年12月，页25）

山剧场演出,一连演了四场。①

所以,在制作青春版之前,您已经累积了一些舞台制作经验?

制作舞台剧《游园惊梦》后的第二年,1983年,合作的台北新象公司干脆让我制作《牡丹亭》。作了两折,一个是《春香闹学》,一个是《游园惊梦》,由台湾大鹏京剧队的徐露跟高蕙兰、王凤云搭配演出。徐露是苏州人,虽然以唱京戏出名,但昆曲也会。她唱《春香闹学》与《游园惊梦》,两个角她都演,在《春香闹学》演春香,在《游园惊梦》演杜丽娘。那次演出在国父纪念馆,有两千个座位,两天都满座,也是轰动得不得了。

这个之后,1992年,我又去搞了一次,做一天版的昆曲《牡丹亭》,华文漪主演。当时华文漪在美国,我想这是我们的国宝,就把她弄到台湾演出。这是第一个到台湾演出的大陆演员。跟她配戏的是高蕙兰,那时台湾还没有昆曲剧团,这个戏算是白手起家。在此之前,台湾还没有演过全本戏昆曲,只有一折、两折的折子戏。这次演出是台北"国家戏剧院"制作的,我把乐队、舞台设计弄好,演出四天,四天爆满。华文漪演得很好,也留下了一段录像表演。

所以我在此之前做过好多次制作人:舞台剧《游园惊梦》、《蝴蝶梦》、昆曲《牡丹亭》二折、一天版的《牡丹亭》,其实蛮有经验,才来制作青春版《牡丹亭》。而且我有一批文化人朋友。舞台剧、表演艺术界的朋友们,我都认得,给我很多支持和帮助,不然怎么可能猛然跑出来!这是大型的工作,牵涉这么多:灯光、舞美、服装,班底中的很多人都是在话剧《游园惊梦》中合作过的。像王童,我以前就跟他在歌剧式的舞台剧《蝴蝶梦》中合作过,那个剧是胡锦演的,很成功,很好玩。

在您看来,制作舞台剧、制作戏曲,与写小说最大的不同是什么?

这是team work,团队工作。写小说是我自己一个人,为所欲为。作为

---

① 1988年12月13日至17日,《游园惊梦》假高山剧场演出。节目由联艺娱乐有限公司主办,白先勇、杨世彭编剧,胡伟民导演,广州话剧团用普通话演出,朱晓瑜演出昆曲名票徐夫人;顾兆琳演出江南老笛师顾传信。

制作人，不得了，什么都要负责。从募款开始，没钱什么也不能动。每个行当、每个地方、每个小节、服装、哪怕头上戴一朵花，都要考虑到，什么都要管。细节驾驭能力非常要紧。比如那个花神的造型、服装，花了好大功夫，不断讨论。我们集合起来的都是顶尖的艺术家，这个要紧的。我有一个理论：顶尖的艺术家一起合作，就有顶尖的艺术品；二流的艺术家，就有二流的作品。

我觉得我们青春版《牡丹亭》，最有意义的是，一个明朝这么有名的经典剧本，经过几百年以后，我们重新制作，把它拉得那么高，set a standard，设定了一个标准。以后你们要做，必须要超越，就以这个为准，要这个水平。我们那一套美学，从编剧、服装、灯光、舞美、表演，这个那个……整套美学，我认为，要紧！昆曲就要这种美学，哪怕身上的一朵花，也要讲究。那个花神一起来，美。这就是昆曲。这就是《牡丹亭》。我们就是要这么美。而且还怪！俞玖林、沈丰英就是柳梦梅、杜丽娘，虽然他们现在年纪大了一点，但就是柳梦梅、杜丽娘。

您多次谈到小时候看梅兰芳演《游园惊梦》的体会。是不是很小的时候，您就对艺术、对美特别敏感？您觉得这种美感是天生的，还是培养出来的？

那时候我才十岁那么大，不懂的。真的是缘分，刚好那天看的戏就是《游园惊梦》这一折。俞振飞与梅兰芳，两个是绝配，珠联璧合。我小时候也不懂，戏也不懂。可是很奇怪，音乐真是……那段【皂罗袍】，《游园》的【皂罗袍】一直在我的脑袋里面转，转了一辈子，深深融入到我的灵魂去。我再也没想到，那个时候的种子种下去会发芽，让我替昆曲做了一些事情。

美感么，我要说是天生（笑）。我爱美，什么东西都希望是美。但也与美的培养有关系，你看过那些东西：小说啊，电影啊，这些艺术的美的熏陶，一般小孩子其实不懂，但还是可以感觉到那种美。说真话，可能与家里环境有关系。那时候我在上海，住的环境挺漂亮，看过那些美的东西。如果我在穷乡僻壤，可能就不一样。我爱艺术、我爱文学、电影什么的。你看我的纪录片，这辈子都是在做文学这些。

可以看到，在您的小说创作与舞台制作中，《牡丹亭》始终是相当重要的作品。选择从《牡丹亭》开始制作昆曲，与您的文学品味也有关系吧？

当然！这词太美了，我先是被它的词句感动。汤显祖实在不得了，那个《寻梦》不得了，实在是我们文学了不得的成就。那十七个曲牌，写那种无限的惆怅，无限的春困，美到……我们现在还没来得及从文学来讨论。《寻梦》境界之幽微，绝对是我们中国伤春悲秋的经典。我们中国文学有一套伤春悲秋的传统，从古代一直到《红楼梦》的林黛玉，写伤春悲秋，写对人生的感叹，《寻梦》到了顶点。

这折戏的表演也是经典。那支曲【江儿水】，张继青把它拉到顶点，那个味道，不得了！我看了昆曲，才知道，哇，我们昆曲这么美，惊艳！我本来的昆曲知识很有限，因为参加了青春版《牡丹亭》制作，跟他们一起排练，看到老师傅教他们时非常严格。那个水袖动作，我看张继青老师教沈丰英的时候，我数了一下，一连三十几次"不行"、"不行"、"再来"，笛音吹到那个地方，水袖的位置，高一点、低一点都不行，要准确得不得了，这就是美，一种纪律的美。做个昆曲演员，尤其是昆曲大师，真是不容易，我对他们真是十二万分的敬意。我们看跳芭蕾舞，腿的位置不能高也不能低，昆曲就是这样子，那么难。而且光水袖、身段不够，还要唱，等于是西方的歌剧加上芭蕾。我们中国人听 opera，其实半懂不懂，哪里懂意大利文、德文、法文？*Madama Butterfly*（《蝴蝶夫人》），每一句都懂吗？ opera 的文学性也不够高，没有文学经典，全靠 vocal（声音），声音美得不得了。但是大家都说，西方歌剧了不得。

用两个字来概括昆曲，一个是"美"，一个是"情"。昆曲"美"，是它的表演形式。它美在哪里？美在诗意。用简单的定义，昆曲就是用舞蹈、音乐，把抒情诗的意境具体地呈现在舞台上。那时候我就想，昆曲这么美，为什么中国人不会欣赏呢？奇怪。我一定要想办法，让中国人知道。我现在像昆曲的传教士，到处去讲。CCTV 上十几次，各种频道来找我，我都去，讲一样的话，昆曲有多美，向全世界的人讲，尤其全世界的华人。我主要是觉得，我们这个民族，有这么了不起的过去，只要我们有心，一定可以让文化复兴。

青春版《牡丹亭》在2004年台北首演时，盛况空前。那么它在香港演出时的情况又是如何？

2004年5月份，《牡丹亭》剧组就转战来香港演出了。为配合演出宣传，我还在沙田大会堂举办了讲座，张继青与汪世瑜也举办演出座谈会。①三晚演出都是全院满座。2006年，青春版《牡丹亭》也来演过，是在香港最好的演出场地——香港文化中心大剧院公演。②

除了青春版，《玉簪记》也来过，是2010年香港艺术节的时候来演的。还有去年刚刚演出的新版《白罗衫》，在高山剧院。很好看的，俞玖林真是演得好。

除制作戏曲，您还特别注重在剧场之外的教育推广活动。可否介绍这几年您在香港各个大学参与的昆曲教育活动？

青春版在香港首演结束后，2005年香港城市大学中国文化中心就请我来作讲座，并邀请主要演员及苏州昆剧院小兰花班演出三晚昆剧折子戏。③在这之后，我们又策划了一次大型活动，进校园演青春版《牡丹亭》。那是何鸿毅家族基金赞助的。那是在2006、2007年左右，邵卢善主动来联系我，他与何家很有关系。这个很要紧。何鸿毅家族基金支持我们三年，到各个大学巡回演出，在香港中文大学的邵逸夫堂也演出过。在台湾，我们也是从北到

---

① 2004年5月21日至23日，由香港中华文化促进中心策划，白先勇带苏州昆剧院来港，假沙田大会堂演奏厅，演出青春版《牡丹亭》上中下三本。5月17日至19日假沙田大会堂文娱厅举行以普通话主讲的座谈会。其中，17日座谈会由白先勇主持，讲者是张继青及汪世瑜，主题为"两代杜丽娘与柳梦梅——昆剧表演艺术的传承"；18日的主题是"我梦想的《牡丹亭》"，由白先勇主讲，郑培凯主持；19日的主题是"谈《牡丹亭》的舞台构思"，讲者汪世瑜，由古兆申主持。
② 2006年6月5日至7日，香港中华文化促进中心策划苏州昆剧院的青春版《牡丹亭》假香港文化中心大剧院公演。同时，白先勇在香港艺术馆演讲厅连续主持两次演出前讲座，分别是6月2日与3日，讲者包括汪世瑜、张继青、俞玖林与沈丰英。
③ 2005年2月23日至25日，香港城市大学中国文化中心举办"白先勇谈昆曲"讲座，并邀得苏州昆剧院小兰花班示范演出三场昆剧折子戏：
——《思凡》：施远梅；《相约·讨钗》：沈国芳、陈玲玲；《说亲》：沈丰英、吕福海；《小宴》：周雪峰、顾卫英；
——《思凡下山》：施远梅、柳春林；《哭魁》：周雪峰；《亭会》：俞玖林、吕佳；
——《山亭》：唐荣、柳春林；《游园》：沈丰英、沈国芳；《惊梦》：沈丰英、俞玖林；《幽媾》：俞玖林、沈丰英。

"白先勇的青春梦——昆剧经典《牡丹亭》"演出海报,2004年5月21日—23日,香港沙田大会堂演奏厅(李明珍女士提供)

青春版《牡丹亭》演出海报,2006年6月5日—7日,香港文化中心大剧院(李明珍女士提供)

新版《白罗衫》演出海报,2017年8月11日—13日,香港高山剧场新翼演艺厅(李明珍女士提供)

南,到各个大学去演出。到政大、交大、成大,从北一直演到南。这笔三年基金,支持我们到几十个大学,包括本港、台湾,还有大陆的大学到处跑。这个香港基金全面赞助推广传统文化,他们也支持北京故宫博物馆,支持敦煌,支持佛教。

2008年,何鸿毅家族资金又支持我们在香港举办一个巡演活动,叫"雅致玲珑——走进昆曲世界"。这个活动是香港大学主办的,有五家大学参与。我们邀请了苏州昆剧院和上海昆剧团来,演出的剧目有全本、有折子。岳美缇、张继青、汪世瑜、梁谷音、蔡正仁等好多昆曲艺术家都来了,在演出之前到各个大学作讲座。① 好多人都来看了,也引起不少香港文化人的关注。我们在香港理工大学连演了六天,因为理工大学有个剧院(赛马会综艺馆),场馆座位有一千多个,还有导赏讲座,所有门票很早就没了。

策划青春版《牡丹亭》时,从一开始就考虑要进校园演出吗?具体是怎么操作的?

一开始就是这样设想的。这是我的宗旨与方针,一定要打进校园。如果不是进校园,只是在外面商演,就没有影响,会被当作娱乐。进校园以后,才能促动文化、学术,把年轻人、大学生招进来。表演艺术要触动大学生才行。这在中国戏曲史上没有,我开始的。我先去巡演,先激发他们的热情,再去设置课程。至于操作上,香港中文大学这边是沈校长联系我,但一般情况都是我募了款,杀到校长室(笑)。

---

① 2008年11月4日,岳美缇于香港大学讲《玉簪记》;11月5日,岳美缇于香港理工大学讲《占花魁》;11月10日,张继青、姚继焜于香港城市大学讲《烂柯山》;11月12日,汪世瑜、梁谷音于岭南大学讲《西厢记》;11月13日,蔡正仁、张静娴于香港浸会大学讲《长生殿》;11月15日,白先勇主持,郑培凯、华玮、古兆申、张丽真四位学者在香港城市大学分别从历史、文学、表演、音乐等方面说"昆曲之美"。其后,11月18日至23日,假香港理工大学赛马会综艺馆,连演六台戏,剧目包括:
——《玉簪记》:俞玖林、沈丰英;
——《华容道》:唐荣、方建国;《西厢记》:吕佳、周雪峰、沈丰英、陈玲玲;
——《铁冠图·别母》:陈玲玲、唐荣;《烂柯山》:陶红珍、屈斌斌;
——《长生殿》:周雪峰、余彬;
——《占花魁》:黎安、沈昳丽;
——《钟馗嫁妹》:吴双;《下山》:侯哲、倪泓;《望乡》:黎安、袁国良;《请神降妖》:谷好好。

"雅致玲珑——走进昆曲世界"开幕仪式暨首场讲座活动照片（左起：吴杏冰、岳美缇、白先勇、翁国生、徐立之），2008年11月4日，香港大学黄丽松讲堂（香港大学网站）

除了这些推广活动，可否谈谈这几年您如何推动昆曲进入正规的大学教育课程？

我在北京大学、香港中文大学、台湾大学都开设了昆曲课程，效果很好。2007、2008年的时候，本来也打算在港大建立昆曲中心，也得到余志明先生的资助。[①] 后来因为人事问题，昆曲中心只举办了两年的活动，但最终没有成立。2011年，我来中大作讲座，举行了两场与昆曲有关的演讲。[②] 当时校长沈祖尧教授会见我，希望我能来中大开设昆曲中心。所以，2012年，也是余志明伉俪的慷慨支持，香港中文大学开启了"昆曲研究推广计划"，开设昆曲课程。

---

① 2007年5月21日，香港大学"昆曲研究发展中心筹备计划"举行启动仪式。白先勇在香港大学主讲"青春版《牡丹亭》的文化现象——美西巡演的文化反响"。10月8日至11日，香港大学"昆曲研究发展中心筹备计划"与国家大剧院、中国艺术研究院、江苏省苏州昆剧院共同主办，北京大学文化产业研究院协办，在北京召开"面对世界——昆曲与《牡丹亭》国际学术研讨会"。白先勇作主题演讲。
② 2011年2月，白先勇受邀为香港中文大学崇基学院黄林秀莲访问学人，并作系列讲演，其中2月16日演讲"昆曲与大学的人文教育"；2月19日演讲"二十一世纪中国文艺复兴——香港的角色"。

"昆曲之美"课堂情况,白先勇教授主讲,沈祖尧校长、余志明先生伉俪、梁元生教授等嘉宾莅临听讲
2012年1月12日,香港中文大学李兆基楼四号演讲厅

香港中文大学昆曲研究推广计划启动仪式暨捐款鸣谢典礼嘉宾合照(左起:吴树培、熊秉真、华玮、郑振耀、余陈丽娥、余志明、白先勇、沈祖尧、邵卢善、古兆申、郑培凯、朱鸿林、华云生、陈镇荣、黄乃正、鄢秀、冯通、刘允怡),2012年3月20日,香港中文大学祖尧堂

"昆曲之美"课堂，白先勇教授、华文漪老师主讲，2015年1月7日，香港中文大学李兆基楼六号演讲厅

这个昆曲课程在北京大学、台湾大学、香港中文大学都是讲座式的，而且老师都是飞来飞去，差不多一批，但因为主持人不一样，各个大学的重点也不一样。比如像华老师，她跟科目结合起来。她一边又教传奇、又教戏曲，文本与表演结合得特别好。所以，我想昆曲在中大已经建立它的学术位置。这些情况，你们直接去问华玮，她是这个计划的主持者，她最了解。

从开始策划青春版到现在，已经十几年过去了。今天取得的成就，与您当初的期待是否不太一样？

差太远了。当初我以为演几场就不得了，没想到演了三百多场，从2004年开始，十四年了。当初我们的目标是挺高的，但我知道多困难。没想到，冲冲冲，杀出一条血路，比我预期要高。我要讲一句公正的话：小兰花这些人，包括乐队，他们努力的，不是随便取得成就的。至少我在的时候，他们的演出很敬业，拼了命的，很认真。因为白老师很认真，我坐在下面，胡来不行的，他们知道。他们也很争气，十几年没散。这过程中，他们遇到很多困难，讲不完，也没有受到应有的待遇。现在好一点，好多了，但还是远远不够。

整个过程中，你觉得最难的部分是什么？

人事啊。通通都要摆平。我记得我们在编剧的时候，华玮、张淑香、辛意云，樊曼侬也参加了一下。这些都是专家，专家知道太多，他们知道每一页讲什么，意见多，遇到矛盾的时候，我就要调和。我还好，我的个性能容众，都几乎能够摆平。

还有募款辛苦。我不会募款，讲不出来要钱。好玩啊，跟金主吃了一顿饭，我讲不出来。我的秘书急死了。她说，我们就干脆跟他们说，我们就是来要钱，要多少钱。

在这个过程中，好多人帮忙，天意垂成，我真是感动。当然，我也感动了很多人。比如余志明先生。他们是很真诚，不仅捐钱，还到处跟我们跑，看了几十场，而且救急。有一次在文化中心演出《玉簪记》。到第二场，陈玲玲突然在后台晕倒，她那天有病，不能演。中心本来要叫救护车，演出要停。余先生发气功，一发，陈玲玲就跑出去演出，演完回来又给她发气功。他花好多心思，鼓励演员，发红包，这样那样，他们夫妇两个，尽心尽力。他好爱我们这些人，爱护这些演员。他们被我感动，我也被他们感动，了不得，真心。

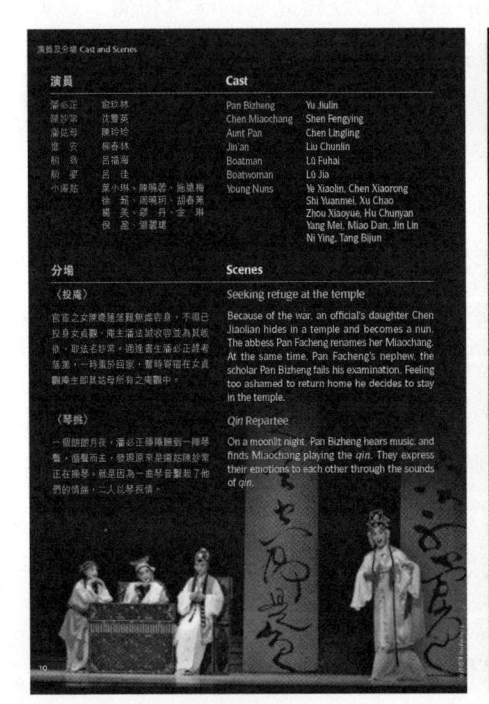

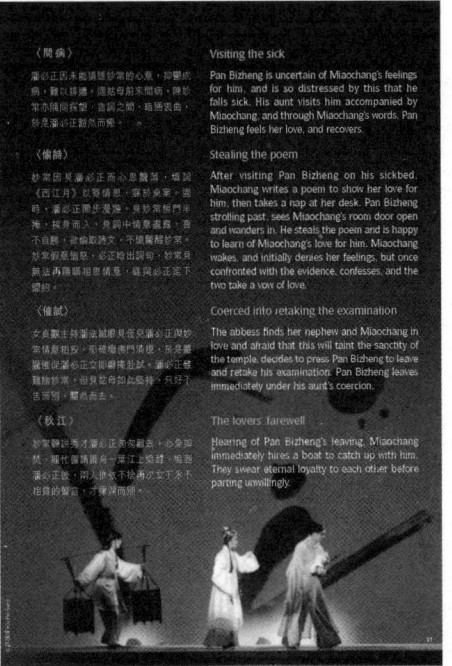

新版《玉簪记》演出场刊，2010年3月5日—6日，香港文化中心大剧院（香港艺术节网站）

真心的还有很多人。那个刘尚俭先生，我们去美国，一句话不讲，五十万美金就拿出来。后来我们演到一百场，需要资助，两百万人民币就拿出来。周文轩，过世了。我们那时候到北京演出，临时他们又要我们几十万人民币，急死了。后来金圣华老师替我们去向周文轩募款。那个老先生一句话不讲，六七月顶着大太阳，自己去替我们汇款，第二天就病倒了，一病不起。这是最后一次做慈善事业。我好感动，都来不及请他去看戏。他们都有一颗赤诚之心，为了爱护这个艺术。

这十几年来，您在香港的文化界与教育界做了不少事，与香港的"昆曲缘"越结越深。在您看来，香港在昆曲推广上占据什么位置？

香港有一群有心人，古兆申、郑培凯、华玮等学术界人士大力推行。所以在学校里面，香港学生对昆曲并不陌生，而且一般人也熟悉。我们在这边演出，都是满座的。之前《白罗衫》在高山剧场演出，也是满座的。香港有昆曲观众。内地的演员特别喜欢到台湾、香港演出，待遇又好，观众又捧场。

谢谢白老师。最后可否说说您对新一代年轻人有什么寄语？

我们要认识到，昆曲是明清最高的文化成就之一，也是我们中国表演艺术美学成就最高的。而且昆曲作为中国传统启蒙最好的媒介，它包括文学、音乐、舞蹈、表演，是综合艺术，尤其是年轻人，要接触它、爱护它、欣赏它。我们需要种子，去散播，一代代去接触。我希望很多年轻人，你们这一辈的，跑去教书，到处散布知识。你教了学生，学生又传下去。

古兆申

　　香港中华文化促进中心"昆剧研究及推广委员会"委员、香港和韵曲社荣誉社长。早年活跃于香港文坛，从事文学创作与艺文评论。自幼熟悉粤剧，二十世纪八十年代起正式接触昆曲，并参与主持香港中华文化促进中心的昆曲推广活动，同时学习曲唱、曲笛。2002至2004年在香港大学中文学院进行博士后研究，开展明清昆曲演唱理论文献整理、注释、语译及英语译注的研究计划，于2006年出版中英对照《昆曲演唱理论丛书》。2000年起，陆续改编或创编昆剧《牡丹亭》、《暗箭记》、《蝴蝶梦》、《紫钗记》，亦曾担任青春版《牡丹亭》的顾问。

时间：2016年3月30日下午3时
地点：古兆申老师家中

古老师，我们知道您年轻时醉心于现代文学与文艺，您是如何开始接触中国传统戏曲，进而迷上昆曲的？

夸张点说，我是受粤曲、戏曲胎教成长的。我父母都很喜欢粤曲，他们本来在广州工作，抗日战争后，他们回到乡下，带了很多粤曲唱片回去。当我还是婴儿、不懂说话的时候，就已经喜欢听粤曲了，虽然听不明白。妈妈告诉我，我两三岁时，如果顽皮哭闹时，一唱粤曲给我听，我就不哭了。我记得妈妈播的粤曲唱片，有徐柳仙的粤曲，曲目如《一代艺人》（讲述二十世纪三十年代著名电影演员阮玲玉）、《热血忠魂》（讲述抗日战争），及《再折长亭柳》。我还记得这三首曲的名字。我妈妈怀我时可能都在听，所以我的广东戏曲教育可以说是从胎教开始的。

国共战争后，我们整个家族由乡下来到香港。那时我们家境转差，但因为粤曲、粤剧在香港很流行，而且父母都喜欢听粤曲、看粤剧，所以我们接触粤曲、粤剧的机会还比较多。譬如红线女、芳艳芬、任剑辉，我们都常听，偶尔也有机会去看粤剧舞台演出。所以我从小就浸淫于戏曲中。

后来我在中文系读大学本科，当时我有一位老师好出名，姚克，真名姚莘农，是很有名的戏剧家，在耶鲁大学研究戏剧，三四十年代在上海从事创作和戏剧活动。他学贯中西，在苏州长大，昆曲老师就是吴梅先生。不过我那时不知道他懂唱昆曲。

姚老师教我三个学科，其中一科是中国戏曲史，我就是因此知道昆曲。他和我们说，昆曲在现当代还有很多人懂得唱。那时是"文革"高峰期（我在1967年大学毕业），我当时问老师：大陆还有没有人演昆曲？他说：五六十年代还有，但是现在古典戏曲都停了，只演现代样板戏。老师也提过，梅兰芳、俞振飞拍过《牡丹亭》的折子戏《游园惊梦》。

我那时没有追问老师懂不懂得唱昆曲。后来我看张充和的画册《曲人鸿爪》，去过她家唱曲的人都在上面题字，当中就有姚老师的题字，我才知道原来他懂得唱昆曲。当年香港一位很有名的女高音歌唱家费明仪老师，就曾向姚克学唱

姚克与香港中文大学联合书院戏剧学会同学合照，1967—1968年度戏剧表演（《明德新民——联合书院四十年》）

昆曲，是私人之间的传授。我觉得我自己"走宝"（错失好机会）了，如果当时知道他懂唱昆曲，会请他让我跟他学，那么我对昆曲的认识、唱昆曲的水平会进步很多。

原来您是直到大学才知道有昆曲这个剧种，那不知您什么时候才看到昆曲演出？

"文革"之后，我们终于在香港看到电影《游园惊梦》。当时有一位作家叫施叔青，她也很喜欢戏曲。那时她在艺术中心负责策划节目，就在那里策划过几次戏曲电影的放映活动。电影的拷贝属南方电影公司所有，当时他们代理外地电影发行。除了《游园惊梦》，它的仓库还有《十五贯》的拷贝，后来也看过。

我妈妈年轻时在广州看过梅兰芳演出，所以我特别带她去看《游园惊梦》。因为演员那么出名，很多人去看，当然艺术中心座位有限，一百多人而已。一般是慕名而来的观众，譬如我们这些了解昆曲历史地位的人。另外有些观众是梅兰芳或者俞振飞的戏迷。

我看了《游园惊梦》后就觉得，"哗"，非常惊艳。不过，电影和舞台毕竟是两回事。大陆拍的戏曲电影有两种，一种是舞台纪录，一种是实景拍摄的电影。《游园惊梦》、《十五贯》算是后者。只是实景对戏曲表演是一种障碍，尤其是昆曲，有实体布景，演出就会减省很多身段。

我在八十年代中期终于第一次看到昆曲的舞台演出。那是亚洲艺术节的

古兆申 | 19

第八届亚洲艺术节上海昆剧团演出场刊，1983年11月1日—3日，香港大会堂音乐厅（陈化玲老师提供）

1983年上海昆剧团演出《十五贯》、《牡丹亭》场刊（陈化玲老师提供）

节目，由俞振飞率领上海昆剧团来演出。当时还没有文化中心，先在大会堂演了一星期，接着还在新光戏院、荔枝角百丽殿舞台分别演了几晚。当时我与文艺界的人天天去看。那次演了很多戏，有《牡丹亭》、《十五贯》，俞振飞还亲自登台演《太白醉写》，梁谷音、计镇华两位老师演《烂柯山》。我自己印象最深的是《烂柯山》，剧本很有深度，令我非常震惊，而且是最传统、最简约的舞台，完全通过演员表演感染观众。这就是我第一次接触舞台昆剧的经验。

据您所知，当时这些戏曲活动主要是由哪些机构组织举办的？

以前殖民地政府几乎不会举办中国戏曲演出。直到改革开放后，从八十年代开始，一直到九十年代初，香港联艺机构有限公司每年都会举办戏曲节，在新光戏院演出。每年戏曲节由九月开始，每次都有五六个剧种。如果剧种多，演出会持续到十二月，足足演出三四个月。那时我们看了很多剧种表演，譬如京剧，因为京戏很多人看，那时老一辈的大师还有好多可以上舞台，如袁世海等。也有很多其他地方剧种，譬如福建梨园戏、高甲戏、闽剧、湖南的湘剧、四川的川剧也来过很多次，都非常重要且优秀。

我很感谢联艺公司举办的戏曲节。其实我刚才讲第一次看的昆曲演出，也是联艺公司联系，请俞振飞与上昆在亚洲艺术节演出后，再顺便到新光戏院演出。联艺公司办戏曲节办了差不多十年。我们起码看了二十几个剧种的演出，可以去的都会去看。当时媒体也比较重视戏曲节目，我记得那时"丽的电视"有时会直接转播这些戏曲演出，所以如果不能去剧场看，还可以在电视看到。但是这种转播只做了一两年。

除俞振飞亲自率团来港表演昆曲外，当时还有哪些重要的昆曲演出？您又是在何种机缘下开始与昆曲表演艺术家接触？

1989年，为庆祝文化中心落成，大剧院举办了一个月的国际演艺菁华演出，包括西方歌剧，譬如男高音Pavarotti的演出等等。当时昆曲幸运获选为最有代表性的中国舞台艺术，于是六大昆班来演出，非常盛大。我当然非常兴奋，每天都去看，应该演了七日十场，星期六、星期日都有日场，另外还有一些日场是特别招待学生的。

当时我有个同事叫陈辉扬，负责"国际演艺菁华"中戏曲演出的宣传、场刊编订等工作，和昆团的接触比较密切。因为他的缘故，我就去拜访了传字辈、世字辈的演员，以及上昆大班，即蔡正仁老师、梁谷音老师这批资深演员。他们来演出时，我都有机会和他们见面、接触。当时顾铁华先生出钱请了传字辈的老师来香港，但他们没有上台演出。我记得来的起码有姚传芗、沈传芷、郑传鉴这三位老师。我们当然抓紧这个难得机会拜访他们。

后来又有机缘和张继青老师、汪世瑜老师和王奉梅老师等人吃饭。当时北京一位老诗人、老学者卞之琳老师写信给我，说他在北京看过王奉梅老师演《题曲》，觉得她演得很好，推荐我看她的演出，也希望我招待一下她。所以我、陈辉扬和中大中文系的黄继持老师，就请了当时浙江昆剧团的演员吃饭，后来又请了张继青老师和姚继焜老师。

"香港文化中心开幕献礼：国际演艺菁华"中"南北昆剧汇香江"演出场刊，1989年11月15日—19日，香港文化中心大剧院（李明珍女士提供）

通过和各位老师谈话，我们知道昆曲在八十年代初经历了改革开放，因为国家投放资源，抢救了一些剧目，在剧场恢复演出，也有不少观众。但是后来很多港台的流行演艺传到大陆，观众选择多样化，市场有竞争，戏曲的处境开始不妙，高雅如昆曲的就更差。

我与当时的文化界朋友，虽然都读过中文系，但都有一点洋派，我们看外国的表演艺术比看中国的还多，包括古典及现代派的芭蕾、歌剧、音乐。但看过世界其他表演艺术，回过头来看中国昆曲，仍然觉得惊艳，知道这是很珍贵的舞台文化遗产。套用白先勇后来的话：昆曲绝对是世界级的表演艺术。于是我们就想，昆曲处境如此不妙，我们能够在香港做些什么呢？那时其实很茫然，因为我们没有钱，也没有力，而英国殖民政府也没理由拨资源帮我们搞这些活动。但我们还是想做些事。

我们有一个民间机构叫"香港中华文化促进中心"，在1985年成立，最初是由霍英东基金会赞助了八年，又提供免租场地给我们。中心有一个专门针对戏曲的文化委员会，负责理事是姚德怀先生。最初这个委员会比较注意京戏、地方戏。我们看过昆曲后，就向姚先生提议做昆曲推广、研究及资料保存等工作。于是戏曲委员会里分一个小组出来，专门针对昆曲，叫作"昆剧研究及推广小组"。当时中心的理事会会长文楼本身也很喜欢昆曲，所以最初他也加入，其他最早的成员还有黄继持老师（他也是当时的理事会理事）、姚德怀先生、刘楚华老师、我和陈辉扬。当时霍英东基金会赞助中心的经费已快用完，理事会只拨了两万元给我们，那是不够的，所以我们理事一人出了五千元，合起来大概四五万经费，开始我们的工作。

香港中华文化促进中心建立昆曲小组后，通常是如何运作？最初主要举办了哪些活动？

1988年，香港中文大学颁发博士学位给俞振飞老师，我们中心就邀请俞振飞老师来主讲昆曲讲座，俞老师还亲自素身示范，整个过程都有录像。当时他在中大也有讲座，邵逸夫堂也举办了演出，俞老师自己没有演，他的夫人李蔷华则有参与演出，不是演昆曲，是演京戏，因为李蔷华老师是横跨京昆的。

后来，我们又请了张继青和姚继焜两位老师来香港做示范讲座，好像是1990年。接着我们又和中大邵逸夫堂合作，邀请浙昆的汪世瑜老师、王奉梅老师和林为林老师三位演员，加上一个笛师、一个鼓师，演了两晚折子戏，庆祝邵逸夫堂十周年。演出满座，来看的人包括白雪仙老师，她看完后还请王奉梅和汪世瑜两位老师吃饭，还说想叫徒弟跟两位老师学艺。

之后我们再举办了很多节目与推广活动，譬如传字辈老师的讲座，我们请了郑传鉴、姚传芗、张娴（周传瑛老师的夫人）。他们都由学生陪伴前来，姚传芗和张娴两位老师由王奉梅老师陪同，郑传鉴老师由计镇华老师陪伴。我们会配笛师。我们就用最初这笔经费举办这些重要讲座。

香港中华文化促进中心昆剧小组策划"传字辈昆剧艺术系列讲座(之三、四):与周传瑛老师排演生、旦戏的体会",姚传芗、张娴、王奉梅与昆剧小组同人暨嘉宾合影(沈苇窗:《艺林广记:出台先露一只脚》,《大成》第232期,1993年3月,页54—55)

　　我们搞活动是不收费的,但是有自由捐献。数目当然很小,不过还是非常重要,因为透过活动,我们可以联络到观众、听众。我们理事会里也有些人脉,比如梁秉中医生,他是我们中心的理事,很喜欢昆剧。通过他,我们得到两笔重要经费,来自前任香港政府"财爷"(财政司司长)梁锦松先生,他和梁秉中很友好。当时他在美国花旗银行任行政人员,梁秉中请他捐款给我们昆曲小组,他便先后捐了三十万给我们,第一次十万,第二次二十万。这个数目在那时很有用。

　　梁锦松先生第一次捐的十万元,我们主要用在两件事上。第一是和浙江昆剧团合作,请传字辈老师教盛字辈、秀字辈的演员一些他们未学过的剧目,留下录像,以作我们研究和资料保存之用。演员学完戏,也可以在本地或其他地方演出。这个消息传出去后,苏州的顾笃璜老师,以及南京的徐坤荣老师也来找我,那时我刚好去杭州。他们两位原本都是苏州昆剧团的团长。他们曾在八十年代初帮传字辈老师做了很多教学和素身示范的折子戏录像，但没有经费做后期工作。此外，当时还有几位传字辈老师健在，还可以教戏。他们就想象我们和浙昆合作那样，做教学录像。于是我们从那十万元的经费中拨了八万，让他们可以继续后期工作，例如剪接、打字幕，其中包括差不多二十段沈传芷老师教戏和素身示范的录像，非常重要。这些录像后来出了光盘，原带现存于苏州昆剧博物馆。另外，顾老师与徐老师还请了几位当时健在的前辈老师再作教学录像，一共做了二十出戏。现在我们中心也留存这些录像。在抢救资料和传承教学方面，当时昆剧研究及推广小组做过这两个比较重要的计划。

我们也做了别的昆曲推广活动。1989年六大昆班演出后，要到1992年才有上海昆剧团来香港，所以香港不是每年都有昆曲演出。为了满足昆迷，并带动多一些人认识昆曲，我们每年都办"游江南·看昆剧"活动，即组织旅行团，到有昆曲演出的江南城市，白天游江南，夜晚看昆剧。多数是春天去，每团三十多人，颇受欢迎。

通常我们会看两个团的演出，都在长江三角洲地区，例如上海、杭州、南京、苏州。有时台湾有昆班演出，我们也会带团去看，或传播消息并代为购票，让他们自己去，毕竟去台湾较容易。当时是1991、1992年，我在台湾《汉声》工作，认识了新象公司的樊曼侬老师，就经常和她讲昆曲。早期的"游江南"活动，她几乎每次都参加，顺便看看内地昆班。1992年，樊老师邀请了上昆第一次去台湾演出，其后每年都邀请昆班到台湾演出，有好几次我也曾帮忙策划。所以在早期，我们在台湾看昆曲的机会比在香港多，而"游江南"的活动就可以让香港观众多些看昆曲的机会。

如此看来，港台两地联手推广昆曲，渊源已久。可否简述一下台湾在昆曲推广方面的情况，以及港台两地在昆曲推广方面的互动？

台湾很早就开始昆曲资料的收集和传承。八十年代后期、两岸开始交流后，他们有一批人，例如洪惟助，去做采访和录像，后来出了光盘。他们也把顾笃璜老师录制的那批录像转成光盘。另外，他们在1949年以后一直发展清唱。不过，我们在八十年代末、九十年代初就开始带观众到大陆观看演出，比他们稍早一点，他们要到九十年代初中期才开始。

至于港台在推广昆曲的互动，其实由九十年代初已经开始。事实上白先勇制作青春版《牡丹亭》的因缘也是在香港。我跟白先勇是文学上的朋友，之前已经认识。2000年，他来城大讲他自己的作品，我得知来的听众很多，除了大学生，还开了十三个课室给中学生听。我就想，不得了！白先勇又是昆迷，我时常在台北看昆剧时见到他，如果他讲昆曲，对我们推广一定能产生很大作用。于是我灵机一动，打电话到美国找他，请他跟年轻人讲昆剧。他一口答允，但说不可以让老先生、老太太向年轻人示范，要有俊男美女演出才行。对我来说，这是一个难题，因为请演员需要经费。我们中心就仗着白先勇的名气，和康文署商讨，结果康文署愿意拨出十万经费。

刚好那年我们策划苏昆来香港演出，就去苏州看王芳他们排戏。他们说现在有一批年轻演员，每日都在昆山演出，带我们去看。那是我第一次看俞玖林和沈丰英他们演出。我看到觉得好感动！这其实正是我们九十年代初想做的事，因为培养演员是最重要的。我们还筹过经费，希望昆班争取让年轻演员有演出和锻炼的机会。可惜后来不知为何无以为继。所以，当我见到昆山的演出，就觉得很好。当然这些演出后来被当成旅游项目，引发一些问题，但这是后话。

于是我们就用康文署拨出的十万元经费，请苏昆的年轻演员来香港，在康文署场地沙田大会堂，做了三场讲座及示范演出。两场针对学生，一场针对一般观众。讲座由白先勇主讲，我就在他讲完之后协助回答观众的问题。演员上妆演出完整折子戏，还有简单的四五人乐队，效果很好。那时我还没退休，还在香港大学中文系。港大同学会有一位先生给了一些钱，于是在沙田的三场演出之前，还在港大的陆佑堂多做了一场。

所以香港其实也是青春版《牡丹亭》的重要发源地。那时您与白老师如何想到要以学生作为主要推广对象？经过这十几年的实践，您如何看待这部戏的定位与影响？

我们了解到昆曲有些剧目，中学生都会觉得过瘾，譬如《双下山》那些小丑戏，是很"得意"（可爱）的。还有谈情说爱的戏，高中生也会喜欢。白先勇演讲的题目是"昆剧里的男欢女爱"。在香港大学那一场，中学生比大学生还多。港大学生还抱怨，票一早被附近学校的中学生拿光，例如英皇书院、St. Paul（圣保罗书院）、St. Stephen（圣士提反女子中学）等名校，因为港大中文系很多毕业生在那里任教，很早就收到消息。

最初我邀请白先勇来讲四场，他还说："行不行呀？"我说："我对你很有信心。"结果四场都满座，包括卖票的场次。他很兴奋，说想不到在香港殖民地教育下，竟然有这么多年轻人接受昆曲。后来我去台北看昆曲，他和汪世瑜都在，我们就讨论：不如搞一个青春版《牡丹亭》。就是这样开始。

青春版至今已经十年。年轻观众是会进步的，所以演员本身也要进步，不能够"一戏走天涯"。现在白先勇要他们学习折子戏，我觉得是很对的，因为折子戏是昆曲的精华，学习和演出折子戏是培养演员的重要过程。昆曲剧目那么多，表现的人生世态及人物非常丰富，不是整天谈情说爱。谈情说爱也有很多种形态，譬如说《琵琶记》是一种形态，《绣襦记》是一种形态，《玉簪记》又是一种形态。这些不同剧目，演员要去演，便可以锻炼他们的演技。就算是唱曲，不同的曲牌，甚至相同的曲牌，也有很多不同唱法。我觉得青春版这批演员很难得，他们有这个机会锻炼自己，现在应该继续努力学习折子戏，到了一定功力，再排一些整本戏。这样演员就可以和观众同步进步。

现在有两种落差：要不就是观众水平太低，欣赏不了好演员；要不就是观众进步了，演员无进步。需要高瞻远瞩的人看到这个问题，然后他又有条件、有能力去做、从各方面来照顾到这个问题。譬如我或者白先勇，作为民间的文人学者，关切这个问题，我们可以做一些事，但所做毕竟很有限。尤其是我看到白先勇，他虽然乐在其中，其实也很辛苦。用他自己的讲法：我从来没有这样抛头露面，所有人情支票都开了！我也有同感。

除举办各类活动推广昆曲外，您本人也是昆曲清唱与编剧等方面的行家，在二十多年前就开始学昆曲清唱。可否谈谈学习曲唱的最初渊源？

本来我没那么大胆学唱，因为最初我连假声都练不来，"老牛咁声"（老牛一样的声音)。哈哈！但是因为喜欢，就去学。

我以前曾学过吹曲笛，但不懂吹昆曲，而且水平业余，是闲来买书自己吹。九十年代初，上昆的乐漪萍老师教曲友唱昆曲，有一部分是我的朋友，但他们没有笛师。乐老师就叫我去听，以后可以帮他们伴奏一下。

上昆老笛师顾兆琪和乐老师交情很好，他知道香港曲友没有笛师伴奏，就录了很多套戏的清笛给我们。乐老师每次教学生一套曲，就播清笛给他们练习。但毕竟这种卡拉OK的唱法会受录音的节奏限制，没有现场伴奏那么好。乐老师就叫我回去跟着顾老师的录音学。于是我就学吹昆笛，帮曲友伴奏。

后来香港有一位很有名的曲家，叫殷菊侬老师，是俞振飞老师的第一代曲友或弟子。因为五十年代前，她住在上海，与俞老师是邻居，俞老师家里经常有昆曲会，她也常听他的唱片。但她说她没有正式拜师，只是偷师。她于五十年代之后定居香港。

我是在俞老师的讲座上见到殷老师的。就是1988年中大颁发博士学位给俞老师，他在中大及中华文化促进中心做讲座的时候。那时才发现原来有个这么厉害的曲家在这里。她是一位女士，唱生，唱得非常好。她也曾跟姚传芗等传字辈老师学过戏，但她主要是喜欢唱。

我认识她后就觉得，哗，很珍贵，于是就去拜会她。我的同事刘国辉有假声，又唱得不错，殷老师很喜欢他，经常叫我帮刘国辉伴奏。殷老师当时已经八十多岁，但仍然唱得很好，可惜因为年纪大，我们不能够请她来中心教。我们直接到她家去拜访，跟她学习的时间不是很多。后来我多听了殷老师示范，开始模仿她的口形，又看俞老师的书，跟着他写的方法练假声。我花了三个月，每天到我家后山，一边上楼梯，一边唱音阶，慢慢把假声练了出来。有些专业老师过来，我就向他们请教一下，也看些理论的书，自己慢慢研究。

从曲唱实践，到研究曲唱理论，看似是顺水推舟之举，其实需要下极大功夫。您如何理解曲唱理论的意义？

因为我要唱昆曲，就想用肉身去实践这些理论，看看它是否真的可以指导我唱曲。未唱昆曲之前，这些理论我看不懂，字面意义知道，但是技术上、实际上是看不通的。

　　昆曲理论主要讲字、声韵这些。四声声韵和唱有什么关系？"以四声协五音"。为什么有些字的腔格要挑高一个音来唱？这完全和字音、发声的头腹尾很有关系。唱的时候，如果从理论上得到体会，就会事半功倍。

　　另外，乐漪萍老师教曲友唱时，我也会在旁边听，吸收他们的唱法。有些有名的演员，譬如汪世瑜老师、蔡正仁老师、王奉梅老师来香港时，我们也会请来拍曲，从他们的教学里吸收东西。我再去和理论互相印证，通过自己的实践，希望整理一个系统理论。

您后来出版了《昆曲演唱理论丛书》。这套丛书很特别，是中英对照的。您为何决定要用英文翻译昆曲曲唱理论？

　　那是2001年，联合国刚刚将昆曲列为"非物质文化遗产"。那时我在学校，还在读博士，未完成我的论文。我跟余丹是几十年老友，她是钻研翻译的，以前我跟她曾经一起编过中国现代诗选。她知道我教昆曲，就问我有什么挑战性的东西可以译。我说：你敢译昆曲理论吗？她说：好呀！她觉得有趣。我就给她看材料。

　　2002年，我完成博士后，就跟余丹一起向港大中文学院的两个基金申请了经费，我也留在学校做博士后研究。整个过程由我做研究、批注，研究助理帮我们找资料，并把文言文翻译为语体文，我审定后，余丹就翻译成英文。她每写好一章，我们就逐字逐句讨论译文。那时基本上我们一星期有两三天在学校开会讨论。其实经费不是很多，但我们还是继续做。

　　这个过程，我自己觉得很有益处。我的英文只是普通，但余丹的英文很好，她研究英国文学，但没有研究过昆曲，所以她要先弄清楚我讲什么，然后译出来。我看了以后，会再跟她讨论译法是否妥当、有没有第二种译法等等。翻译昆曲理论的难处是，当中牵涉专业性术语和名词。这些名词在英文中没有对应的词语。譬如说，"口法"、"唱腔"、"腔格"。"腔"这个字，就算译成白话文，也有人会译错。例如将唱腔译成旋律，就已经错了。唱腔不等于旋律。它一定和口有关，特指演唱音乐。如果是器乐，就不能够用"唱腔"，而"旋律"

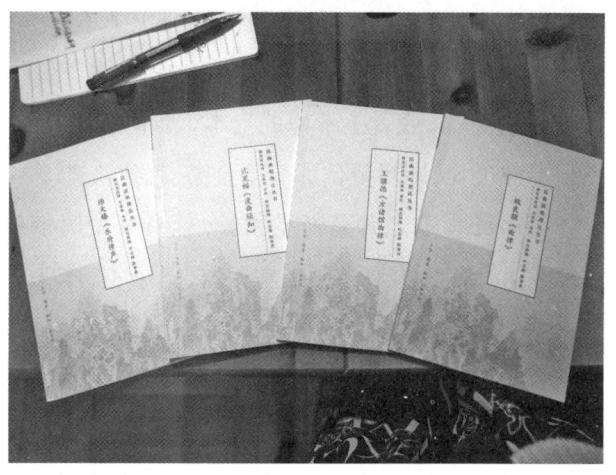

《昆曲演唱理论丛书》书影（古兆申老师提供）

是可以的。转为英文就更要另想一套办法。你译"melody"当然不对，甚至"tune"都不对，所以要用音译，然后再加批注。

又譬如"板眼"。板眼当然是一种节奏，但是中国演唱音乐的节奏观，和西方音乐是不同的。中国的节奏观是一种文学的节奏观、感情的节奏观、情绪的节奏观，西洋音乐的节奏观是一种时间的节奏观、数学的节奏观。现在我们受的西方音乐训练，它的"tempo"或"rhythm"，其实是时值结构，所以那些像豆豉的音符，实的、空的、尾巴是多少，全部可以算出来。但是中国的板眼不是如此。你看那些比较古老的谱，譬如《纳书楹曲谱》或《九宫大成》，只有头板及中眼，节奏是唱者自理的。它给你弹性，根据你对曲文的理解来调节。如果曲文情绪需要唱快些，你可以把板眼点得密一些，如果要唱慢，就点疏一些。如果点得太密，就如《纳书楹曲谱》所说，会将活腔死唱了。所以我们的节奏是随着感情来的，随着文学所抒发的感情来，它不是只包括时速的快慢。时速的快慢只是手段，它主要表达的东西是情绪的起伏、转折、轻重、虚实，这些才是节奏的内容。所以翻译这些东西时要留意，譬如板眼不可以译"rhythm"，我们一定要用"banyan"。

除曲唱理论研究外，您也亲自参与剧场，编过好几部昆剧。可否详细介绍这几年的编剧工作？

我先讲最初为什么会编《牡丹亭》上下本。一直以来，在舞台基本上都只看到上本。上昆那个说是全本，但是中间很多东西省略了。最流行的版本是张继青的上本，或者王奉梅的上本。当时王奉梅去台湾演出上本，反响很好，所以新象公司，即樊曼侬那个基金会，就建议排下本。

当时汪世瑜老师是浙昆团长，但有一个时期他还去做了越剧小百花，非常繁忙。那年俞振飞老师还在，他要排下本，本来是要请杭州学者洛地老师编剧，但后来没有做成。过了几年，台北白先勇、洪惟助老师又再谈此事，当时我在场，他们就叫我和洪惟助老师合作去编。后来我们请汪老师来香港，那个月我就和他讨论下本怎样编，结果就完全由我写，洪老师反而没有参与，因为新象想尽快推出这个戏，可以在台北千禧年演出。我写好之后，浙昆很快排出来，因为这个戏比较容易处理，有很多传承的折子戏，当然有一部分仍然要演员重新塑造身段。下本演出很成功，在台湾演出后，又在香港大剧院演出，反应也很好。反而内地好像没什么人知道浙昆有一个上下本。

白先勇排青春版时，我一直都在苏州。现在看到的台本，实际上就是当时我在苏州和汪老师一起改了之后，白老师同意的版本。譬如《折寇》那出，好多讲"番话"的场面，原来没这些东西，但当时我觉得这个好玩。汤显祖原著的那些东西都是他自己杜撰的，番话未必是这样讲的嘛，但在戏剧里可以这样做。这些好玩的东西，不应该删了它，所以我们三个人就加回这些东西。原本有几场戏就压缩为一场。这个就是编《牡丹亭》的因缘。

因为和浙昆编了《牡丹亭》,后来林为林想有一个武生主演的戏,特别请我帮他编。因为无论京、昆,武生都没有由武生一人主演到底的戏。京戏有几场《伐子都》的戏,但不是整本戏。其他剧种也有《伐子都》,也不常演。昆剧就没有。于是我根据京剧和婺剧中相同的故事,写了一个完整的《暗箭记》。当时是康文署邀请,与李龙、阮兆辉他们一起作昆粤交流演出。《暗箭记》独立一晚演出,另外有剧目,昆粤一起演。[①] 我的昆曲编剧生涯就是从这两个戏开始的。

还有《蝴蝶梦》。我为什么会编?主要是因为老演员。某年我在台北看了八十年代新编的《蝴蝶梦》。看完之后,刘异龙、梁谷音、计镇华几位主要演员,还有帮我排过《暗箭记》的导演沈斌,问我有什么意见。他们和我都觉得,这个版本的《蝴蝶梦》有些地方不太通顺,演员也演得比较辛苦。

"昆粤双雄展星辉"演出海报,2004年3月25日—28日,香港葵青剧院演艺厅(李明珍女士提供)

《蝴蝶梦》有几个版本,最早是明代谢国写的,后来明代陈一球也写过,而现在舞台传承的折子戏主要是清代严铸的。严铸的剧本,把庄子当作一个普通男人、田氏当作一个普通女人,从夫妻的感情、情欲关系切入,我觉得其实很好、很现代,而且又有舞台折子戏的传承。那几个老演员就说:你来帮我们编

---

① 根据演出场刊,当时昆粤合演的折子戏包括《一箭仇》、《武松与西门庆》。内容参照本书李明珍女士的访谈。

一个新版本。

　　我起初以为，他们只是说说而已，排一个戏又不是那么容易。但后来没多久，梁谷音真的找我，说他们几位都很想重排这个戏。我立即写了一个本子给她。后来沈导和这几位演员就回应：哗，好，我们要排！但他们那时已经退休了，所以剧团资源不会分给他们。开始想排戏时，梁谷音写信给我，说：古老师，真的不好意思，现在我们团没有任何经费给我们排这个戏，因为我们已经退休，是自己排来玩的，但是起码我们要给乐队劳务费。我问她要多少钱，她说两万元。我就帮她筹，一些曲友非常热心，一人捐一千，很快就筹到两万港币，折成人民币大约两万多一些，就交给梁老师打点他们的乐队。这个戏是以最低成本排出来的。蔡正仁老师当时还是上昆团长，他很支持这部戏，乐队、其他的东西由他们负责。

　　这个戏一定要好演员才撑得住，因为我的设计是：四个演员，十个角色。每个演员分饰两角或三角。这个戏排出来后反应相当好，在上海兰心大戏院演出，剧场不是很大，但相当成功，白雪仙、小思女士都特地去看。演出之后，白雪仙还去拜访上昆。后来我、郑培凯、雷竞璇几个人在上昆做了一个座谈会，雷先生编了一本书，里面有当初排练的影碟。

　　后来内地很多团都排过这个戏，譬如南京。很快地，香港康文署又找联艺公司承办上昆的演出。联艺公司与我们相熟，就来问我们上昆应该演什么戏。我们就推销：不如演《蝴蝶梦》吧，他们还有人演，成本又低。所以好像就是那年，一月在上海演，五月左右就在香港大会堂演。反响都很好。接着几年他们还去了美国东西两岸演出，包括在纽约哥伦比亚大学纪念美国著名戏剧家Arthur Miller的剧院演出。《蝴蝶梦》就是我的第三个昆剧剧本。

　　第四个就是《紫钗记》。其实这个戏原本心目中是为岳美缇老师编的，已经编了很多年。当时与她配搭的是张静娴老师，张静娴老师也很想演这个戏。当时我编过一个两晚本的，张老师就拿了剧本去看。那时蔡老师已经退休，团长是一位京剧老生演员郭宇。他想导这个戏，不过后来他用了上昆另外一位先生编的一晚本，由黎安演出。

　　后来我又改了一个一晚本，南京省昆来问我拿过这个剧本，说有一个商人

《蝴蝶梦》演出剧照（《水磨悠悠三十年：上海昆剧团建团三十周年纪念》）

很想看《紫钗记》，愿意赞助他们排。但后来一直没有下文，可能资金最后还是没有了，很难讲。他们不排我也不怎样心急，因为我觉得没有适合的演员，这个戏实在太难了。我看一些文献，昆剧舞台上甚少演全本《紫钗记》，通常只演《折柳阳关》。其他折全部都重新捏过，也要有功力的演员来演才行。

后来邢金沙去台湾和温宇航合演新版《玉簪记》，我和康文署一位朋友，也是我们的曲友，当时都去看，就觉得这两个演员配搭很好。碰巧康文署2016年要做汤显祖逝世四百周年的纪念节目，那位曲友就问我有什么建议。我就说：你也看到他们两位的配合，可不可以特邀这两位演员和浙昆的班底合作排《紫钗记》？所以就有这件事了。

我编这个戏有新的体会。如果我是十年前编这个戏，与现在做的功夫是不同的。因为十年前我还不懂唱昆曲，对昆曲演唱的了解还比较粗浅。现在我唱了接近二十年昆曲，又研究过昆唱理论，编剧选曲牌时，就有更大的参与。我甚至有能力按照曲的规律，将曲调略为压缩、改造。

以前我只是负责从曲文的词意挑选，但自己未曾唱过曲牌，不知旋律效果如何。这个功夫由编曲者与导演去做。譬如《牡丹亭》就是汪老师、王老师及周雪华老师下这个功夫。周雪华老师是真的懂昆曲，属于传统派，她觉得和我合作愉快，因为我们观念比较靠近，我编《蝴蝶梦》、《牡丹亭》上下本都是与她合作的。《紫钗记》第一重功夫是我做的，然后就交给周雪华过目。我除了参与重新整理、压缩剧本，也参与了选曲。因此我的体会就是，一个昆剧编剧，不只要懂文学，还要懂曲。现在很多话剧编剧去编，他们就最怕那些曲，一见到曲就删。可是曲就是戏曲的灵魂，人物性格全部靠曲词。

香港中国戏曲节浙江昆剧团演出海报，2016年6月17日—19日，香港文化中心大剧院

谢谢您提供了如此丰富的信息。香港昆曲得以开展，离不开像您这样在民间耕耘的人。可否也请您结合这数十年经验，谈谈今后香港特区政府或者大专院校等制度性机构，在推广昆曲方面可以扮演什么角色？

政治的逻辑是很奇怪的。1997之后，我们中心经费愈来愈少。康文署则开始比较重视中国的表演艺术，以前不搞中国艺术，以外国艺术为主。在1997

年后，内地的艺术家、艺术团体来的机会多了，在香港演出的机会多了。所以1997以后，"联艺"不搞戏曲节，交给康文署负责。所以客观上，推广工作现在已由康文署来做，我们就做一些康文署没有空做、或没有能力做的事，譬如传承抢救。

另外，大学现在有多些资源，譬如城大的郑培凯老师。城大中国文化中心成立时，我也算是开山人之一。1998年郑培凯老师当主任，因为我跟他是朋友，而他从美国回来，不太了解香港的情况，所以找我一起在中心工作。那时我刚刚离开《明报月刊》，回港大读博士，便去城大帮他。我对他说，一定要办一些配合教学的文化活动，如果只是课本授课，讲中国文化，学生不但不会接受，还会痛恨中国文化。他听了我的建议。我们两个人都喜欢昆剧，而且都有一个共同想法：要推广、进行中国文化教育，最快、最好、最生动的方法就是叫他看戏，看中国戏曲，尤其是看昆曲，因为里面什么都有。

他组织的活动当然是多种多样，包括民族音乐、绘画等，也相当集中地做昆曲活动。城大就变成昆曲演出与推广的主要场所，至今已经十多年。现在他退休了，就到中大你们这边了。在香港做事，好多时候就是这样，慢慢互相接力。

我的想法是，如果国家和政府有正确的文化观念及长远规划，昆曲的传承与推广应该由政府做，因为可以有延续性。但现在很多时候仍然要依靠民间人士去做，民间力量当然要继续发挥，但毕竟民间资源零散，如果没有这批人就没有这种延续性了。所以我觉得内地也好，香港也好，如果要保存古典表演文化传承和遗产，政府一定要有清晰、正确的观念，否则即使有资源也会浪费了。

怎么可以找到正确的传承观念呢？关乎当事者对这种文化的认识是否透彻。如果认识透彻，就可以找到重点。譬如从昆剧传承的角度看，我觉得第一，培养演员最重要。最多的资源应该放在培养演员之上。第二，培养演员最重要的是给他演出机会。现在台湾唯一一个专业昆曲演员就是温宇航，但也是大陆培养的。我们香港还有两个，一个是邢金沙，但她离开昆团已经很久，虽然她的功底好，但现在她要演戏都很困难，因为要有戏班与她配合。一个是邓宛霞，她是京昆兼演。第三，培养观众也很重要，因为昆曲需要通过教育来培养观众对它的认知，不是贴一张海报就可以招来观众，让观众了解它的优点的。所以我觉得资源应该是要：第一，培养专业人才，包括演员及其他相关的人才；第二，培养观众；第三，创造演出环境及条件。这三方面都要有正确认识及持之以恒的规划，这个文化才可以传承下去。一定是先传承，才可以讲发展。传统文化永远不是由零开始。

表演艺术这东西，人传则戏传，人亡就戏亡，戏以人传嘛。最核心的东西无法传承，搞再多外缘东西也是无用的。当我们看一出昆曲，如果演员不行，你给他穿多漂亮的戏服，布景多华丽，这个戏都不好看。最多我看一次够了。我们说"好戏不厌百回看"，就是因为演员厉害，每次演都不同，而且那些曲经得起反复听，但也要演员唱得好才行。如果演员唱得没什么味道，听一次就已经够啦。所以保存和传承传统表演艺术，很重要的是主事人必须透彻了解文化，资源才可以用得其所。

其实政府花在文化上的资源也挺多的，如果他认为搞一个专业昆班对中国文化传承有价值，它是有资源做到的。昆剧演出成本不是很高，刚才我说几个演员、几个乐师，已经可以演两台戏了。成立昆班后，除了商业性演出，也可以在学校进行教育推广，培养观众，又培养演员。

邓宛霞

著名京昆表演艺术家。香港"京昆剧场"创办人及艺术总监、中国戏剧家协会理事、广东省戏剧家协会副主席、香港艺术发展局委员。有"香港京昆艺坛明珠"之美誉。师承京昆艺术大师俞振飞。擅演剧目有京昆合演《白蛇传》、昆曲《牡丹亭》、《玉簪记》;京剧《大英杰烈》、《尤三姐》等。1986年成立"京昆剧场"。1991年凭《大英杰烈》获第八届"中国戏剧梅花奖",为唯一获此中国戏剧界最高荣誉的香港土生土长艺术家。荣获香港艺术发展奖2008之"年度最佳艺术家奖(戏曲)"。2010年因其艺术成就及在国外与香港弘扬中华文化所作的贡献,获香港特区政府颁授"荣誉勋章"。2016年以论文"The Aesthetics of Chinese Classical Theatre—A Performer's View"(从表演者角度看中国戏曲美学)取得澳洲国立大学哲学博士学位。

时间：2016年6月10日下午3时
地点：京昆剧场

作为香港土生土长的专业昆曲演员，您的从艺之路肯定非比寻常。可否先谈谈您最早接触昆曲的渊源？

我从小就接触京剧、昆曲，主要是受家人的影响。可能我小时候第一次看见、听见的乐器就是胡琴和锣鼓，一直在这样一个环境中，耳濡目染。主要是妈妈，京昆这方面基本上是受到她的熏陶。记得我两三岁时，每天都有一位邹老师到家里来教妈妈唱戏，邹师父琴棋书画皆通，我的昆曲学唱和象棋，还是他启蒙的呢。妈妈每天都听录音带，那些录音带是她自己从收音机里录回来的；也有买黑胶唱片，裘盛戎的、马连良的……我小时候就是这样听，当时年纪很小，根本不知道歌词是什么意思，但因为听得太多了，妈妈唱什么我都可以接着唱下去，有点像俞振飞老师小时候的情况，是一种熏陶，不是有意识地学，而是你的环境中本就有这些东西，天天都发生这些事，所以觉得非常熟悉。

后来妈妈就真的让我去学、去练功，那时候已经六七岁了。每天放学，她就送我到粉菊花老师的春秋戏剧学校，另外也请老师回家教我，比如祁彩芬老师等等。小时候主要是练功，认真学唱那是年纪稍长才开始的。我记得我一年级就在学校表演节目了，表演的都是一些京昆练功会练的项目，譬如剑舞、舞绸子、耍棍之类。

是在什么机缘之下，您正式拜俞振飞为师学习昆曲？

我在1982年和蔡正仁合演了一次《白蛇传》。1983年，他带我去见俞振飞老师，同年开始跟俞老学习。记得俞老教我的第一出戏是《游园惊梦》，而且二十天后就得马上演出，时间是不充裕的，但我却充满着热情和信心。庆幸的是，俞老看后十分满意，还亲笔书写了【皂罗袍】曲词和他的观后感送给我，我实在是太喜出望外了！到了1985年，我正式拜俞老为师，然后一直在他那里学戏。

京昆的传授方式自然是口传心授，我是单独一个人跟俞老师上课的，他为我拍曲,说念白。我记得第一课俞老就把昆曲唱念和四声的关系讲得非常清楚。他还会聊很多其他事情,因为俞老来自书香门第,文化修养极高,所以除了教我唱,他很多时候还会用书法、画画去启发我。古典艺术到了某个程度都是相通的,可以相互吸收、启发、借鉴,特别在于对节奏、韵律、布局方面的感受。我觉得在我接触过的艺术当中,京昆是最具挑战性的。中国戏曲艺术以京昆为代表,它包罗万象,能够将表演者的一切才情、技艺发挥得淋漓尽致,你有多少能耐,就能发挥多少,这是一门以表演者为主的艺术。

邓宛霞与蔡正仁合演《白蛇传》(香港京昆剧场提供)

邓宛霞拜俞振飞为师(香港京昆剧场提供)

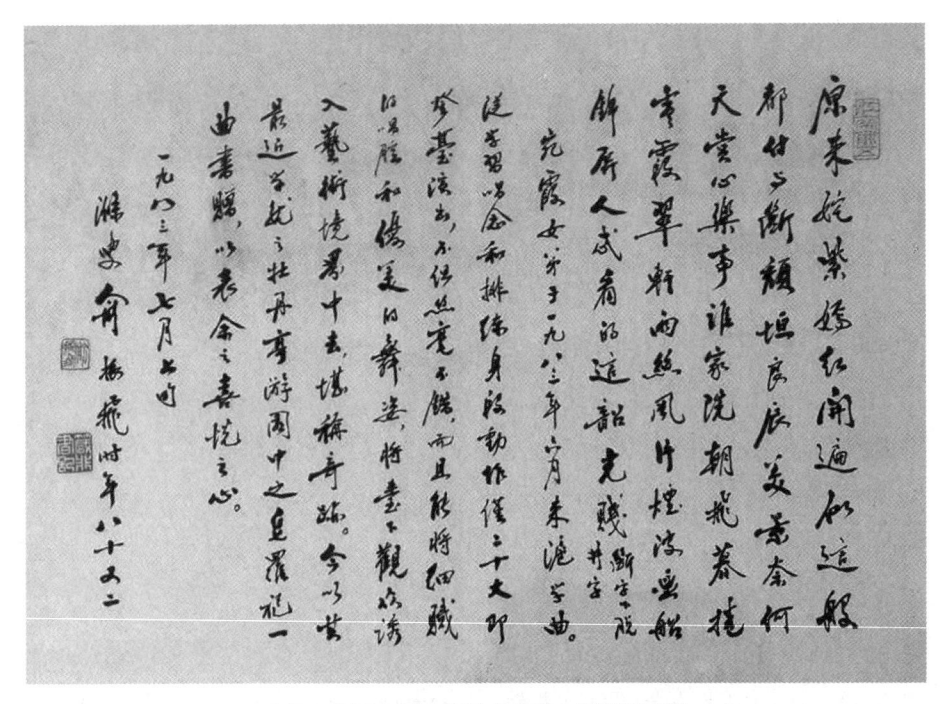

俞振飞老师手书【皂罗袍】(香港京昆剧场提供)

您在1986年建立京昆剧场,可否详细介绍这么多年来京昆剧场的具体工作?

京昆剧场今年刚刚好三十年,一直以来集中于几个层面的工作:制作演出、艺术教育、演员培训和国内外文化交流。

在演出制作方面,这么多年来,有过几种不同的实践。其一是忠实地临摹前辈的风范。你一定要老老实实、规规矩矩去学一些东西,这是中国艺术的特点。没有一个很稳固的基础怎么谈创新?因此我们演出很多传统折子戏,借此去学习前辈的遗产和风范。

其二是尝试将一些传统剧目加以整理改编,使剧本更加紧凑,舞台节奏更加明快,剧中人物的脉络更加清晰。总而言之,是希望不露痕迹地为一些传统戏赋予新意。还有就是根据演员的特点创作,比如《牡丹亭·写真》,主要因为我可以在舞台上现场作画及书法,而恰恰又与剧情非常吻合,所以就有了这出重新整理的折子。

邓宛霞演出《牡丹亭·写真》(香港京昆剧场提供)

另外我们也尝试过完全新编的剧目，比如1999年的《大钟楼》、2001年的《神雕侠侣》等等。《大钟楼》是改编自雨果的《巴黎圣母院》(《钟楼驼侠》)，当年在文化中心大剧院演出，是相当大型的制作。其实这些都是那个年代的一种尝试，主旨在于拓展观众层，用他们熟悉的故事，以京昆的形式演出。

不同观众有不同反应，比如说全新的剧目，平日看惯戏剧的人会比较喜欢；传统剧目加以整理改编，我觉得反响是很好的。至于传统戏，本身已是千锤百炼，你表演到位的话，戏就已经在那儿了，所以当然是受欢迎的。

在学校艺术教育方面，我们的金牌导赏节目"京昆知多少"已经做了二十年，反应相当好。我们去大、中、小学，学生真的看得"哇哇叫"，尤其在小学，气氛是很热烈的。我们的队伍大概是十八至二十人，包括现场乐队，生、旦、净、丑全行当的演员。我们会根据同学的年龄，用不同的语调去讲解。导赏从浅入深，从部分到整体，最后看折子戏时他们已全情投入。我记得曾经有小朋友们看《三岔口》的时候，跑到台前去跟演员说："他在你左边……在你后

学生观看导赏节目"京昆知多少"（香港京昆剧场提供）

边……"看到他们雀跃之情，我真的非常感动。

另外，我们还专门为小学生设计过"演京剧学普通话"工作坊。那是将一些成语故事编成小剧本，以念白为主，非常少量的唱，有形体动作，需要配合锣鼓。主要让他们在学习普通话的同时，也受到戏曲的熏陶。

做"京昆知多少"时我有一个原则，就是一定要是高水平的示范。京昆是技巧性很高的表演艺术，好与坏的表演可以说是"差之毫厘，谬以千里"，故艺术质量至关重要。特别是九成以上的观众都是第一次看京昆，如果印象不好，那倒真是起了反作用了。

艺术教育的另一个层面，就是让他们身体力行地去参与，这也是最好的普及和观众拓展。我们做过很多次政府的"艺术家驻场计划"、"社区文化大使计划"；也有跟大学合作，举办课程和工作坊。这些活动的最大特点，就是每次都有一个结业演出，这也是学生最期待的，因为除了展示学习成果外，最主要的是可以享受到一种非常专业的氛围，这是香港最缺乏的。

香港最缺乏的就是像我在国内学戏的那个年代，全部人一起为了一个目标、为了一场演出去做好每一个细节的那种氛围。这不只是一种专业精神，更是一种对艺术的态度、为人处事的态度。我觉得应该让香港的学生去感受一下。

我们的演出，只有演员是学生，乐队和舞美全是国内京昆院团的，这样就能让老师们以身作则地带领学生，潜移默化地影响他们。这样的机会在香港真的很难得，所以学生们是很幸福的。

至于演员培训方面，就与刚才提到的普及化课程不一样。前者是所有人都可以来参与，后者则需要真的具备条件，而且本人也必须全情投入，谦虚、认真、努力去学。这些青年演员的展演，我也是把整个乐队提早五六天就请来，租了大排练厅，让大家有极度充裕的时间去排练，去与乐队磨合。这样虽然成本很高，但是能够确保演出质量。到目前为止，她们已经学习并演出了《白蛇传·游湖、盗草、金山寺》《玉簪记·偷诗》《牡丹亭·闹学、游园、惊梦》等。

在与国内文化交流方面，历年来我与不同的京昆院团合作，如北京京剧

小学生演出《闹天宫》（香港京昆剧场提供）

京昆剧场青年演员演出昆曲《白蛇传·游湖》(左起:邹焯茵、张静文、蔡玉珍)(香港京昆剧场提供)

院、上海京剧院、山东省京剧院等等;昆剧方面就有上海昆剧团、北方昆曲剧院等。我会请他们到香港一起演出,或者他们请我作为特邀演员,比如2014年国家京剧院请我在《慈禧与德龄》一剧中饰演德龄;今年浙江昆剧团也请

邓宛霞与侯少奎合演《千里送京娘》(香港京昆剧场提供)

邓宛霞与蔡正仁合演《长生殿·小宴》（香港京昆剧场提供）

我去合作演出。

在国际方面，我们去过很多次欧洲、澳洲。一般人总会怀疑，在外国演出有没有困难？我可以说，完全没有困难。特别是在欧洲，我们曾经参加过"巴黎中国戏曲节"，获得了评审团特别大奖。外国观众从来不问关于"语言听不懂怎么办"的问题，他们甚至不一定看字幕，他们可以完全被你的表演所吸引，他们喜欢的是最地道、最本源的传统艺术。所以只要有真材实料，不要妄以为"改良"就是与世界接轨，那在国际舞台上是绝对不用担心的。

邓宛霞演出《蝴蝶梦·说亲回话》（香港京昆剧场提供，摄影孙觉非）

邓宛霞与岳美缇合演《玉簪记·偷诗》（香港京昆剧场提供）

邓宛霞于澳洲演出（香港京昆剧场提供）

京昆剧场已经成立了三十年，以您的观察，以八十年代和现在相比，昆曲观众有任何变化吗？观众与剧种之间有什么关系？

以前绝大部分的观众不是香港人，现在就有很多地地道道的香港年轻人会欣赏这个剧种。昆曲是戏曲之母、百戏之师，它的起点很高，剧本本来就是由真正的戏剧家、士大夫写出来的；昆曲曾长期受到宫廷重视，当然历代艺术家更是贡献良多。由于这种种因素，昆曲观众看戏历来是很有要求的，特别对于演员唱念做打的规范性。观众和剧种是相辅相成的，经典的剧目与表演可以陶冶观众，提升他们的品味和鉴赏水平；同样，高水平的观众也能鞭策剧种的进步。

您就京昆艺术的美学写成博士论文，题目为"The Aesthetics of Chinese Classical Theatre—A Performer's View"（从表演者角度看中国戏曲美学）。可否介绍一下写此文的初衷及其内容？

概括来讲，论文从儒释道切入，分析中国美学之深层底蕴，并以我切身的经历，讲述京昆艺术之规范性与精湛性。这篇论文从落笔到完成共约四年半，是用英文写的。内容包括：前言、戏曲简史、中国美学之"道"、儒家与程式性、传统教育与戏曲培训、戏曲"改革"与中国传统美学之进一步探讨，以及结语。我觉得这是颇大的一项工程，除了文字，还有一百多段参考影像资料，参考书目也有足足十页。这件事其实是我的指导老师 Prof. John Minford（闵福德教授）鼓励我做的，他是世界著名学者、翻译家，译作有《易经》、《红楼梦》、《聊斋志异》等。我以前读过他"Culture and Translation"课程，之后应邀在他执教的澳洲国立大学做了几次演出与工作坊等活动。我非常庆幸遇上了 Prof. Minford，他很了解中国文化，在做论文的时候我们沟通得非常畅顺，如果换了另一位导师，也许情况就不同了。

论文探讨为什么中国戏曲会走上虚拟与程式性的道路，这就会谈到道家、儒家的影响。总的来说，是透过中国戏曲（以京昆为代表）的表演形式，找回它文化的源头。到底是什么样的文化背景和宇宙观，能够孕育出像中国戏曲、书法、太极等等这些在世界上独树一帜的门类？我想找到了这个根，就

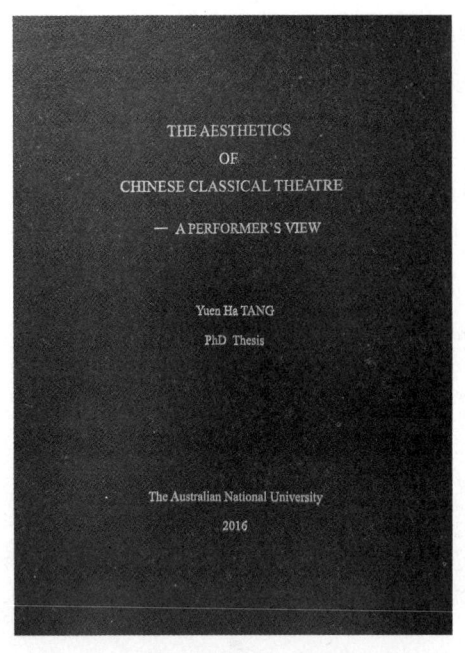

论文："The Aesthetics of Chinese Classical Theatre–A Performer's View"（香港京昆剧场提供）

找到了中国文化精华之所在。我觉得这是具有普世价值的。我在香港做艺术教育，或在国际作文化交流，正是希望通过京昆这个"窗口"，让人们进而能了解到她背后的一种文化底蕴。

论文中有很多抽象的概念，我费了很多时间去思考怎样表达。譬如我们常说的"传神"、"气韵生动"，到底说的是什么？这些在文中都有论及。我希望通过戏曲，反观中国整体文化，以及中国传统美学的特征。我认为戏曲中的京昆，是最能全面地反映这个美学体系的。

根据您多年在香港演出、教学、推广京昆戏曲的经验，您觉得最大的困难是什么？对于京昆在香港的发展，您又有什么看法与展望？

让人喜欢上京昆，我从来不觉得有什么困难。香港最大的困难，就是政府还没有看见京昆的价值，他们可能觉得京昆与香港关系不大，还没将它看成是一种中国文化的代表、中国舞台艺术的代表，故一直以来缺乏一种延续性的支持，我们只能是一个一个计划去进行，从未能有一个长远的规划。

普遍来说，香港的艺术政策是有待改善的。香港特区政府花好多钱去做推广普及，表面上好像门类甚丰，但仅限于"蜻蜓点水"式，并没有进而鼓励"一门深入"的态度，当然更没有相应的措施。其实人生不管做什么，只有深入了才能得到里面的精髓。香港可以说是业余者的天堂，对于要求走向艺术专业及追求卓越者，反而是非常辛苦的。

要促进京昆发展，首先要确立它在香港的席位，不是可有可无，不是随它自生自灭，而是有视野、有计划、有步骤地扶持。项目不能独立地各管各，互相毫无关连。演出制作、观众拓展、教育普及、演员培训等都是互为作用、应该相互配套的。否则，只是表面上在做一些与艺术有关的事，实际功效却不大，其实也是变相的一种资源浪费。

经过这么多年的努力，我喜见香港已经有年轻人渴望步向京昆这个专业，而且绝对具有这方面的潜质。这是多么不容易的一件事情！如果我属于香港京昆演员第一代的话，我衷心盼望后有来者，并且希望他们能够在一个比我的年代更优越的环境和氛围发展。香港有芭蕾舞团，有中国舞和现代舞团；音乐有管弦乐团和中乐团，为什么在戏曲上就缺乏自己"国剧"的一席之地？香港一直是东西方的文化桥梁，有很多优越条件，问题是对此如何认知和善用。

乐漪萍

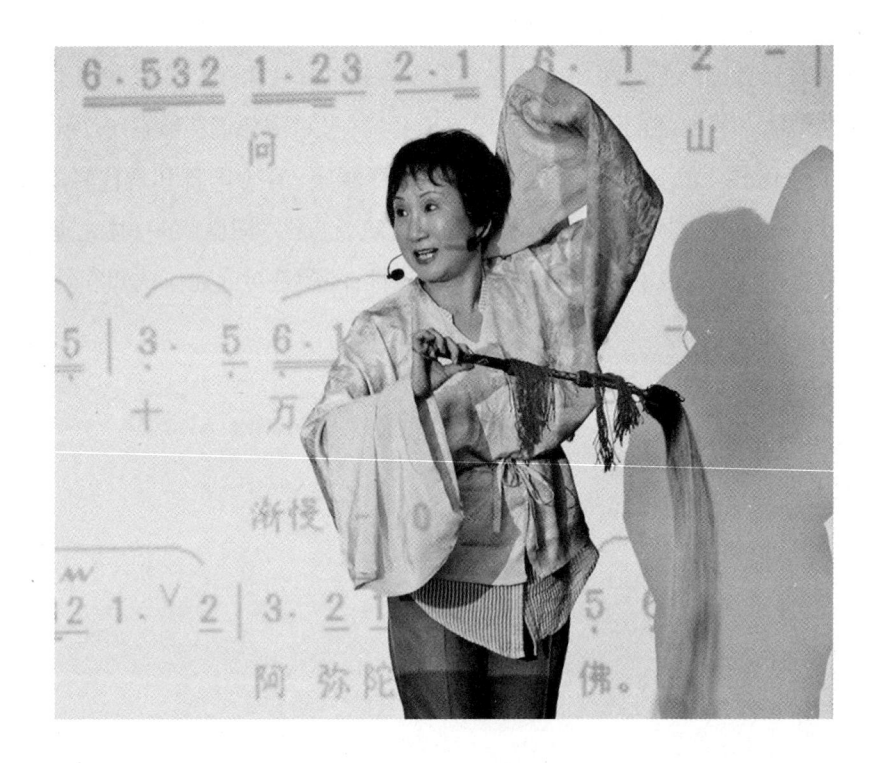

著名昆曲表演艺术家。1959年在上海市戏曲学校昆曲演员班学艺，工花旦，兼工正旦、闺门旦。师承张传芳，并获朱传茗、方传芸等传字辈名师教导。1978年成为上海昆剧团演员。二十世纪八十年代移居香港，1985年起开始在香港推广昆曲艺术，口传心授昆曲身段与曲唱。1988年至1992年间应邀在香港中文大学、香港演艺学院、香港传统戏曲艺术研究院教授昆曲，并曾应香港电台邀请，编写并主讲《昆曲会知音》节目三十多辑。1992年移居美国，曾在洛杉矶、纽约参与当地昆曲研习社的教学、讲座及演出。

时间：2016年6月24日上午9时
地点：美国达拉斯乐漪萍老师家中（网络采访）

我们知道乐老师是上海戏曲学校"昆二班"的学生，后来加入上海昆剧团，可以讲一下您学戏的过程吗？

1959年我进入了上海戏曲学校。那时招生分为京剧演员班和昆剧演员班，我们先进去再服从老师分配。我被分在昆曲第二班演员班。上一届演员班就是"昆大班"。第二班在昆大班五年之后才招生，不像中国戏校、北京戏校一年招生一次。

我们的老师非常非常优秀，师资非常强大。我们进入学校后，很快就开始正式学习。那时候住学校，一星期上六天课，星期天早晨才能回家，吃完晚饭后就一定要回到学校。学校的纪律很严格，我们毕竟是国家培养的人才，吃、住、学习，全部国家包。

课程很紧，早晨六点起床，半小时就要到广场集合升旗。之后两堂课，从六点半到八点，靠自觉吊嗓子、喊嗓子。凭良心说，那时都是十二三岁，甚至更小，都没有那么自觉，但老师看得很紧。学校的条件非常优越，老师跟以前的戏班不一样，基本上没有打、没有骂，但是很严格。

吊嗓子课之后，八点钟吃早饭，九点钟就开始练功。最少头三年都要打基础功，什么功都要练，毯子功、下腰、压腿、劈腿，包括十字腿、偏腿、正腿，反正都是练腿功、腰功。接下来是文化课，主要是学文学、历史，还有政治。八堂课后，下午吃中饭，然后唱曲子，这个才是真正的昆曲。上完老师的十堂课后，晚上还有两堂自修课复习。等于一天十二节课。这是与科班不同的地方。科班跟哪个老师学就是跟哪个老师学，文化也学得少。我们文化课学得很多，这点我们觉得比较开心。

打基础功后，会练很多项目，譬如翻筋斗、前桥、后桥。有一个项目每个女同学都要学。《白蛇传·盗仙草》看过吗？最后白蛇盗仙草下山来，一个下腰，然后再趴虎，那个动作要从两张桌子下来。冬天踢腿踢到一件件衣服地脱，因为愈来愈热，夏天的练功衣服出汗出到沾盐花。我们还有"把子功"。所谓

"把子"，就是刀枪把子，包括单枪、单刀，单刀有大单刀，女的有大刀、剑，还有双刀。当然武旦就更多了。

开始唱曲子是不分行当的。大家一起唱，我们也不懂工尺谱，老师也没有刻意教工尺谱。昆曲是用中州韵，我们只是孩子，所以老师没有刻意要你看曲谱或看字，就是口传心授。老师先把字念一遍，他念，我们跟着训练，一个字一个字看老师的口型模仿。小孩子有一点好处，就是记性比较好。老师真的很耐心，拿谱子带着我们唱。就是在这个过程中，我们找到自己的发音。啊，这个高音上不去，这个低音下不来，就慢慢、慢慢地自己找。

唱曲唱多了，就会学身段。主要是走圆场，譬如云步、雀步，步子练得蛮厉害。因为在舞台上，如果脚底下没有功夫是站不稳的，表演就不自如，尤其是转身、蹲下那些动作。有时候一堂课四十五分钟，不停地走圆场。要学花旦台步、青衣台步。如果脚底没有功，稳不住，尤其走青衣的慢台步，你一步出去，整个人就会晃。老师会教我们提气、腰要直，然后教基础动作，譬如云手、山膀、双手指、单手指、下指。还有练眼神，怎么远看、近看，一步一步练。

学一个学期身段后，第二个学期开始学戏。学戏就是学基础戏。第一个戏是《牡丹亭》的《春香闹学》，每个人都要学。第一个原因是角色的脚底很灵活，要活泼可爱。第二，里面的念白比唱腔多。常言道"千斤念白四两唱"，我们就要练那个口劲。吐字要干净，用中州韵。除了要学春香，还有学杜丽娘。杜丽娘在这折戏里是配角，但也要学小姐出场的意态、动作。

开始时，旦角的不同行当都要学。如何分行当，也是老师不断观察，这个学期这个行当，后来可能觉得你更适合另一个行当。我开始学花旦时，学的是《思凡》。"男怕《夜奔》，女怕《思凡》"，这两出都是学戏的基础戏。后来朱传茗老师可能觉得我比较适合唱闺门旦，我就去了闺门旦组。我在闺门旦组也学了很多戏。可能因为我一直长不太高，或者我的表演还是比较适合演花旦，后来又回到花旦组。

我的老师中，朱传茗老师是传字辈老师最好的一个闺门旦，也对学生启发非常多，教学很有一套。张传芳老师是传字辈戏路最宽的，算是嗓子最好、功夫最扎实的老师。张传芳老师也演闺门旦，也演花旦，所以我跟张传芳老师学了很多闺门旦戏。譬如《长生殿》的《惊变》、《絮阁》,《牡丹亭》的《游园》、《惊梦》,《红梨记》的《亭会》,《西楼记》的《楼会》。

我那时可以算是花旦组的尖子吧,所以也学了很多花旦戏。譬如《西厢记》的《跳墙着棋》、《佳期》、《拷红》这一类戏,是小花旦戏,年纪比较小。像《思凡》,潘金莲的《戏叔别兄》、《挑帘裁衣》,一直到《武松杀嫂》,我全部学,这一类戏是大花旦戏,年纪比较大一点。譬如春香、红娘,十三四岁,年纪很小,身段动作就比较活泼,意态也有不同。在昆曲里,我们是以汗巾作为表演道具。在现今戏曲舞台上,用汗巾作为表演道具的,只有昆曲,而且在昆曲小花旦戏中出现得比较多。我前两年去台湾教戏,有一个戏就是《西厢记·佳期》,还有《思凡》。《思凡》是用拂尘,我们叫云帚,这是很累的功夫,唱也很难,一个人独脚戏,差不多五十分钟,一个人又唱又做又念又舞蹈,很累的。所以这些戏都是练基本功的戏,我跟张老师学《闹学》、《思凡》。还有《钗钏记》,学的基本是全本了,从《相约》开始,都是芸香作为主演。这个戏用手绢,不用汗巾。另外像《亭会》就是学扇子。所以花旦有各种不同的表演形式,身段比较复杂。

张传芳老师的底子很深,功夫很好,包括娃娃生,就是《浣纱记·寄子》。汤显祖的《南柯梦》有一出戏叫《瑶台》,里面表演公主的其实也是娃娃生。《渔家乐》我也学过。还有正旦戏,正旦要嗓子特别好。我嗓子很好,所以后来教学生就是不断示范。

我在闺门旦组时,也曾向方传芸老师学戏。我跟方传芸老师学《水斗》,就是《水漫金山》的白娘娘,有剑、有枪,有好多动作。当然后面的开打,就不是我学的范围,我只能学文场。我后来教的曲子也比较多,包括这出。我也跟郑传鉴老师学过戏。是文武老生戏,也扎靠的,后来还演出过几次。跟不同老师学有不同好处,传字辈都很优秀,可以说最好的传字辈老师几乎都集中在上海。

我学戏时是五十年代,昆曲在上海不是非常为人所知,但喜爱艺术的人就比较知道。招我们时,昆曲处在消亡阶段,所以招了一班后又招不到。我后面一班要到大概二十年后才有,拖了好长时间。现在想来,还好我那时什么都学,可以把昆曲最优美的精华,及与其他地方剧种最不同的东西都学到。而且我在学校经常有演出,上台机会比较多,学了一个戏,就可以马上运用。那时整个教演组的老师都来看,包括学校的教导主任或校长都会来看,就是上台演出。所以我在"文革"之后那么多年,还能把这个戏全部拿出来,他们都觉得我是奇才。

您什么时候来香港定居?定居香港后,又是在什么机缘下开始参与昆曲教学活动?

我是1982年来香港定居的。来香港前,俞振飞老师帮我写了两封信。俞振飞老师以前给我们上台词课,教我们音韵,"文革"开始后就不上了。第一封信交给他的学生顾铁华,我因此认识了顾铁华。还有一封信交给殷菊侬,她也曾经是张传芳老师的学生,1949年前在上海时,跟张老师学了《思凡》等很多戏。这就是我来香港的经过。

我基本上一直在家里做全职太太,没有参加什么活动。有时到顾铁华那里聊聊天,或殷菊侬叫我去教教身段。我也没有想过会去教昆曲。那是什么机缘呢?是1984年年底吧。有一天顾铁华从欧洲打来电话,说他来不及回来在香港中文大学演一场戏。我也不知道是什么性质的演出,不知道有什么剧种,京戏还是昆曲,反正他很急,叫我快点想办法帮他演一折戏。但我想,没有人配戏呀。后来他们说有一个京剧爱好者,就是语言系的讲师,陈化玲,那时她在中大。我就请她演杜丽娘。她可以算我在香港的第一个学生。我教她走台步、出场,教她唱。小姐有一段唱,还有台词。因为她学过京剧,所以比较好。

当时中文大学有一个数学系的老师,姓朱的吧,好像也是美国来的,后来又回美国去了。我就跟他们说戏,还跟乐队私底练一练,就上去了。演完之后,中文大学传播系的郑惠和教授,也比较喜欢戏曲,他一天到晚说我:哎哟,基本功那么好。因为这个戏脚底要很溜,嘴巴也是不停说,有唱有做。那天在演出后台,有一批学广东戏的人,看见我都非常喜欢。

在郑惠和老师的帮助下,大概在1985年暑期,大概六七月份开始上课。

后来郑惠和老师跟我说，我才知道是以中文大学校外兴趣班的名义，在珠海书院的一个小礼堂上课。每个星期天下午两点至四点。她们是业余广东戏的演员，有时候广东戏的剧团缺少人，都会去跟着演出，群众演员吧。我跟她们讲话都是用广东话。她们也没有学曲子，没有唱曲，一开始是学昆曲身段。我用好多基础的东西，自己整编教材。他们愈学愈过瘾，开始跟我学戏。这是第一班学生。

再说说我的第二班学生，是在1986年。最初都是弹古琴的，非常喜欢古典艺术。一批大学生，有刘楚华、张丽真、李慧娜，都是讲国语。我记得刘楚华是留法的，现在浸会大学中文系做教授。也不知道她们怎么知道我在教昆曲，可能是因为姚德怀老师，那时他是香港语文学会的主任，也许就是他介绍了第二批学生。他们始终是唱清曲，不学念白，只学唱。

还有是第三班。包幼蝶老师知道吗？他是唱京剧的。他有一些学生，但因为他是一位京剧票友，只会唱，不会动作，所以他的学生全部都来跟我学基本训练。

1988年，大概十月份，俞振飞老师荣获香港中文大学中文系的荣誉博士。那天的庆祝大会由我做司仪。后来，顾铁华老师成立了香港传统戏曲艺术研究院，老师就是我。本来我的学生是自己租地方学戏，譬如刘楚华这一班，都是在学生家里学的。顾铁华的艺术研究院成立后，我就带着我的三班学生进了他的学院。

至于我怎么会去香港中文大学教，我真的不知道。好像是刘楚华认识曹本冶，曹本冶是中文大学音乐系的教授。还有林萃青、陈守仁，还有一个美国人。他们自己组织一个班，跟学生一起上。他们说：只看过昆曲的资料，但没有印象实感，所以就跟我学。因为他们有的课很忙，学了大概一到两个学期。大概是1987年上半年开始教，一直教到1992年我移民。这个班是拿学分的，主要是音乐系的，或者学作曲，或者学指挥，但爱好昆曲的中大学生也可以来上课，所以这班学生比较多，每年都有毕业的，学生一直不断。

然后说说演艺学院。这是演艺学院的唐健垣老师跟我联系，他也是中乐系的，后来他离开演艺学院了。我跟他们签了合同，去那边上课。

我从来不推广自己，而是要人家真正喜欢。我觉得学昆曲很难，一定要有兴趣的人，才可以教。所以我从来不做广告。这是我们或者是昆曲的尊严。

可否详细介绍您在院校内外昆曲教学的具体内容？

譬如我在中大，就是教唱曲。唱腔方面，我会当他们是演员那样来教。例如要注重中州韵，口形，尖团音。尖团音就是 zi、ci、si、zhi、chi、shi 这种。因为我们跟普通话有很明显的不同。带他们唱，也听他们唱。乐器方面，昆曲主要用笛子伴奏，那时流行录音带，上海昆剧团有一个很出名的笛王，他专门为俞振飞老师等名人吹笛子，我就叫他录了很多录音带给我，譬如《闹学》、《游园惊梦》、《思凡》、《长生殿》等等。我教这些戏时，就把录音带给他们翻录。教得差不多了，他们就回去听，有音乐可以自己唱。

在演艺学院教就有一个好处。他们有中乐，也有西方音乐，有的是声乐，有的是器乐。我教的学生都是学器乐的，会笛子、扬琴、琵琶、二胡等器乐。不过演艺学院的学生，都喜欢独奏，不懂得伴奏。我就教他们怎样伴奏，衬托演员的情绪、气口，尤其昆曲是一气呵成、没有过门的，抖气、运气，全要靠乐师掌握得很好。你不能奏出来比我快，或者你不能自由发挥。昆曲的音乐是曲牌体，定板、定腔、定词、定调，非常严谨，跟其他板腔体是不同的。在音乐方面，这么多年来，我自己不断学习好多东西，看好多资料，才能教得更好，这是很必要的。所以我的学生，也能够负起责任推广昆曲。

我第一班学生是学身段的，主要是把昆曲身段融合到粤剧。后来她们也学戏，譬如《游园惊梦》、《思凡》、《佳期》，不需要很多人配。我没有条件找很多配角演员，所以都教他们基础戏，而且都是单人戏居多。我觉得他们学得都很扎实。

还有包幼蝶老师的学生。他的学生跟我学基本训练、舞台意态、表演程式，还有水袖、云帚、扇子，一套一套的基本动作。这些基本动作，都是我根据自己学的戏整编的。人家说：哎呀，你怎么教得那么久？怎么会用这么高标准的东西教呢？因为我希望他们学到昆曲舞台表演的精华，就把戏里面的精华有机地联系起来。一定要贯穿，很调和地教给学生，不能只说：这个动作这么做。所以那些学生学得很快，又觉得很实用。

包老师的学生后来也在顾铁华的艺术研究院上课。因为有了固定地方，包老师也希望他们上台演出，所以从每年的清唱演出，变成每年上舞台演出。我成了他们的艺术指导，教他们基本训练，还要跟他们排戏，教身段，包括跑圆场、走台步、云手、拉山膀，就像我们学戏一样。不过时间紧缩，一堂课要学好多东西。同学们都会这样问我：老师你怎么比学生还认真？我说他们虽然是业余的，但我一定要把专业精神带给他们，这是上课的原则。他们很感动，也学得很认真，谁也不敢偷懒。

除了我的三班学生，加上中大、演艺两个院校的学生外，还有很多私人跟我学的学生。他们有的人只学唱，譬如香港《星岛日报》的一位编辑，现在可能退休了。他是台大中文系毕业的，很喜欢昆曲的笛子。后来跟我学戏的人也蛮多的。譬如汪明荃，她那时跟我学了几套长水袖、短水袖。她有一个私人排练场，在广播道附近。我就是到那边上课。她其实很有基本训练功底，以前跟京剧老师学过很多，但昆曲这种比较柔的舞台表演，她没有学过。我刚刚教她时，觉得她很硬，因为她的启蒙老师是一位武旦老师。后来她很高兴。我是1990年至1991年之间教她，教《思凡》、教云帚、水袖，也教唱。演戏方面，她会说我下个月要演什么什么，你看看我的动作。我帮她纠正一下。我还教过罗文《贵妃醉酒》。我教过好多学生，有时是人家抽一个戏叫我教。还有许多跟我学身段的，譬如洪朝丰及他的太太叶桂好，夫妻俩都跟我学过戏。

还有一个你们可能不太知道，是台湾的作家严沁，跟我学了两三年。她曾经拜上海的京剧名旦李玉茹为师。她跟我学身段，主要是希望提高自己的艺术鉴赏水平。很多学生都跟我说：你跟我们讲书，讲表演，对提高我们的鉴赏水平很有好处。

我教身段，教其他剧种的学生融合昆曲，这也是很好的事情。以前我在香港电台的讲座，就讲有些剧种怎么吸收昆曲的养分，譬如京剧。譬如梅兰芳唱的梁红玉，就是在唱昆曲。很多武戏，例如《林冲夜奔》、《挑滑车》唱的都是昆曲。他们叫"昆戏京唱"。有很多例子。

您在香港教授非专业人士，采用的方式与传统的专业戏曲教学一样吗？我们之前访问张丽真老师、刘楚华老师时，她们都提到您口传心授的教学方法。

口传心授也是严格按照我老师最传统的教法。张丽真她们识谱能力很强，学得快一点，而且她们很有文化，也不像我们那时只有十一二岁，不大懂事，但是我仍旧要口传心授。对于中州韵，她们也是一张白纸。每次上课，每教一段曲，都要先念白，听她们念白念对了，然后才开始唱。

我教她们曲子是一折戏一折戏地教，生、旦唱腔都教。为什么呢？我的老师也是这样教的。譬如《春香闹学》的老师陈最良，是老生唱腔，你要知道其他角色的唱腔，才能配合表情、动作。尤其是生、旦戏，譬如《惊梦》，旦角跟小生梦中相会，那种表演，你如果只理自己的，对对方的唱腔、音乐、表情都不了解，很难入戏。所以我用老师的传统教法，而且是一折一折戏地教。如果是演艺学院，我就选取比较精华的教。唱曲不是每一个人都可以教的，要讲究音韵、词等。教戏反而容易，对着剧本教。但是要开班唱曲不大容易。我在中大、演艺教唱曲，在刘楚华这个班里唱曲。后来我从美国回来，跟张老师她们活动时，教了她们《琵琶记》。这个戏没有翻过简谱，她们就自己学了工尺谱，也会了。

但是我在演艺学院就教过工尺谱。因为工尺谱的符号，各有不同。广东戏的工尺谱，跟我们的工尺谱，气口或标点符号都有所不同。我一上来先要让他们知道工尺谱，再教简谱。每一堂课，选几支曲，他们很快就会。但是教他们跟演员配合，这一点我自己觉得还蛮难的。他们的毕业公演，我参加了三场清唱，他们奏乐，我唱。教了《长生殿·惊变》的【泣颜回】、《玉簪记·琴挑》的【朝元歌】，还有一段是《千里送京娘》，我唱了一段应该是【赏花时】，还有【滚绣球】。那是我在香港继中文大学后的另一次演出。我觉得他们很高兴香港居然有一个专业昆曲演员，很珍惜我、重视我。之后我就一直没有演出，没有机会，也没有搭档、乐队、服装、头饰，什么都没有。要演出是不容易的。

您自己后来在香港是否举行过正式的昆曲演出？

我1992年移民，半年后我回来香港演出，是1993年，也算是对我的嘉奖、

《惊梦》演出剧照（乐漪萍、顾铁华），1993年9月7日，西湾河文娱中心剧场（乐漪萍老师提供）

鼓励，肯定我在香港的教学。好像是古兆申策划的，他代表中华文化促进中心，香港艺术发展局赞助。

我演了两天，四个戏：《惊梦》、《断桥》、《红梨记·亭会》的谢素秋，《西厢记》的红娘。我的两个学生演《游园》。我跟顾铁华演《惊梦》，我演杜丽娘，顾铁华演小生柳梦梅。跟岳美缇演《亭会》，跟张静娴、岳美缇三个人演《断桥》，我演小青，张静娴演白娘娘，岳美缇演许仙。我们三个还一起演出最后一个戏《西厢记·佳期》。这是红娘的重头戏，张静娴、岳美缇两个跟我配戏。这几个戏有不

《断桥》演出剧照，1993年9月7日，西湾河文娱中心剧场（乐漪萍老师提供）

《亭会》（左）、《佳期》（右）演出剧照（乐漪萍、岳美缇），1993年9月8日，西湾河文娱中心剧场（乐漪萍老师提供）

同的地方。杜丽娘是闺门旦，以水袖为身段表演。谢素秋算是闺门旦，但是一个妓女嘛，所以比较娇俏，以水袖和扇子表演。至于红娘，以汗巾作为表演道具，现代舞台上已经没有了。

那时国内对上海昆剧团的签证特别紧，所以这次演出的申请，从上海的文化局到宣传部，再到北京的文化局与宣传部一致通过，乐队才能来，一共来六个人，都是国宝。古兆申起了很大的作用。这次演出，他们都说很成功。我把老师传承下来的东西都演了。

以您多年的教学经验，您认为香港学生与其他地方相比，有何不同之处？

我觉得没有什么不同。尤其教身段，更加没有什么不同。我教得很吃力，因为要看着他们的模仿有没有不对之处。必须在刚出错时就纠正，而不是在错误定型后再改正，所以上每一堂课都要全神贯注，比较累一些，但要让人家知道昆曲艺术的美，不能乱教。所以学生的效果比较好。

学唱方面，像刘楚华这一班都会讲国语，就懂得比较快，对中州韵、四声好像掌握得好一点。讲广东话的，毕竟学得比较慢一点。中大很多学生基本上是讲广东话的，但也有好多人国语讲得很好，参差不匀，我就依样教，也没什么不同。演艺学院那批是搞器乐的，念字或字音不怎么样，只要伴奏时恰到好处就可以了。

我们知道您在香港曾经主讲过不少昆曲讲座，更曾在香港电台主讲《昆曲会知音》的节目，可以介绍相关情况吗？

这属于推广昆曲的范畴，比较像讲座。我觉得讲座非常好，既有理论推广，也有实际的示范解说，让人家能够更加理解昆曲，明白它跟地方剧种有什么不同，提高观众的鉴赏水平。

我第一次讲座是1988年五月份，在中华文化促进中心。那时还不认识古兆申，但已在中文大学教昆曲。讲座分两部分：第一部分讲昆曲行当，第二部分讲昆曲的旦角表演。昆曲跟京剧的行当不一样，京剧有青衣，昆曲的行当比较细腻，分闺门旦，譬如杜丽娘、崔莺莺；还有正旦，像赵五娘、《白兔记》李三娘这一类，像《吃糠》、《剪发卖发》这一类戏，多数是结了婚但年纪也不大，都属于苦凄凄的唱功戏。文化促进中心讲的示范讲座，是我跟《信报》的总编辑沈鉴治一起举行的。他的母亲是教古琴的，也就是刘楚华、张丽真的古琴老师蔡德允。

电台是我找到的另一个宣传方法，因为在香港没有机会与条件经常演出。有一次我在听一个公众讲座，有一个人来叫我，她是邓慧娴，当时香港电台第五台的台长。我也不知道她怎么会认识我。她给了我一张卡片，说香港文化中心要开幕，有昆剧团来演出，也邀请了全世界各类艺术家，电台要做宣传。当时昆曲也不是家喻户晓，邓慧娴希望我去做讲座。她要求我把大纲给他们审阅，不能乱讲。我在一个星期内就写了二十六个大纲。她一看就说：哎呀，老师，我真的要跟你好好学，真不知道昆曲有这么多内容。

我从昆曲的历史背景开始，从四大声腔开始讲。我把以前学过的东西整理起来，譬如中国戏曲发展史，昆曲的兴亡，如何成了宫廷戏曲，又是如何成为阳春白雪的昆曲。昆曲刚开始时，叫"昆山腔"。之后经过曲圣魏良辅的改革，变成很吸引人的曲调，融合了其他地方声腔的优点，很细腻，后来称之为"水磨调"。"水磨调"名字的由来，我在电台里也讲过。当时每一节只有半个小时，我每个星期讲一些，录音录了几节，就给他们放。他们不希望我讲得很深，要讲得比较浅，让听众有兴趣。我讲了很多，例如昆曲是中国文化的艺术宝库。它的文学剧本也是中国文学宝库中很重要的部分，是明代文学的顶峰，尤其是汤显祖的"临川四梦"。《牡丹亭》把中国的剧本艺术推向最高峰。我自己在不断地提升、升华自己。我很喜欢在文学方面做一点推广昆曲的东西。

我自己觉得，从演员升华到讲历史、教身段、戏、表演的老师，得到很多实践。当时我有一个很大的抱负。香港这个粤语之地，是中西文化合璧的大都市。那时虽然我单枪匹马，但总觉得可以为昆曲在香港争取一席之地。所以我是努力的，应该说，对学生是负责的。

八十年代后期，就是文化中心开幕前的一段时间，香港中华文化促进中心的古兆申出了很多力，办了许多讲座，请国内的人来做艺术讲座，有岳美缇、张

1991年张继青老师来港于香港中华文化促进中心担任讲座，乐漪萍老师主持（左起：张继青、乐漪萍、钱洪明）（乐漪萍老师提供）

继青、计镇华及他的老师、吹笛子的笛王顾兆琪。我就义务主持讲座。先搜集资料，然后细讲他们的经历、艺术特色及成就。每一个人来讲座，我都有很充分的准备。虽然是义务的，但我觉得这是我应该做的。

老师刚才提到文化中心开幕演出，您除了参与电台广播讲座外，是否也举行过现场讲座以配合演出？

有两次讲座。第一次讲座我是跟包幼蝶老师合作的。他讲他那个时代昆曲怎么样，我讲我在学校怎么学昆曲。第二次讲座应该是顾铁华，但他说他不会讲，临时交给我，讲昆曲舞台四百年艺术，也讲昆曲如何经过历代研磨，从清曲到登上舞台。昆曲的第一个戏是《浣纱记》，从此摆脱了昆曲清唱的形式，在戏曲舞台上站稳了脚。也讲演员的化妆、行当、发声。

您移民美国之后，有没有继续在美国或回港举办演出或讲座活动？

就是在1993年的演出之前，我在香港又做了一次讲座。主要讲我的老师怎样以最传统、最耐心的方法，教我们吐字、唱腔、身段、表演。然后示范了《亭会》的一段【园林好】。这段表演身段比较重。还表演了《思凡》的"数罗汉"及逃下山去的一段曲牌【风吹荷叶煞】。我后来也回过香港几次，跟他们拍过曲子。有一次回来，我教他们《琵琶记·南浦》，这是正旦戏，以唱腔为重。

在美国，密歇根的林萃青教授邀请我去俄勒冈大学的孔子学院。我一共演了三段，《惊梦》的【山坡羊】，《亭会》的【园林好】，这段唱腔很强，身段也很多，第三段演《思凡》。我一个人从头到尾演，每出之间换服装时，就由乐队表演。我在纽约的一所大学也演了《认子》，也跟岳美缇一起演《亭会》，还有温宇航。

我也在纽约曲社教了十多折戏，在一个月里教花旦戏《思凡》、《下山》、《佳期》，还有正旦戏《认子》、闺门旦戏《亭会》。学生学了以后就演出，他们的经费、学费都是纽约政府赞助，可以到大陆买服装、化妆品，也可以请乐队伴奏。后来他们的戏曲学校请我，但我实在没有空。

乐漪萍老师于美国洛杉矶海华文艺季演唱《千里送京娘》,1995年(乐漪萍老师提供)

乐漪萍老师于美国俄勒冈大学演出《思凡》(左上)、《认子》(右上)、《惊梦》(下),2010年(乐漪萍老师提供)

我在洛杉矶住了三年多，也有讲座，譬如讲昆曲旦角的眼神、身段、用腰，也参加过他们曲社好几次演出。他们有一个春蕾国乐社，昆曲演出就可以用国乐社的乐队，非常方便。我也去了新墨西哥州参加当地的艺术节，我们可以有乐队，有服装演出。

您如何看待昆曲在香港的地位？

我只能说，我回来时看到昆曲的知名度在逐步提升，但要说昆曲在香港有相当成就，那肯定不算，还是差很远。昆曲毕竟是我国的艺术宝库，香港政府重视，是因为昆曲在2001年被联合国教科文组织评为首批人类口述非物质文化遗产。台湾本来就很重视，所以他们有那么多曲社。香港在这方面比较困难。不过台湾的业余曲社也还是缺老师。我去台湾教戏，多数是京剧专业演员跟我学昆曲。我那时六十六岁，一天差不多六堂课，有时候四堂课。一个月教了差不多十折戏。香港张丽真跟古兆申教很多学生，我觉得这很好。但是政府好像没有赞助他们。

香港特别行政区政府对昆曲的重视，现在已经进步很多。香港现在经常有演出，也经常有人过来表演。譬如我2012年回香港，他们马上邀请我在2013年戏曲节讲座。现在新的观众也比以前多很多。我在文化中心讲座，感觉人多了很多。我很喜欢讲座，在不能演出的情况下，讲座还是起到一定的普及推广作用的。

邢金沙

著名昆曲表演艺术家。现为香港演艺学院戏曲学院表演讲师、邢金沙戏曲传习社社长。1978年进入浙江昆剧团，师承著名昆剧艺术家姚传芗、沈世华、周雪雯、王芝泉、周镇邦等，工闺门旦、武旦。代表作有《玉簪记》、《孽海记》、《牡丹亭》、《白蛇传》、《烂柯山》、《蝴蝶梦》、《紫钗记》，与折子戏《挡马》、《借扇》、《扈家庄》等。1986年定居香港，业余从事昆曲教学工作，成立"邢金沙戏曲传习社"。曾在香港中国艺术推广中心、香港城市大学、香港中文大学及八和会馆讲授中国戏曲。2006年起担任香港演艺学院讲师。2009年获第二十四届中国戏剧"梅花奖"。

时间：2016年8月4日下午2时
地点：沙田新城市广场

邢老师，我们知道您很早就已经加入浙江昆剧团学戏，可以介绍当时的学习情况吗？

我们昆剧团当时分"传"、"世"、"盛"、"秀"四辈。我是秀字辈，最小的一辈。那是1978年，"文革"刚完结，全国七大昆剧团都在招生。我们那一次招生，从五千人中招收了六十个学员。其中二十个是乐队，四十个是演员。那时我们才十五岁左右。学习是五年制，毕业后还有三年的实习，加起来八年。四十个演员不断淘汰，有些可能是在排练过程中受伤，或是"倒嗓"了，不能再唱。

我进去的时候，师资非常好，有姚传芗、周传瑛等传字辈老师，加上世字辈老师，如汪世瑜、沈世华。王奉梅他们是盛字辈，当时还在学习，但有时间也会辅导我们。我们毕业演出时演《断桥》，俞振飞老师也曾来指导。

八年学习之后，至今三十年，其间其实我还不断进修，回去跟老师学习。我最初学闺门旦，跟姚传芗老师、沈世华老师，还有来自上海戏校"昆大班"的周雪雯老师。后来她把我介绍给王芝泉老师学武旦，因为有些戏讲求文武双全。老师们觉得我个子、扮相、嗓子等条件都不错。我觉得老师肯收我，我真的很感恩。那时候也年轻，二十岁左右，什么东西都敢做。我跟王老师学了几出戏，例如《挡马》、《扈家庄》、《盗仙草》，回浙江后得了一些奖，例如第一届优秀小百花奖，跟茅威涛他们同时得奖，还有青年演员一等奖等等。不过那时还没有梅花奖。当年一同得优秀小百花奖的翁国生、张志红等人，后来都陆续得到梅花奖，每次见面他们都会说："哎呀，你要是没走，肯定有梅花奖。"但我一直觉得我在香港了，得不得奖都没所谓。因为梅花奖有年龄限制，后来到我四十五岁时，才决定去试试看。那是2009年。王芝泉老师跟沈世华老师为我设计了几个戏，分别是《游园》、《说亲》和《借扇》，文武功都有。服装、道具都是我自己统筹，不过幸好有我的"娘家"浙江昆剧团整个班底支持。

邢金沙老师演出《游园》(上)、《借扇》(中)、《说亲》(下)(邢金沙老师提供)

您在八十年代定居香港，并开始在香港进行昆曲教学活动，一开始这些活动是如何起步的？

八十年代我们毕业时，刚好是外来文化冲击得很厉害的时候，例如外国的流行音乐、演唱会。中国古老的戏曲已经开始走下坡，昆曲开始要衰败了，年轻人都不爱听。我们有时到其他城市演出，台上表演者比台下观众还多。那时候我们还年轻，要坚持是很难的，也开始动摇，很多人都改行了，去拍电影、电视剧，或是结婚生孩子。到了1986年，因为都没有人练功、排戏了，排完戏也没有人看。看到周遭都没有人再关心昆曲，我自己年龄也到了，就干脆结婚，离开杭州，来到香港。我是1986年来香港的。

我刚来时，香港会讲普通话的人很少。我觉得好像到了一个陌生地方，也不会说广东话，只会说普通话。但因为要生活嘛，就去看有什么工作适合，于是考了无线电视台，做配音。配音工作一个星期只需三天，我就在休息时间开课。

那个时候，一些香港大老倌（著名粤剧演员）听说香港来了一个昆曲演员。他们知道昆曲是百戏之祖，是好东西，于是私下请我以一对一的形式教学。我教过的老倌有吴君丽、陈好逑、邓美玲、梅雪诗。陈好逑跟林家声几年前在演艺学院办了一场演唱会，她找我帮她编了一段羽扇舞。[①] 她也演过一个粤剧大戏，《苏小卿月夜泛茶船》，本来就有唱腔，我给她设计、编排身段，把昆曲元素融入粤剧，教她一段"还扇"的动作。这位演员很好，今年八十多岁了，还是很用功地练。

我一边在无线电视台担任配音演员，一边开大课向粤剧演员教授昆曲。当然，大老倌不适合上大课。这些学生根深蒂固地喜欢粤剧，但在学习过程中，我会慢慢影响他们。比方我教《寻梦》的身段，会跟学生说，你必须要学会唱它的词，否则你做出来没有味道，演不出角色的神韵。于是学生就会开始一板三眼地拍曲，唱着、唱着，就喜欢上昆曲。

我在配音过程中，一面教学，一面也回内地再学习。我曾到北京跟沈世华

---

① 编者按：此指2007年9月2日"林家声慈善基金粤曲晚会"，林家声与陈好逑演唱《艳曲醉周郎》。

老师学，也曾跟张继青老师、王奉梅老师学习。昆曲最好的就是传统的东西，像我们这个年龄，要跟老先生多学，学得愈多愈好。我总觉得，总有一天我要再展示这个艺术，而艺术的东西一停下来就没有了。在那段时间，我积累了很多戏。

您什么时候决定筹办"邢金沙戏曲传习社"？

我二十年来一直有教戏，但因为我在无线电视台工作，所以没有为社团取正式名字。你们知道杨葵吗？她是我的第一个学生。有一次，古兆申老师邀请五个人在中文大学邵逸夫堂演了三场戏。一个笛、一个鼓、三个演员，包括林为林。那时杨葵还在中文大学念书，她跟林为林说，可惜我们学昆曲没有老师。林为林就说，他有一个同学来了香港，于是把我介绍给她认识。

一开始我只是单独教那些大老倌，但杨葵说我有这么好的艺术，不招学生很可惜，就鼓励我开大班。在传习社之前，有一个中国艺术推广中心，是杨葵搞的，维持时间最长，直到她任职西九龙需要退出。第一个昆曲唱腔班就是在

"邢金沙戏曲传习社"与南京大学交流活动，2016年（邢金沙老师提供）

杨葵办公室上课，她那时在做生意。是很小型的昆曲班，只有八九个人，因为香港找唱昆曲的人不容易。香港人都说广东话，嘴巴咬字搞不清楚，唱还算简单，念白就更难。那个班有不同的社会人士，有做生意的，也有大学生。我一直坚持教到今天为止。另外也有开身段班。

后来杨葵觉得我应该自己独立搞一间公司，就有了传习社。传习社的正式名字是2006年取的，因为以前传字辈有"昆剧传习所"，我想用回"传习"二字，传承、练习的意思，但我们不用"所"，"社"比较低调。我们的社也跟内地交流，今年暑假就带他们到内地跟上海昆曲社、苏州曲社、浙江曲社等互相交流，又在苏州沧浪亭表演。

您后来正式加入香港演艺学院，担任戏曲学院的讲师。可以讲一下加入演艺的原因与教学情况吗？

我整整做了二十年配音工作。2006年，我看到香港演艺学院招聘老师，就义不容辞地把TVB工作辞掉。他们觉得很奇怪，因为当时我在TVB配音组已经是当家花旦，薪水很高。不过我觉得这不是我所追求的，他们给我双倍薪水我也没有留下来。我从小那么艰苦地学习戏曲，学了那么多，应该要去做我的老本行，所以我就进了演艺学院，至今整整十年。进入演艺学院之前，我一直没有离开戏曲。我对粤剧已经非常熟悉。因为跟我学习的大老倌必须把他们的剧本给我，粤剧的唱腔，例如梆簧那些，我都要学。

进演艺学院后，我最主要的工作就是导演。粤剧本来没有太多身段，我就把昆曲身段编到粤剧里，即是移植。所以我进入演艺学院后，排的大部分都是移植戏。例如《扈家庄》、《盗仙草》、《八仙过海》、《挡马》等，文戏武戏都有。也有其他剧种，例如京剧的《天女散花》、《百花赠剑》，绍兴越剧的《十八相送》等，我把它们重新编排，用昆曲身段演出。其实不同的剧种，只是唱腔的唱法、念白的念法不一样，其他戏曲的元素都一样。我保留了粤剧大锣大鼓的特色。我也很喜欢粤剧的南音，非常有特色，所以我说不要拿掉。这十年间，只要我排的戏都是压轴。因为他们觉得好看、丰富、精彩，而且规范。其实不是因为我，是因为昆曲的魅力。例如我会教他们《双下山》，小和尚、尼姑，他

邢金沙老师于香港演艺学院授课（邢金沙老师提供）

们粤剧没有这个戏的。我会教他们身段，曲子则另外找人编。

我在演艺学院教很多东西，像基本功。刀枪把子都要教。因为我刚好以前学过武。还有身段，包括团扇、折扇、云帚、水袖、汗巾。也教剧目，一个戏一个戏地教。唱腔不教，因为唱腔他们有他们的特色嘛。但有时候我也教学生发声。

我教演艺的学生，会用传字辈老师教给我们的一个方法，就是慢工出细活。因为他们没有基础，我给他们排戏时，哪怕是一个《挡马》的出场，都让他练上一百遍。工多艺熟，这样他哪会不好？其他老师一个学期都教完了戏，广东话叫"开位"，就是几堂课把站的位置、动作怎么做，开掉了。我们小时候学戏不是这样学的。

在演艺学院教基本功课、演出课，我也下意识培养他们学昆曲。因为昆曲这种东西太古老了，是我们中国的文化，不能让它失传。例如教身段课时，我会让他们先学好昆曲再做身段。例如郑雅琪、王洁清都是我的学生。我就让他们学一下昆曲，后来对他们帮助很大。我是有意识地要推广昆曲。

演艺学院教的都是十八九岁的孩子。他们是父母给钱来学的。有一点"我是来读书，你应该教我"的感觉。外面的学生则是自己赚钱交学费，有兴趣才来跟我学，而且有一定修养，自己到底看书看得多，理解方面也会好一点。

除早期的私人教授与演艺学院的教职，您也在其他单位教授过昆曲吗？

我觉得，在香港好像只有我一个专业昆曲演员，如果我再不去做这些事情，很对不起我们的老师。我学的时候都是国家培养的，老师教导我那么辛苦，把我送到各处培训。所以来到香港以后，我觉得在身体状况能够允许的情况下，都会去教他们。

2006年，八和会馆的汪明荃他们邀请我开班教学生，喜欢粤剧的香港人都能来学。我觉得这样可以真正推广、普及戏曲，在那里教了几年。后来他们改变了，走专业化，专注培养尖端的演员，跟演艺学院的角色有点冲突，于是我就专教演艺学院。

香港中文大学和声书院"体验中国戏曲课程"学员合照,2014年(邢金沙老师提供)

中文大学我也有去教,因为李和声先生和顾铁华先生觉得我科班出身,昆曲比较正宗,就邀请我去教,我也很乐意。我在和声书院教两年,后来因为课程由星期六改为星期一上课,而星期一学校有工作,就不适合再教。这个课是"京昆之旅",是让学生来了解一下。我觉得学戏看个人天分,就算你起步晚,也不一定学不好。学无前后,达者为先。中文大学就有这么一些学生,非常出色。因为他们都特别喜欢戏曲,除了自己的主科,特别来副修这个副科。而且他们年轻,悟性好,学得快。我也特别有兴趣教。我的目的就是让他们领略昆曲怎么美,起码给他们熏陶一下,以后做个观众也好,会进剧场看戏。

至于城市大学,那时候是郑培凯教授邀请我去教,让学生感受一下昆曲。我这个人有个"毛病",要么不教,要教我就很正规、传统地教,包括形体,包括唱腔。后来郑培凯老师离开了城大,这个课又停掉。没办法,这很关乎当时的负责人对昆曲有没有兴趣。

除了昆曲教育、推广工作外,您在香港也不时参加演出。可否介绍一下这些演出情况?

对,我基本上每年都演,大概早至八几年就有演出。我1986年来香港,1989年好像就有演。我有个学生曾是仁济医院的主席,叫何杜瑞卿,是早期香港的知名人士。她很搞笑的，每次上课总要我表演示范，比她自己学习还多。她是真的喜欢昆曲，跟我说，这么好的东西，一定要给大家看。仁济医院每年有个筹款演出，她那时是主席，每年都邀请我参与演出，是义务性的，但我也很愿意演。那时我邀请浙江昆剧团的林为林做我的搭档。当然康文署之前也给我主办了几次演唱会，例如在志莲净苑，那都不算正式的舞台演出。

　　真正以"邢金沙戏曲传习社"名义举办演出，是2007年在沙田大会堂，名字叫"戏乐薪传"。这次是我自己举办，演昆曲。乐队找浙江昆剧团，但演员就全部都是我的香港学生。

"戏乐薪传"演出场刊，2007年4月9日，沙田大会堂演奏厅（陈化玲老师提供）

也找了澳门的青年古筝团作独奏。那一场演出，我跟杨葵两个人自己出钱，一人花了六万。其他人很想不通，作为一个在香港做艺术的人，而且已经在国内颇知名，为什么要自己花钱办演出？因为我觉得作为老师，应该大胆地出来演，示范给学生看。你要让学生认可你及你的艺术，让学生看到老师在台上的风格，他们才想跟你学每方面的东西，我觉得这蛮重要。

　　那次我演出了两个折子戏，《思凡》及《下山》，《下山》的和尚邀请上海昆剧团的侯哲来演。我的学生就演组合，例如折扇、水袖、团扇组合。他们都学得蛮好的，观众看完后跟我说，一开始看到你的学生出来时，不敢想象他们会做工、做身段。因为那些学生都是社会人士，有些身型又很胖，自己出来都想笑，但是他做完一段【皂罗袍】，整个感觉都不一样。这就是昆曲的魅力。在这之后，我继续举办类似的演出。我自己基本上每年都有演戏。学生每年也都会有昆曲清唱，也有折子戏。

您对香港的昆曲文化有什么看法？过去数十年间，您觉得香港观众与您的学生对昆曲的态度有任何转变吗？

其实昆曲在2001年5月成为"非物质文化遗产"之后，我觉得全世界都开始重视昆曲了。这是好事情，也吸引了很多戏曲爱好者。他们会好奇昆曲是什么，为什么会成为非遗，也来认识一下。昆曲在八十年代时还比较小众，来演出的人也比较少。这几年经常有昆剧团来演出，包括戏曲节，差不多每年都有昆曲。像今年我跟温宇航也是第一次参加戏曲节，一个台湾、一个香港，这在以前也少见。我们当然很开心，也很重视，希望观众不会失望。这次中国戏曲节《紫钗记》演出，古〔兆申〕先生功劳也很大。我们两个人拍曲时，有时候为了一个字要争起来。你们现在看到的演出版本，我是每个字都查过，下了很多功夫。因为我自己首先对自己要负责，还有对观众负责，因为很多行内人都来看，包括内地、台湾观众。观众会把香港的演出跟内地七大院团作对比。我觉得作为在香港的演员，还是要走传统路子，还是要有中州韵、入声字，四声五音都要很讲究。

浙江昆剧团《紫钗记》演出剧照，中国戏曲节，2016年（邢金沙老师提供）

我在香港的几场演出，香港演艺学院的学生都会来观看。他们也会观看别的剧种，有些不好的他回来也会讲。他们会分辨哪些剧种比较好，艺术价值比较高。乐队的学生看完回来很激动，说今后粤剧的乐队也要改良。有一个人留意到我们那次乐队，人数很少，但效果很好，"一个萝卜一个坑"，几个人就搞定整场演出，跟粤剧的大锣大鼓不同。

演员也很欣赏我们的扮相。我现在也开始跟我的学生改良化妆，例如生角多加一点肉色，粉底不要那么白。现在广东戏已经开始改良，在扮相、表演上，他们也觉得昆曲载歌载舞，做工细腻。我觉得，各个剧种要互相学习。昆曲是可以让他们吸收良多的。戏曲、戏曲，就是用舞蹈演故事，必须载歌载舞，这样观众才会喜欢。你不能光唱，站那儿不动。

虽然可能我演十场，观众来来去去也就同一批人，但这些观众会去传播。每次演出我也会给一些中学、大学老师几十张门票，因为我希望培养学生。有些以前是中学生的观众，现在毕业了，我演出时他们会自己买票来看。说明什么呢？已经开始培养出一个观众群。这是一件很好的事。

您觉得这几年香港特别行政区政府在昆曲发展方面投入的时间、精力有没有转变？

我是昆曲演员，所以一有昆曲演出，我一定去看的。例如浙江昆剧团很早已经来过香港。不单自己看，更会让身边喜欢粤剧的人去看一看昆曲。很多人本来是喜欢京剧的，但一看昆曲就爱上了，因为它是曲牌体，曲式比较丰富。所以我身边的都喜欢昆曲。我会引导一批人走进剧场。

我觉得香港康文署对昆曲还是蛮重视的，常常邀请各大昆剧团来演出，也对本地昆曲开始重视了，像邓宛霞，经常给她机会演出。情形逐渐在改善。职业的昆剧团我连想都不敢想。因为香港目前连官方的粤剧团都没有，只有舞蹈团、中乐团、话剧团等等。连本地最重要的粤剧都没有官方剧团，怎么可能有昆剧团呢？当然香港大大小小有三百个粤剧剧团，都是民间的。

其实香港这几年已经一直在推广传承昆曲，而且贡献很大。八九十年代，我刚到香港时，已经去过香港中华文化促进中心。我觉得古老师、张丽真老师他们功劳很大，很有心，一直在推广。他们也很欢迎像我这样的专业演员到那边，但我因为工作关系，既要在TVB配音，自己还开身段班，没什么时间去。

香港也为中国昆剧团的发展提供了一个平台。虽然香港没有一个昆剧团，但有非常好的观众群，一定程度上推动了昆曲的传播与发展。

华 玮

香港中文大学中国语言及文学系教授、"昆曲研究推广计划"主任,专治明清戏曲。二十世纪八十年代于美国伯克利加州大学攻读比较文学时,开始接触昆曲。2003年参与青春版《牡丹亭》的剧本整编。2006年从台湾中研院赴香港科技大学任客座教授。2007年起在香港中文大学任教。2007年筹划香港大学"面对世界——昆曲与《牡丹亭》"国际学术研讨会,主编《昆曲·春三二月天:面对世界的昆曲与〈牡丹亭〉》。2010年于香港中文大学主持知识转移基金支持项目"昆曲、粤剧教育推广计划"。2012年担任"昆曲研究推广计划"主任,在校内及国际网络平台开设"昆曲之美"课程,并主编"香港中文大学昆曲研究推广计划丛书"。2017年,获香港民政局颁发嘉许状,表彰其对促进文化艺术发展的贡献。

时间：2018年6月23日
地点：香港中文大学中文系华玮教授办公室

华老师，您是专攻古典戏曲研究的，可否谈谈您是如何开始接触昆曲的？

我在台湾大学读的是外国文学，那时很喜欢戏剧，但基本上都是西方戏剧文学，等到在美国伯克利加州大学攻读比较文学时，才开始真正比较深入地接触中国戏曲。听到昆曲，那是在比较文学系的"汤显祖与莎士比亚"课上，授课老师是我的恩师Cyril Birch（白之）教授，他也是英文版《牡丹亭》的翻译者。有一天，白老师提着一台录音机走进教室。他播放了梅兰芳唱的《游园》，笛音悠远，唱腔婉转。那是我第一次接触昆曲，当时就被感动了。

刚好那时我认识了李林德老师，她是著名语言学家李方桂教授的女儿。我从她那里得知，她的父母在伯克利大学附近有个固定的昆曲曲会。就是在曲会上，我认识了李方桂教授与她的夫人徐樱女士，还有我的昆曲老师顾张元和女士，她是鼎鼎大名"传字辈"艺人顾传玠的夫人。那时我才二十多岁，曲友都是老人，看到我这么年轻，每个人都特别照顾我。这种气氛让我觉得，昆曲不只是艺术，也是精神的传承。在这过程中，我开始听曲友唱曲、看一些同期演出的录像带。我的老师顾张元和女士（我叫她顾妈妈）给了我好多空笛带、录像带，想把她知道的昆曲都教给我。后来我到华盛顿州教书，她还到我家住了几天，想教我演《游园》。她帮我贴片、穿行头，一起在花园里摆身段，可惜照片后来在台北都被台风洪水毁了。

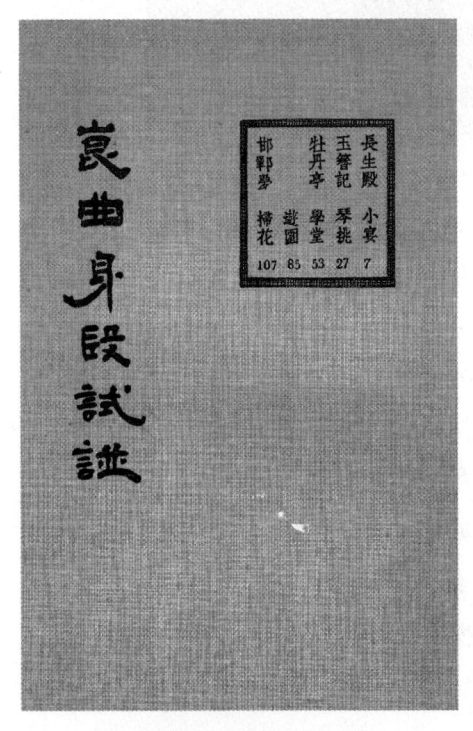

张元和著《昆曲身段试谱》书影

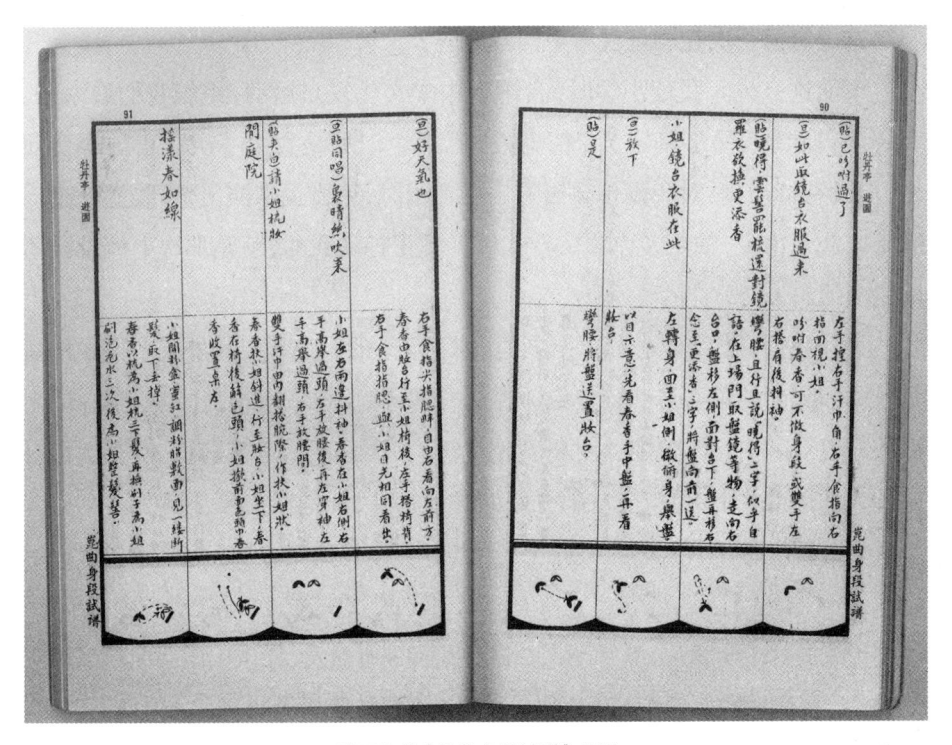

张元和著《昆曲身段试谱》书影

真正看昆曲现场演出，是在1987年。那一年，旧金山跟上海结成姐妹市，上海昆剧团第一次出国演出。那时蔡正仁、华文漪、计镇华、岳美缇、梁谷音、刘异龙、王芝泉他们都是四十来岁，正处于艺术黄金时段，又因为很多年没有出国演出，更是卯足劲儿来表演。那一次他们分别在旧金山的金门公园及歌剧院剧场表演。我带着研究生朋友一起去，有中国的朋友，也有国外的朋友。看完两天戏以后，我真是魂不守舍。真正近距离感受昆曲表演的细致与优美，真的特别感动。我本来就读过文本，看到它立体地被表现出来，更是觉得文本增加了另一种层次与生命。而且，正式演出之前，我参加了在李林德老师家举行的曲会。华文漪跟蔡正仁唱一段《贩马记·写状》，岳美缇表演《牡丹亭·拾画》，计镇华唱一段《琵琶记·扫松》，刘异龙则表演扇子在各个行当的运用。看到他们本人的示范，第二天再看场上表演，深切感受到戏曲真的可以让我们脱离现实世界，进入另外一个时空。

这是您第一次在剧场观看中国戏曲吗？

不能这么说。我读小学时，台湾有中华文化复兴运动，组织我们看京剧。我还记得看了《岳母刺字》，"精忠报国"那个。那是我第一次看正规舞台演出，但没有打动我，对我没什么影响。在美国时，京剧也来演出，可是海外推广通常以武戏为主，演《三岔口》、猴戏等。真正打动我的，就是那次上海昆剧团的昆曲演出。

最让我惊喜的是两出戏：一个是《水浒记》的《活捉》，另外是《下山》，演员是鼎鼎大名的梁谷音和刘异龙。你会发现，除文学成就很高的生旦戏，原来那些净丑戏、花旦戏，文字不见得特别优美、文学性不一定特别高，但在历代昆曲艺人的琢磨之下，可以变成那么好的场上精品，真是让我大开眼界。

当天演出还有一个亮点，就是上海昆剧团把莎士比亚的《麦克白》改成《血手记》，主角马佩由计镇华扮演。里头有一段"问巫"，在《麦克白》里有三个女巫，用中国传统的矮子步表现，非常动人。这对我特别有启发，原来中国戏曲可以用它的程式诠释别的经典著作。当然那几天基本都是传统折子戏。有一个华侨说，看华文漪演《游园》，哇，好像满园春色就在眼前，他才终于懂了昆曲美在何处。

他们走了以后，我一直在想，这么好的戏，这么美的艺术，什么时候可以再看到？那个暑假，我连读学术著作都有点分神。顾妈妈告诉我："华玮呀，你的运气特别好。取法乎上，你刚刚喜欢昆曲，就看到最专业的好演出。"看演出时，老师就坐在旁边，我常常向她请教戏的亮点，也因此注意到一些常人注意不到的细节。

所以我会这么喜欢昆曲，跟我整个经验有关。碰到这些喜欢昆曲的老人，看到上昆风华正茂的演出，感受到经典折子戏的千锤百炼，这一切都在最好的一刻发生了。好像就是一个突变，从觉得昆曲不错，对我的研究有帮助，到觉得要全心投入。

老师您谈到这个美国曲社，就您所知，是否有一批热爱昆曲的人士长期在海外传承昆曲文化？

真的有一批老曲友把昆曲带到国外。李方桂先生之前在夏威夷大学教书,他跟夫人徐樱女士在那里也有曲会,有名的戏曲学者罗锦堂先生也参与了。后来顾妈妈的妹妹张充和女士在耶鲁时,会带着自己的女儿,一个演杜丽娘、一个演春香,一切服装、头面都自己制作。张充和有一个学生叫陈安娜女士,在纽约创办海外昆曲社,现在很盛大,常常定期演出。李林德教授,就是李方桂的女儿,在加州奥克兰的家里也有一个美西昆曲社。他们是真正爱到骨子里,所以在海外传播昆曲。

您自己是如何加入青春版《牡丹亭》的制作,并开始推广昆曲的?

这要从我跟白老师结缘谈起。1980年春天,白老师被伯克利加州大学聘为客座教授,讲现代文学。那时我是比较文学系的研究生,对白先勇老师既尊敬又好奇,就去旁听他的课,偶尔会向他请教一些文学的问题——那时他大概知道我在做汤显祖研究的论文。所以他被请去台湾拍电影《金大班的最后一夜》时,就主动请我去代课。刚好他也认识我的先生。我和翟志成就住在他的家里,白天就在加州大学圣塔芭芭拉分校教书,帮他代课,住了半年。

1988年,我又在加州大学圣塔芭芭拉分校教书,和白老师同事。白老师在上海看了上昆演的《长生殿》,回圣塔芭芭拉后非常兴奋。他说演出非常好,而且他有录像带。有一天,大概是上完课四点多吧,他就说:"华玮,我带你去看录像。"那时播放中国内地的录像带要用一种PAL系统,普通的美国放映机不可以放。刚好学校语言实验室有可播放各地录像带的机器。那天很有趣,我们还去买了一些零食。我跟白老师两个人,就在语言实验室看华文漪跟蔡正仁演的《长生殿》录像。

白老师看的时候还在流泪。真的是好得不得了。那是我第一次看《长生殿》,上昆在旧金山演出那次没有《长生殿》的折子。看了非常感动。我也可以说是亲眼见证昆曲对白老师的影响。这跟我们在国外的处境可能有一点关系。就像我讲的,那时中国戏曲演出好像比较倾向于适应一般大众,以武戏、技艺为主,而不是以它真正的艺术、文学、美学魅力来触动观众,含蓄、古典的东西很少见到。可是这个戏,不只是演员,还有剧本,都很动人。演《埋玉》的时候,刘异龙演高力士。杨贵妃被赐自尽,唐明皇已经下场,高力士就问她，娘娘你还有什么要交代？她就说，圣上春秋已高，我死之后，身边只有你是旧人，能体贴圣意，需要小心服侍。我在屏幕外，还不是在剧场，都被那个气氛感动了。这种感动，跟演员彼此之间的情感交流默契绝对有很大关系。

白老师知道我也喜欢昆曲，也知道我在研究汤显祖。后来我回台湾中研院工作，白老师回台北时我们还会见面，有昆曲演出时他也会去。我记得他说，怎么搞的，看来看去，观众都是这些人，演员也都老了。他很想为昆曲的前途做一些事。2003年，他主动打电话给我，说要大家来开一个会。我还记得是在福华饭店的西餐厅，叫Rosewood，一起吃中饭。开会的有樊曼侬、辛意云、张淑香、他和我。他说：想做青春版《牡丹亭》。

从白老师看《长生殿》到着手制作青春版《牡丹亭》，当中跨越了很多年。是否在很长的时间里，白老师一直想为昆曲做事，只是缺少合适的契机？

是的。对他来讲，首先是发现了一批年轻演员。可能是他先找到了柳梦梅，大家知道，旦角比较多，可是生角不容易。他没有这么明确地说，可是我觉得是他找到了可以演柳梦梅的俞玖林，觉得这个戏可以成了。白老师很有看人的眼光。他以前拍电影，觉得哪个人的气质、丰采很符合笔下的人物，就会找这些人去演他的电影。

2003年，他找我们去，大概从四月开始。每个周末我们一起聚会读《牡丹亭》，讨论剧本，像读书会一样。白老师是总策划，他一开始就决定要制作三本。当初我还很怀疑，觉得演两本已经没有人看，可是他想做全的。我们就讨论怎样开场，哪出要，哪出不要，哪个曲子要，哪个曲子不要。从2003年开始工作，2004年就演了。

这是您首次参与昆曲演出推广吗？在此之前，您的学术研究是否也会涉及昆曲剧场工作？

早在1997年，我在中研院文哲所执行"明清戏曲主题研究计划"时，为配合"明清戏曲国际学术研讨会"，招待与会的学者，我筹办过昆曲演出。我们在中研院开完会后，用几辆大巴把所有人载到木栅台湾戏曲学院的剧院。那次演出不卖票，但公众可以事先拿票。那一次很精彩，除了朱陆豪演《钟馗嫁妹》，还请了计镇华唱《弹词》、梁谷音唱《佳期》、张继青唱《痴梦》。好多中研院学者是第一次看昆曲。

除了办会议演出，我也会私下找演员访谈。比方说，我曾经私下跟蔡正仁、岳美缇、计镇华老师请教过昆曲表演艺术。1987年跟他们认识后，我去上海都会联系他们。这是兴趣跟工作的结合。

在推广过程中，包括观看青春版《牡丹亭》的演出时，您最大的感受或收获是什么？

最大的收获是，发现没看过昆曲的人，会跟我一样成为昆曲的爱好者。最大的感受就是，我坚信昆曲要进校园。因为昆曲的文字比较难，又有典故，所以昆曲推广跟教育有密切关系。受过人文教育、特别是诗词教育后，再欣赏昆曲比较容易。我有一次在北京大学看青春版演出时，旁边坐了一个念法律的学生，还有一个大概是企业管理硕士。她们都很认真，会带上剧本事先看，若看不懂时就看英文翻译。

昆曲是可以打动一批人的，可是事先需要教育、示范。白老师就安排得很好。他总会事先安排讲座，甚至会议，让你比较了解欣赏的门道。这有点像我在伯克利看戏时，会向我老师顾妈妈请教。老师会说：注意他这一踢啊，这个靴子会踢到他的额头；或者《弹词》中计镇华拿琵琶的姿态，《扫松》中拿扫把的从容；或是知道这是名曲。都是一些细节，可是你会在点点滴滴中学会欣赏，培养对艺术的亲近感。欣赏跟亲近其实是互为因果的。

您从台湾来香港工作后，是什么机缘促使您开始在香港推广昆曲？

2007年5月到2009年12月，香港大学有过一个"昆曲研究发展中心筹备处"，是香港企业家余志明先生资助的。我已在中大任教，受聘为学术委员。那时香港大学的副校长、也是中华文化复兴中心的李焯芬教授，他跟余先生比较熟悉，也很尊敬白老师。这个中心筹备处还受到何鸿毅家族基金赞助，与本港其他四所大学合作,办过一个很大的系列活动,叫"雅致玲珑",请国宝级的表演艺术家,如梁谷音、岳美缇等,到本港各个大学做昆曲讲座与表演。很多重要演出都放在理工大学,因为它的演出场地很好。我自己就跟白老师、郑培凯老师、古兆申老师、张丽真老师在城市大学做过一次讲座,也是属于这个计划中的。

那时北京国家大剧院刚盖好,请青春版《牡丹亭》做开幕演出。这个中心筹备处因此还举办过另一个大型活动。当时港大徐立之校长,还有一些同学与社会人士,包括林青霞,都特别飞到北京参加。配合这个演出,我协助筹办了"面对世界——昆曲与《牡丹亭》国际学术研讨会",主编出版了《昆曲·春三二月天》。这是白先勇老师和我合作推广昆曲的模式:通常会配合演出,举办国际研讨会,然后出版论文集。像2004年,配合青春版《牡丹亭》首演,我们也在台北筹办过"汤显祖与《牡丹亭》国际学术研讨会",出版了《汤显祖与〈牡丹亭〉》上下册。

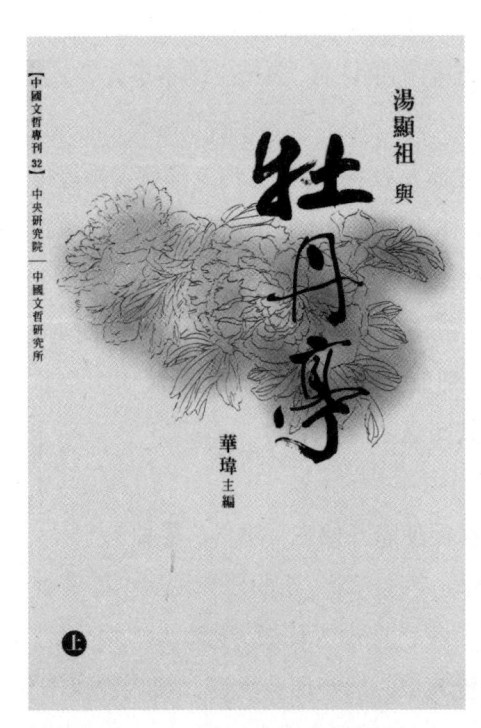

《汤显祖与〈牡丹亭〉》(左)、《昆曲·春三二月天》(右)书影

您在香港中文大学任教后，展开过一个有关昆曲与粤剧的推广计划。可否详细介绍这个计划？

对，项目就叫"昆曲、粤剧教育推广计划"。那是在2010年，当时的文学院院长熊秉真教授希望我做知识转移计划。知识转移的想法是，大学不是象牙塔，知识可以化作对社会大众有用的资产。那时香港中文大学知识转移办公室刚开始做这个计划。因为我对昆曲很有兴趣，就想着既然来到香港，可以把昆曲跟本土粤剧放在一起推广。我邀请了当时在中大任教也是粤剧女小生的陈泽蕾博士跟我一起主持计划。

我们选了昆曲、粤剧最经典的戏，一出是表现爱情的《牡丹亭·惊梦》，另一出是表现死亡的《帝女花·香夭》，都是一生一旦。昆曲请了上海昆剧团的翁佳慧跟袁佳，现在都挺有名，那时还是岳美缇老师的学生，属于年纪轻的。粤剧请了陈泽蕾博士和郑雅琪，那时很年轻，现在也很红了。乐队由中大音乐系的余少华教授领导，由他的学生、朋友组成。

每次推广大概两个小时，节目是：我先介绍《牡丹亭》，然后演出《惊梦》，之后由粤剧专家张敏慧老师讲述唐涤生跟《帝女花》，中间会放一段访问白雪仙的视频，然后演出《香夭》。最后是问答环节，包括请现场师生学习《惊梦》中很有名的揉肩动作，这时大家都开心得不得了。大概是这样的结构。

我们利用暑假，集中推广了一个星期，有时一天赶两场，总共亲自去了十一所中学，有初中也有高中，各级学生都有，也请过两个中学的学生来中大。我们发现，如果老师事先稍微向学生介绍，效果就特别好。我们在台湾办活动时也有中学生参加，情况也是这样，比方说北一女中有中文老师很喜欢昆曲，学生就会受老师影响。戏曲欣赏跟教育有非常密切的关系。

我们还针对社会大众，举办过一次岳美缇跟梅雪诗对谈《西楼记》的活动。粤剧《西楼错梦》是唐涤生的另一戏宝，岳老师的《西楼记·楼会》也非常有名，所以我们请岳美缇与梅雪诗这两位老师，在香港文化中心会议室现身说法。由我讲袁于令《西楼记》的创作背景，着重介绍文学史与戏曲史知识，岳老师再从表演艺术方面谈。同样的，《西楼错梦》也是先请张敏慧老师讲，

香港中学生于推广讲座时，上台学习身段

律吕传神——昆曲、粤剧《西楼记》艺术讲座海报

《春色如许：昆曲、粤剧与中国文化》封面（左）、画面截图（右）

再由梅雪诗老师谈粤剧表演。中间穿插古兆申老师谈昆曲音乐、余少华老师谈粤剧音乐。这次对谈活动，以及学校推广活动内容，最后都被制作成录像带，名为《春色如许》，香港的公立图书馆有收藏。

接下来可否请您谈谈"昆曲研究推广计划"成立的缘起，以及这几年的主要工作？

这个计划可谓"天时、地利、人和"的结果。2012年春，香港中文大学文学院礼聘白先勇老师担任"伟伦人文学科讲座教授"，余志明先生夫妇也鼎力赞助，决定在大学成立"昆曲研究推广计划"。

2012年，在学校与文学院的支持下，我们推出一学分的"昆曲之美"选修课程。2013年春，课程扩大成二学分的选修课。由于经费充足，同时也是得地利之便，这个课程广邀内地、台湾和香港的昆曲专家，每周请不同表演艺术家或学者授课，并邀请江苏省苏州昆剧院来校园演出。这个课程已开设五年，江苏省苏州昆剧院更是"七进中大校园"，演出了十二个晚上的昆曲，累计吸引了近六千名观众。

我们还跟学校的视听制作部合作，录影保存课堂内容及校园演出。这很重要，尤其是昆曲艺术大师说戏的记录。昆曲需要传承。我一直记得在伯克利时，那些老人看到我喜欢昆曲，有多么感动。所以我一直希望在退休之前，积累留存上课的内容，传给下一代。后来我们有幸在学校的视听制作部、资讯科技服务中心的协助下，把录影内容制作成中英文版的Coursera网络课程"昆曲之美"。[1] 这些校内部门的合作支持很重要，当然最主要的还要感谢文学院，昆曲计划是挂在文学院之下的，他们提供了很多支持。最近有几所大学正考虑把我们制作的"昆曲之美"网络课程列入他们的大学通识课程，以供其学生选修。很显然，网络课程能打破时间与空间的限制，增强昆曲对当代年轻人的影响力。

---

[1] "昆曲之美"网络课程网址：繁体中文版：https://www.coursera.org/learn/kunqu
英文版：https://www.coursera.org/learn/kunqu-opera
简体中文版：https://www.cnmooc.org/portal/course/3232/11815.mooc

作为综合性的艺术门类，如何将昆曲置放在专业分工明晰的现代化教育体制中？可否详谈课程的具体设计与考核方式？

课程第一年是文学院专属课程，后来成为大学通识"中华文化传承"的选修课之一。课程最主要的特色是"案头"与"场上"并重。我们先后邀请了岳美缇、蔡正仁、张继青、姚继焜、侯少奎、梁谷音、刘异龙、王芝泉、张静娴、计镇华、张铭荣、华文漪、裴艳玲等国宝级昆曲表演艺术家，以及周秦、曾永义、王安祈、郑培凯、张丽真、李林德等多位专家学者。我们每年还邀请江苏省苏州昆剧院来校演出，达到课堂与剧场的双重熏陶效果。

围绕昆曲的历史、音乐、文学、表演与美学，课程内容分成不同版块。以2013年春的"昆曲之美"为例，课程包含五个单元：(一) 历史文化视野中的昆曲，(二) 昆曲的音乐，(三) 昆曲与古典文学，(四) 昆曲的表演艺术，以及(五) 昆曲美学与现代世界。前几周由戏曲学者介绍昆曲的社会背景、昆曲的音乐、文学，之后的重头戏则是邀请表演艺术家讲解并示范他们的"家门本工戏"以及昆曲各门脚色，包括巾生、官生、穷生、闺门旦、正旦、老生、红生、贴旦、副、丑的"四功五法"表演艺术特色。这些大师们往往一个身段、一个眼神，或是一亮嗓子，即能马上抓住学生们的耳目。在这之后由白先勇教授讲论昆曲美学。最后一周，同学会上台发表他们创作的学期作品。每年邀请的学者、艺术家会有变动，但课程架构基本稳定。另外，为留存更多的昆曲艺术家"说戏"录像档案，每年讲授的昆曲折子戏也会尽量不同，也使重复旁听的同学能温故而知新。

我们这门课程设定的学习目标与预期成果是：1. 分析昆曲经典文本的意义与表演特质；2. 反省中国文化传统与现代社会的关系；3. 结合传统的文化资源与当代的审美经验，创作新的艺术作品。因此，这门课的期末功课相当自由，既允许学生写一般的学期论文，也允许他们以任何方式展现他们的所学所思。最后的功课，内容丰富，形式多样，包括诗、小说、戏曲、摄影、绘画、乐曲演奏、自编舞蹈、自制短片、自创电脑游戏、桌上游戏，甚至实用的童书、泥人、灯饰、月历、漫画、环保袋等。学生的期末调查反馈，也充分显示了这门课对他们的教育启发意义。

其中八位主讲"昆曲之美"课程的国宝级表演艺术家
（上排左起：王芝泉、岳美缇、张铭荣）
（中排左起：张继青、侯少奎）
（下排左起：梁谷音、计镇华、张静娴）

香港中文大學文學院　2013年春季「崑曲之美」課程每週內容

如下表所列，每週上課二小時；學生另須參與一次由白先勇教授主持的「崑劇折子戲導賞」。本課程還設有「文本導讀」、「曲唱研習」等工作坊，鼓勵同學積極參與。

課程內容	講者	時數	上課日期
單元一：歷史文化視野中的崑曲			
1. 崑曲演出簡史	臺灣大學王安祈教授	2	17/1
2. 崑曲與明清歷史社會	香港城市大學鄭培凱教授	2	24/1
單元二：崑曲的音樂			
3. 崑腔音樂	蘇州大學周秦教授	2	31/1
4. 崑唱藝術	香港崑曲研究者張麗真老師	2	7/2
單元三：崑曲與古典文學			
5. 崑曲經典劇目	香港中文大學華瑋教授	2	21/2
單元四：崑曲的表演藝術			
6. 崑曲巾生、小官生的表演藝術	上海崑劇團岳美緹老師	2	28/2
7. 崑曲大官生、窮生的表演藝術	上海崑劇團蔡正仁老師	2	7/3
8. 崑曲閨門旦、正旦及老生的表演藝術	江蘇省崑劇院張繼青老師、姚繼焜老師	2	14/3
9. 崑曲淨行及武生的表演藝術	北方崑曲劇院侯少奎老師	2	21/3
10. 崑曲貼旦與丑行的表演藝術	上海崑劇團梁谷音老師、劉異龍老師	2	28/3
單元五：崑曲美學與現代世界			
11. 崑曲「詩的意境」：從平面到立體	香港中文大學偉倫人文學科講座教授白先勇教授	2	11/4
*崑劇折子戲演出（白先勇教授導賞）	江蘇省蘇州崑劇院	2	12/4 (五) & 13/4 (六)
12. 崑曲新美學：傳統與現代	香港中文大學偉倫人文學科講座教授白先勇教授	2	18/4
13. 課程總結：崑曲與現代世界	香港中文大學華瑋教授	2	25/4

2013年"昆曲之美"课程大纲

2014年，在校方的支持下，我们首度将"昆曲之美"课程制作成中文版与英文版的"慕课"，加入国际网络课程平台Coursera。至今已吸引超过两万名来自全球超过100个国家的校外学习者。

中文版基本遵照校园课程框架。我们将头三年的课程录像，加以剪辑、配上字幕、剪选折子戏演出片段。剪辑重点是对课堂录像进行系统合理的分段切剪。网络课程容易导致观看者专注力较不足。Coursera给出的专业建议是：将每节大课分为不同小节，每节视频维持在10分钟左右。剪辑难免要有所割爱，却也让课堂节奏更紧凑，内容结构更一目了然。我们也插配合适的文献、图像、剧照、昆曲音乐与演出视频，丰富昆曲知识，提高视听观赏度。字幕也是制作的重头戏，毕竟网络观众背景多元，昆曲曲白、戏文内容、表演术语等又牵涉专业词汇。另外，在每节课之后，我们也设计了若干选择题，以便学习者自我评估。

除课程教育之外，"昆曲研究推广计划"还会开展哪些工作？

昆曲毕竟是剧场艺术，所以我们除邀请专业剧团来做专场演出，也会举办示范讲座，还会组织曲唱工作坊、身段工作坊，让学生有机会学习唱曲和身段。比如今年上半年，我们就请青春版《牡丹亭》的女主角沈丰英女士开设了"寻梦·牡丹亭——昆曲曲唱、表演研习班"。今年12月2日，"校园版《牡丹亭》京港联合汇演"在中大举行，我们也积极参与了筹划工作，并邀请中大校友演出。

同时我们开展了一些研究项目，这其实也是一种推广，为昆曲保留一点东西。我们开始出版一套丛书，用平易但富学术价值的方式介绍昆曲。这套"香港中文大学昆曲研究推广计划丛书"目前已出版了两本：《插图本昆曲史事编年》和《钟馗考》。昆曲永远不只是表演艺术，还跟中国的历史、社会、文化、政治各方面都有关系。出书可能会激发读者对昆曲的兴趣，进而了解、接触表演艺术。我当初也是在文学世界被汤显祖感动，才进入昆曲的天地的。

华玮 | 95

"寻梦·牡丹亭——昆曲曲唱、表演研习班"(左)、"校园版《牡丹亭》京港联合汇演"(右)海报

"大雅清音——江苏省昆剧院示范讲座"活动后合影
(第一排右起：张争耀、徐思佳、单雯、华玮、李鸿良、陈春苗、曹志威、单立里)
(第二排右起：姚琦、陈睿、周鑫、钱伟、赵于涛)
2012年11月7日，香港中文大学润昌堂

能否总结一下这么多年来,您在教育界推广昆曲的经验与收获?

最大的收获当然是培养也认识了一批昆曲爱好者与观众。我们也借由课堂录像及网络课程,保存了一批珍贵的戏曲资料。网络课程由于不受时间、地点及修读名额的限制,相信可以持续发挥影响力。

在我看来,昆曲所教授的固然不是"工作"的必需技能,却是可持续一生的爱好与审美,能够丰富我们的生命、情感。昆曲所凝聚的文学、音乐、表演价值,也可提升我们的人文知识与素养。

"昆曲研究推广计划"已经实施好几年,在此过程中您觉得最大的困难是什么?有没有什么特别的经验与观察?

最大的困难可能在于通识教育的名额设限,只能有一百个学生选。虽然文学院又多给了30个,每次上课也有很多研究生、本地的社会人士、曲友会来,不过,这个课,本可以影响更多人。这个课其实花费不少经费,更难得的是能请到那么好的老师。

另一点感觉就是,比起香港学生,好像内地来的学生更喜欢这个课程。在香港似乎很难打破对传统文化的成见。原本喜欢粤剧的学生比较会扩大接触面,进而喜欢昆曲,可是完全没有接触过戏曲的人,往往有一种不必要的成见,对戏曲不屑一顾,甚至觉得它很老土,是婆婆、妈妈看的东西,跟现代生活及人生追求没有关系。希望中学老师能够介绍具有文本美的戏曲作品,可能会影响学生们对中国传统文化的态度。毕竟到大学后,很多人可能就完全不接触中国传统文学与文化了。我蛮高兴的是,有些学生可能上过我的课,读过剧本,自己喜欢,当老师后会带学生来看昆曲演出。

除了在大专院校推广,您有没有参与香港其他昆曲相关机构的其他工作?

从2012年起一直到现在,我担任香港政府康乐及文化事务署演艺小组(中国传统表演艺术)的委员。我觉得这几年的香港中国戏曲节非常难得。票价相对便宜,而且组织有系统,特别注重剧目选择,重视传统老戏,同时又能留意剧种的多样性,京、昆、粤三大剧种每年都有,还一定会搭配罕见的小剧种。

像2015年的目连戏专场演出，就很有趣。

作为一个文学研究者，您个人的文学品味跟研究趣味，会不会影响您昆曲推广的工作重点？反过来，您认为昆曲推广对学术界、对自身又产生了什么意义？

每一个人都有不同品味。同样喜欢昆曲的人，有人喜欢它的唱，有人喜欢它的戏，有人喜欢它的曲，有人喜欢它的文。俞振飞讲过一句话，他说昆曲是外在结构美跟内在意境美的结合。我是文学出身的，非常喜欢意境，喜欢文学性高的、不逊于莎士比亚的精彩独白片段的那种戏。不过这并不表示我只看那些，昆曲折子戏表演都是穿插进行的，各个行当都有它自己的精彩表现。意境也并非才子佳人戏所独有，有些历史剧片段，像《千忠录》的《八阳》演建文帝一路飘泊所见，还有演苏武、李陵的《望乡》，都是有意境美的折子。

我从喜欢汤显祖和《牡丹亭》到喜欢昆曲，推广昆曲。我办昆曲研讨会，主编论文集，出版昆曲丛书，为来自各地的学者提供交流的平台，对戏曲学术的发展，应该是有意义的，对我自己的研究来说，也有很好的影响。经常看戏之后，再看文本时的享受是不一样的。你会让看戏经验与文本重叠，人物穿什么衣服，做什么身段，唱什么曲子，都有特别鲜活生动的感受。这也培养你评价戏曲的眼光。比方说，人家说《牡丹亭》很好，你可能就会问，为什么好？哪方面好？在场上好不好？在案头好不好？案头场上的关系怎么样？你会开始斟酌，做出自己的评判。这也有助于培养研究者的洞察力，你会比较能区隔不同作家、作品的艺术取向，以及他们的不同针对性。为什么苏州派都是这样子的？为什么晚明是这样、清初是这样？历史剧为什么会发展？会考虑到戏曲与观众、与整个社会文化的互动。这的确是看过戏的人，才会比较了解。

推广昆曲使我除了在中文系外，接触到不同背景的人，让他们丰富自己的生命。有一次我在中文大学崇基学院做晚餐讲座，那次最让我感动。我讲《牡丹亭》，也放了一点录像，结果猛一回头，有一个女服务生泪流满面。汤显祖真是伟大！这么久之前，有人如此细致描写一个少女对人生、对自我的追求，真的是非常难得。如果你懂中国妇女史，你当然可以更了解杜丽娘，可就算你不懂，也没问题。我在研究生阶段上"汤显祖跟莎士比亚"课时，读到

《寻梦》，真的是掷书兴叹，决定要做汤显祖研究。从情节上来说，《寻梦》完全没有必要，无中生有的。可如果不写《寻梦》，杜丽娘这个人就立不起来。就好像写林黛玉要写"葬花"，这是一个人最私密的时刻，代表她的追寻，她独特的主体性就在这儿了。这个的确是最感动我的。

您在美国接触了一批很好的老前辈，现在来香港，您对今天香港对艺术、对文化的认可度，有没有什么观察？您觉得昆曲对香港最大的意义可能是什么？

我觉得昆曲可以提升大家对中国文化的认知，知道传统中国文化有这么精彩辉煌的艺术，而非老土过时、没有思想的东西。昆曲内涵的深刻性，表演艺术的规范性，高度的文学性，其实非常难得。昆曲可以让大家知道中国传统文化可以达到的高度，绝对跟唐诗、跟山水画一样，值得在世界文化面前自豪。可有这个认知的不多。

昆曲也有助于提升文学兴趣。不知为什么，香港学生一般对文学的兴趣不是很高，特别是对古典文学。举个例子，我在美国教书，许多学校不一定有戏剧系，可是一定有很好的剧场。就像我在圣塔芭芭拉，它就有很好的剧场，可以让学生编舞、演出。这种对文学艺术的投入，香港比较少。香港好像在赶着过日子，好像规定你三十岁要干嘛、什么时候要干嘛，没有时间追寻自己的理想。在香港，听人文艺术讲座的人不太多。我希望昆曲能作为一扇窗，带大家认识更广大的世界。昆曲远远不只是昆曲，它会提升你的文学素养，你的美感，你对自身生命的体认等。

戏曲是艺术，它就是一种美。它可以让我们在现实的纷乱中，保存内心的宁静、自许与寄托。成为一个美的人，其实就是社会的优秀分子，这要靠潜移默化。我希望在教戏曲知识以外，也传达对美与艺术的追寻趣味。

刘国辉

香港中华文化促进中心饶宗颐文化馆高级节目经理，兼任香港中华文化促进中心"昆剧研究及推广委员会"秘书。二十世纪八十年代初次接触昆曲，并学习曲唱、曲笛。1992年加入香港中华文化促进中心"昆剧研究及推广小组"，参与筹办有关昆曲传承的工作，包括举办传字辈昆剧艺术讲座、昆剧演出录像放映会、昆剧艺术欣赏课程等，同时协助国内剧团传承昆曲艺术，与政府合作组织香港的昆剧演出。

时间：2016年5月25日下午3时
地点：中华文化促进中心

刘老师，您是如何开始接触昆曲的？

我是在进入中华文化促进中心，参加了一些活动筹备后才开始认识昆曲。应该是1990年左右，当时昆曲小组还没成立，只不过在中心有些活动，零零碎碎牵涉到昆曲。

当时我们中心的一个方向是推动地方戏曲，以京剧为主。印象中，那段时期内地有很多剧团来香港演出，大概是1986至1989年之间。其中，联艺在新光戏院办了几年中国地方戏曲展，有很多著名的京剧老师来香港。我们会跟联艺合办演出前的讲座，在中华文化促进中心举行。大家都知道京昆的关系很密切，所以这些活动也会提及昆曲。

那几年剧团很活跃，我记得在大会堂看过北昆的演出，洪雪飞当年在大会堂演《刺虎》。上昆的华文漪也来演出过，那时我还不会看，错过了。此外我记得因为古兆申老师的推荐，看了《玉簪记》，似乎是岳美缇演的，我只看了一晚，那时还不是很懂。

后来慢慢有内地学者来港访问。比较印象深刻的是北京有一位柳以真先生，他很积极进行戏曲研究、保存及抢救工作。当时他带了张继青《牡丹亭》的舞台录像来香港，我们便在原本的京剧系列活动中加插昆剧录像欣赏，一连两晚在我们中心播放。

这些活动的反应都很热烈，很多参加者是大学老师，例如中文大学的梁沛锦、小思老师，还有一些文学界的作家。慢慢这里聚集了一群文化界的朋友，大家开始知道我们在做一些推广传统文化的工作，就开了一条路。这些录像欣赏活动让我们接触到昆曲。那是1997年以前，有些老师难得来香港，活动很不普遍。

就我自己个人来说，那时开始接触昆曲，印象很朦胧，只是觉得很好听、很舒服。后来真正深入接触，是有一次张继青老师到日本或台湾讲学，路过香港，我们邀请她逗留几天，和姚继焜老师做了两次很详细的示范讲

"南昆旦角演唱特色和正旦表演艺术"示范讲座（主讲人：张继青），1991年12月20日，香港中华文化促进中心（刘国辉先生提供）

座，当时还有一位笛子伴奏老师钱洪明先生陪同，一次讲《牡丹亭》，一次讲《烂柯山》。

原来您是因为在中华文化促进中心的工作而认识昆曲。您提到加入中心时，昆曲小组还没成立，那后来何时决定成立昆曲小组？

没成立。应该是过了这次之后，我们有部分理事，例如姚德怀先生、黄继持先生等等，以及古兆申先生——我们中心创会一路以来的智囊，还有会员共同提议才成立。昆曲小组在1992年成立，正式定名为"昆剧研究及推广小组"。我们中心的资源不多，但有一群知识分子凝聚在这里。主席由文楼担任，文楼是香港的雕塑家，在六七十年代已经是香港文化界的知名人物，他很支持这个小组的活动。下面有香港中文大学的老师黄继持，香港大学数学系的老师姚德怀，还有陈辉扬、古兆申，以及中大音乐系的曹本冶。主要就是他们几位一起确立了这个小组，并拟定了一系列计划。一开始我还不是小组一分子，是由另一位同事负责。后来他要处理另一件事情，不久后离职了，所以我就开始跟进工作，也开始接触并认识昆曲。

考虑到昆剧当时面对的困境，中心不断思考可以做什么，觉得我们应协助国内剧团做一些传承工作。于是，在酝酿成立专门小组以前，我们也开始筹办有关昆曲传承、协助国内剧团建立昆剧表演事业的工作。传承方面，鼓励中

1991年至1993年中华文化中心昆剧小组活动列表，前列昆剧小组成员名单：姚德怀（主席）、古兆申、黄继持、陈辉扬、刘楚华、黄维波、文楼、曹本冶（吴宜修：《赏心乐事观昆剧——记乐漪萍师生昆剧晚会》，《大成》第239期，1993年10月，页33）

青年演员向当时尚健在的传字辈老师学戏。我们和浙江昆剧团建立了合作协议。我们在香港筹募经费，鼓励他们安排演员向传字辈老师学习传承一些折子戏，当中的演员包括王奉梅、林为林这一辈。南京个别演员也是受惠于这个计划。例如柯军，他后来当南京江苏省昆剧院的院长，既是武生，又可以演老生，演得很出色。他的《九莲灯》，就是在我们的支持下向郑传鉴老师学的戏。我们要求合作剧团录影学习过程，学戏之后会有正式汇报演出。不论是公开还是不公开，都要求他们录像，我们收回录像作成果保存。录像主要是内部的，没有出版。拍完之后，他们团也可以留一份副本资料。

还有一些零碎经费，用以支持北京昆曲研习社，协助他们筹办一些周年演出。另外我们也运用经费，请研习社更妥善保存他们所有的昆曲录像，例如翻录副本、配上字幕等工作。

到我们小组真正成立，头炮节目很厉害，请传字辈老师主讲示范传字辈昆剧艺术讲座。我们每次请三位嘉宾，一位就是传字辈的老先生，再由两位比较年轻的演员陪同，因为传字辈老师来香港时，也应该有八十岁了。

张娴、王奉梅演示《游园》身段
（刘国辉先生摄影）
（沈苇窗：《艺林广记：出台先露一只脚》，《大成》第232期，1993年3月，页54—55）

首先来的应该是郑传鉴，在1992年7月。当时由他的学生计镇华陪伴，笛师是顾兆琪，他们三位一共做了两个专题讲座。第二炮是浙江昆剧团的姚传芗，由学生王奉梅陪伴，还有一位笛师，是国家一级演奏员韩建林，现在他也差不多要退休了。

后来我们昆剧小组探索如何更好地推广昆剧。考虑到大家难得有机会欣赏表演，我们就多办一些欣赏活动。录像放映会就是我觉得办得很好的系列活动之一。我们每年决定时间，一系列八次，选好不同的放映剧目。当时我们手上只有VHS录像带，没有VCD之类的光盘。录像欣赏会的设计，重在说明欣赏方法，我们会请古兆申老师或其他老师讲解，有时正巧有内地演员经过香港，我们也会邀请他留几天，帮我们讲解，讲解之后我们就放映某一段折子戏。当时很多手上的原始资料只是录像，内地也没那么多资源做后期制作，所以字幕方面，我们就做胶片，一行一行的字印好了，按照节奏一路拉。这些艰难的原始方法，也吸引了相当一部分老师和同学来欣赏，大家都觉得这是欣赏昆剧的好机会。

在这些昆剧演出录像放映会上，主要播放了哪些剧目？

就是一些很经典的折子戏。当时任何一出较经典的折子，在香港都比较难看到，例如张继青的《游园惊梦》。另外就是江苏省昆剧院的演出，我们从不同渠道拿到一些录像，可能是剧团的老师送给我们的，也有他们寄过来或托人带给我们的。还有一些是古兆申老师、陈辉扬先生多年来的个人收藏。剧目除了《牡丹亭》，也有冷门一些的折子戏，像上海昆剧团张静娴的《金雀记·庵会、乔醋》，这类冷门折子戏录像也有。冷门到什么程度呢？那个录像就是张静娴向沈传芷在苏州学戏时排练过程的录像。甚至还不算成熟的排练，老人家没化妆，穿着一件冷背心，就演了一出戏，但是很精彩。我们觉得这一类录像因为有传字辈老师的示范，还有中青年辈演员的学习成果，剧目也是难得一演，所以就以这些录像作欣赏活动。还有一些比较成熟的录像制作，譬如《刺虎》，现在这折戏我们看了很多次，但那时大家对很多折子戏都很陌生。这些放映活动，应该也不定期地举办了五六年。

在昆剧小组成立之前，中心本身是不是已经有一些和戏曲有关的小组或委员会在运行？

有，不过没这么有系统和持续性。当年成立昆剧研究及推广小组时，大家很认真地思考，香港作为内地南面的窗口，在昆剧保存和抢救方面，应该担任什么角色？刚刚提过，首先我们要鼓励内地的中青年演员，抓紧时间向老先生学戏，这是文化遗产的承传。另外就是尽力找一些资源，推动他们的演出、教学活动。之前也提过，早期我们找了一笔款项支持浙昆。他们计划一年学三十出折子，落实哪出折子邀请哪位老师来杭州教学，很有系统地计划。

因为中心是民间文化团体，没有政府资源支持，基本上都要自负盈亏，需要经费维持日常的行政运作，这些款项就要向社会人士募捐，例如商界，但数量不会很多。当年的会址也是通过与霍英东先生联络得来的。1984年中心成立，霍英东基金会连续七年提供定额经费，应该是每年三百万，我们头七年就用这笔经费做了很多事。但是昆剧小组成立的时候，应该已经没有这些恒常的活动经费了，所以就要个别寻找支持。我们通过理事或者中心的朋友，联系不同的社会人士。其中就成功联系到梁锦松先生，当年他还在美国万国宝通银行工作，很愿意支持我们。我们得到他一笔十万元港币的捐款，做了很多事。也有零碎的捐助，甚至有一些匿名捐款者，大家不知道他是谁。

除放映会外，昆曲小组主要举办过哪些方面的昆曲推广活动？

后来越来越多人知道昆剧，香港为迎接回归祖国之日也开始多做一些中国文化的文娱节目。应该是在1994年左右，开始做一个艺术家驻场计划。我们以中心昆剧研究及推广小组的名义申请，以昆剧表演艺术为主题，利用西湾河文娱中心做基地。那半年我们做了一系列活动，请了上海昆剧团的三位老师，岳美缇、张静娴，还有一位音乐伴奏的老先生褚德荣老师参与。我们也做了四次录像欣赏，另外还有比较深入的昆剧艺术欣赏课程，六堂还是八堂，每星期在西湾河文娱中心上课，也有几十人参加，有一些后来变成了长期曲友。

还有一个身段训练班。最后就以一个演出作结。这个驻场计划涵盖四件事情，第一：录像欣赏；第二：艺术欣赏课程；第三，岳美缇老师和张静娴老师以工作坊的形式教授身段，为期一个月；第四就是演出。

欣赏课程的形式是这样：先由古兆申老师他们做热身讲解，然后放映录像，例如有一晚我们放整套《玉簪记》，是常见常演的四折版本，我们坐在活动室里看完《琴挑》、《问病》、《偷诗》、《秋江》四折戏，好像平时在文化中心看演出一样，不过只是看着屏幕，很难得，还有字幕。

以您所知，这个艺术家驻场计划之前，市政局还举办过哪些昆曲相关的活动？

没有，我们是第一个。这个艺术家驻场计划，我们参与时不知道是第一年还是第二年，因为我记得当时他们隆重其事，约所有申请成功的团体，在大会堂会议室开记者招待会、拍合照。

申请是有些巧妙的，主要看内部有没有有识之士。当然香港圈子其实不是很大，当年市政局要筹办文化节目，里面应该有一些官员很支持。我记得有一位负责文化工作的袁立勋先生，是很资深的官员，很多前辈都知道他的名字，还有卢景文先生、陈达文先生。陈达文先生退休之后做了艺术发展局主席，也做了很多类似公职。市政局知道文化圈在发生什么事，知道我们在推广昆剧艺术，他们觉得这是可以多做的事情，就通知我们有这个计划，所以我们就去申请了。之后我们也有再申请过，但是第二次成不成功我就不记得了。

我们知道香港中华文化促进中心后来开始举办昆曲清唱，具体是如何开始的？

我们小组成立初期，顾铁华老师在湾仔有一个中华戏曲学校。学校当时开办了昆曲班，由乐漪萍老师教授。碰巧那个地方在那段时期不能使用，他们需要寻找一个地方做定期活动。昆剧小组就有会员提出这个问题，问中心能否提供场地借给他们上课，每个月一次。一开始时，学生应该有六位到八位，其中有位是日本名字的，也许是日本学生。当乐老师来了这里，学生就闻风而至，慢慢就有越来越多学生来。而且从每个月一次，变成逢星期六三点钟开始到五点钟。

学唱曲的来自不同行业，有中小学老师，有公务员，另外有些是乐漪萍老师以前的学生，因为她在中大开过课。张丽真老师就是最早的一批学员。她很热心，后来从任职的中学退休，时间比较多，乐老师移民后，日常组织活动就由古老师和张老师两位负责。到了后来，我们依靠张老师更多，一直到现在。

昆曲班最初只有乐老师懂得昆曲，香港也没有笛师伴奏。我自己本身喜欢吹笛，有时候因为星期六也要当值或者工作，就进去坐在那里听。乐老师就说，刘国辉你也一起唱吧，我就轻声开始唱。过了一段时间，觉得笛声很好听，就问乐老师：我可不可以试着伴奏呢？她说可以。我从简单的曲开始吹笛伴

刘国辉先生于"'寻梦·牡丹亭'昆曲之夜"搣笛并演唱，2018年6月8日，香港中文大学康本国际学术园三号演讲厅

奏，当然不算吹得很好，都是老师给机会。从那时我就开始真的认识昆曲。再加上要筹办昆曲活动，看了很多录像带，而且每次放映前都要预备字幕，翻文本，听演员们到底说什么，又要去查那是什么字，应该怎样断句，整个过程中，不自觉地加深了认识，感到昆曲是很好的东西，很吸引人。它号称是比较精致典雅的艺术表演形式，我对此也有同感，所以就越来越喜欢昆曲，昆曲工作就越做越开心。

后来每次拍曲，基本上我都会一起上课。有时我到内地时，也会利用零碎时间向其他昆曲演员请教，或者在他们来香港时，通过曲会活动请教。因为没有正规课程，没有训练时间，我主要是通过和老师的接触，了解唱段节奏的处理，慢慢地就比较像昆曲伴奏了。昆曲和一般民乐演奏是有分别的。民乐演奏注重技巧，嘴上技巧、手指技巧。昆曲当然也注重，但更重要的是，昆剧笛子的演奏风格要跟演唱者配合，对曲文要熟悉。

我们之前访问古兆申老师时，他提过殷菊侬老师，好像他和您都跟殷老师学过昆曲。据您所知，殷菊侬老师那时，香港有没有组织过类似的拍曲活动？

关于殷菊侬老师，有很精彩的故事。她是上海的大家闺秀，早年与姚传芗、朱传茗等几位传字辈老师相熟。朱传茗老师曾经在她家为她吹笛拍曲。当年俞振飞在上海时，跟他们也很熟，所以殷菊侬唱腔是俞振飞的风格，也是传字辈艺人传给她的。因为俞振飞老师和殷老师的关系，上海昆剧团来香港演出时，他会叫岳美缇等学生去探望殷老师，带些什么给她，譬如特地录一份自己录音的伴奏带。后来上海昆剧团有位老师来香港，就带我们去认识她。之后我们时不时会去探望她，也向她请教。我们会又唱曲又吹笛，偶尔也请她唱一段给我们听，她也很高兴。有时候她会指点我们。我们请过殷老师来中心做专题演讲，谈昆剧的历史、她早年在上海学艺的经过，还有传字辈老师的一些故事。

听殷老师说，她自从1949年前后到香港后，就在家里。香港没有昆曲唱，她又不会吹笛。但是香港有京剧，以前有位老先生会定期去她家拉琴唱京剧，所以她唱不了昆就唱京，吊吊嗓子。直到我们去探望她，她就可以唱昆曲。上海昆剧团的老师来香港时也会去探望她，其中有一位笛师，会和殷老师吹吹笛，让老人家开心一下，他还擅长打鼓、吹唢呐，样样皆能。我们这些晚辈这么迟才认识老师，的确是挺遗憾的，如果是九几年就认识她，应该会更精彩。

后来我知道中文大学中文系的汪经昌老师也很热爱昆曲。有一位海外昆曲研习社的陈安娜老师，在台湾读书时是汪经昌的学生。她和汪经昌的关系一直都很好，一直照顾老人家的晚年。在汪经昌老师过世后，我们经由陈安娜老师介绍，协助清理老人家的杂物。张老师把很多昆曲资料拿了回来，就算汪老师捐给我们中心昆剧小组收藏，所以有一批书在我们这里。

昆曲小组也会与政府合作，组织香港的昆剧演出，可以讲一下合作详情吗？

有一次去苏州认识了顾笃璜老先生，他安排我参观他们正起步的昆曲博物馆。因为乐漪萍老师在，我们也拜访了苏州昆剧院、上海昆剧团。上海昆剧团比较活跃，经常到台湾讲学，有时路过香港，我们会请他们讲课。北京有蔡瑶铣老师，蔡瑶铣老师去台湾讲学时，也曾经过香港；北方昆曲剧院来演出时，也在文化中心举行座谈会，侯少奎、洪雪飞几位老师都来过。就是这样，我们跟内地几个团都建立了关系。在这个基础上，小组和政府合作，帮他们邀请昆剧来香港演出。

以前的剧团来香港演出，主要通过联艺，还有一两个其他机构，像上海总会、上海戏曲艺术协会。我们作为一个文化团体，就尝试专注于昆剧推广。我们的眼光跟联艺不一样。联艺办的时候，可能由剧团选择剧目。我们则希望趁机鼓励内地剧团复排一些传统戏，就是一些流失了但还在老先生手上的戏，然后来香港演出，令剧团有所成长，是一件方便又完美的事。我们安排过浙江昆剧团、上海昆剧团、苏州昆剧院、江苏省昆剧院分别来香港演出。我们还没有独立为北方昆曲剧院、湖南省昆剧团办过在香港的独立演出，只参与过几个团同时来港的汇演。他们自己在香港演出过，由另一个团体筹办。

例如浙昆有一部很著名的戏宝——《西园记》，我们提出带来香港演。康

浙江京昆艺术剧院"三代传国宝，西园牡丹开"演出海报，2001年11月29日—12月2日，香港文化中心大剧院（李明珍女士提供）

文署当然不知道这是什么戏，我们就介绍让他们知道。另外就是要求浙昆将《牡丹亭》以一晚的版本呈现出来，从《惊梦》开始，然后是《寻梦》、《写真》、《离魂》、《拾画》，五折戏串成一晚本《牡丹亭》，王奉梅从头到尾演出，男演员上半场是陶铁斧，下半场应该是汪世瑜亲自上场。剧团本来没有这个做法，他们平时是以折子戏形式演《牡丹亭》。变成一台大戏是古兆申、陈辉扬几位有识之士提出要求，也都很受欢迎。我们当时宣传的标题是"三代传国宝，西园牡丹开"，因为是三代承传的演出。

另外，我们也要求苏昆把《钗钏记》带来香港，也是超过十年没演的戏，他们"文革"后也甚少演出。这是一个很好的戏，其中《相约讨钗》更加有名，是贴旦的戏，苏州就是由陶红珍承传下来。各个剧团就以陶红珍演《相约讨钗》最有名。这些是当时舞台上比较少见、他们也没信心演的戏。我们通过邀请他们复排后来香港演出，从客观上来说也锻炼了他们的剧团。

在策划活动时，一开始我们就要到内地和剧团商量，想他们演什么戏，也要讲清楚为什么要演这个戏，还有对舞台演出效果的要求，都会跟他们沟通清楚。早年舞台没那么花哨，我们也不用那么担心，但现在舞台太夸张了。大家对艺术的要求与观点也不同。譬如演出习惯，内地一晚演出一般是两个小时；香港不会，粤剧演到十二点的。所以我们要求一晚演五个折子，他们觉得很奇怪、很长。他们觉得演三个小时或以上难以置信。有时候他们排一些戏，为了压缩时间，节奏会偏快，我们要告诉他们，香港观众可以接受什么水平，请他们不用担心，我们要的是整体的传统舞台效果，这就是沟通的过程。

好像还有一个"游江南"系列活动也常常被提及。这个活动具体是如何开展的？

是，在某几年里我们持续每年做这个活动，第一是让香港一些喜欢昆曲的朋友，可以亲自去内地欣赏精彩剧目，因为不知什么时候才等到他们来香港演。白天我们会跟旅行社参观景点。景点按我们的要求决定，都是比较难得、有丰富文化内容的地方。这是我们提倡的新旅游形式，白天旅游，晚上看戏，整个旅程很丰富，虽然旅费会比一般的贵，但是理解的人知道这很值得。这个活动有几重意义：第一，提倡了一种新形式的文化活动；第二，我们趁这个机会，吸引一些文化圈中人一起去看昆剧。除了香港的文化界人士，我们也联络了一些台湾文化界的朋友，让他们认识、了解当时昆剧团的状况，希望能进一步将昆剧演出带到台湾。这个也成功做到了。台湾有几位老师参加了，回去后就决定要邀请剧团到台湾演出。台湾的昆剧演出都是通过这样的形式发展起来。上海昆剧团应该是那时第一个到台湾演出的昆剧团，应该是1992、1993年。

江苏省苏州昆剧院"吴门雅韵"演出海报，2002年9月25日—27日，香港大会堂剧院（李明珍女士提供）

您提到举办"游江南"的活动时，会特意邀请台湾的文化界人士共同参与。那个时期台湾和大陆的直接交流是不是比较困难？

对啊。我记得当时没有"三通"，①大陆与台湾之间没有直航航班，内地的剧团要去台湾演出，一定要经过香港拿一个签证。大陆剧团来到香港，整团人就要去金钟的中华旅行社办证，然后再赶去机场，才可以上机到台湾。我记得有一次临时帮他们办证，把他们载到金钟办证，办完之后马上坐车赶去机场，很赶很辛苦，这就是当时的环境。

在那几年，大陆团体到台湾的演出开始慢慢多起来，台湾观众对昆剧也多了认识，使得台湾曲社与大学一些课程的交往都频繁密切了。台湾从蒋经国解严，到了李登辉时期，大陆没有条件主动到台湾，我们就作为桥梁，这是很有意义的。我记得台湾有几位文化界的朋友，林怀民、蒋勋，及新象文教基金会的樊曼侬、台湾文化大学的辛意云老师，还有白先勇。他们几位是台湾几十年来重要的一批知识分子。我们通过古兆申老师、陈辉扬老师，邀请他们一起参与"游江南"，春天去看戏、参观、游览、采茶，很吸引他们，后来就促成了好几个剧团到台湾演出。古兆申更直接帮新象联系剧团，商讨有什么戏值得带到台湾演出。这个演出方法也在台湾建立起来，办这一类昆剧演出的不只是新象文教基金会，还有后来成立的石头出版社和新舞台。

过去一二十年，香港整个形势也转变了很多，香港中华文化促进中心的活动聚焦点有没有也发生变化？

是的。1997年之后，香港特区政府主动要多做一些传统文化的演出。我们就开始思考另一个方向，就是怎样提倡年轻学生认识传统文化。昆剧可以作为认识传统文化的切入点，因为昆剧里有很多民俗文化的元素，包括音乐等等。我们办过几次"昆剧进校园"，就是开先河的一种形式。我觉得我们甚至启发了内地剧团应该如何推广，他们来香港做了"昆剧进校园"之后，才在内地开始类似的推广方法。现在内地有很多剧团，都定了每年要有多少

---

① 三通是台海两岸直接"通邮"、"通商"、"通航"的简称。

趟校园演出。江苏省昆剧院、江苏省苏州昆剧院、浙江昆剧团都参与过"昆剧进校园"。

因为限于资源,不能用太多钱,剧团就会组织一个小队伍。一个示范演出,基本牵涉的就是服装和化妆,道具则要机动,要少,不可以多,还有一桌两椅。演员以生、旦、丑为主,最多加一个贴旦,所以合起来四个演员、四位乐师,加上两位后台的服装化妆,一个十人到十多人的小队伍,就可以策划来港两个星期甚至一个月。学校会预先向我们报名,他们想参加,我们按设定好的时间去学校示范演出。这个示范演出分三阶段,首先有演讲介绍,然后是示范演出,最后请同学上来互动,可能做一些身段或是简单的脸部化妆,是很有趣的一件事。

我们去了很多学校,想争取用最少的资源做多些事嘛,所以辛苦了演员。最厉害的是有一次,我们在短短两个星期里,每天上午下午各去一所学校,那批演员真的非常辛苦。他们要不断上妆、卸妆、再上妆、再卸妆,中间又要找时间吃饭,所以那次之后,我们觉得太频密了,最适宜就是每天去一所学校。

除此之外我们还得到艺发局的赞助,出版过两本小书,在进校园时派给同学。通过简单的十多页的彩印印刷品,精简介绍昆剧历史、昆剧演出行当、基本元素、欣赏方法等等。有一些其他的昆曲活动,我们也会拿出来免费派发。

我们见过资料显示,2000年也举办过身段班、清唱的工作坊,还有在大专院校的示范讲座,这些活动和后来2007、2008年做的昆曲进校园推广,性质是否一样?

这个是不同性质的,你刚刚说的活动,是一些艺术发展的规模计划,当时邀请了三位老师,在我们中心开班。譬如当年是王奉梅、汪世瑜两位一起来。另一位是王奉梅的先生何炳泉老师,何老师是万能的,又能吹笛,吹得很好,我们去学校做简单示范时,就让何老师吹笛伴奏。在那个月里我们大概去了四五间学校,加上中大、浸大。另外还在我们中心办了示范演讲,讲解表演行当和代表剧目。两位老师也会负责教授工作坊与身段班,在合和中心举行。

还有一个活动值得一提。2002年,我们和港大中文系合作一个活动,安排白先勇在陆佑堂做演讲,白老师定了题目叫《昆剧中的男欢女爱》。他提到纯粹靠讲，很不精彩，我们就建议邀请江苏省苏州昆剧院同时示范演出。因为"游江南"的活动，我们认识了苏州昆剧院刚刚毕业入团的年轻演员，觉得他们的演出很好看。很久都是张继青、王奉梅这一辈中青年演员，突然看到一个二十岁左右的杜丽娘出现，是很震撼的。古兆申就提出，邀请苏州昆剧院派几个人的小队伍来示范，只要一个笛、一个鼓，当时只有三个演员，有俞玖林，原本邀请沈丰英，可是她突然有病，来不了，改由俞红梅同行，后来她去了海外发展。港大那次演出之后，白先勇觉得很好，我们就计划再做一个大型讲座。正巧那年康文署也有针对学校的文化推广节目，我们就找了康文署帮忙，在沙田大会堂举行了两次大型讲座。同样是苏州昆剧院演出，再多邀请几位演员。还有公开售票的场次，白先勇演讲之后，就示范一两段戏。我记忆中有《秋江》，舞台上有变化，还有一段是《惊梦》。整个沙田大会堂坐满了，挺轰动的。

经过这一次，白先勇也挺感动，看到年轻人的演绎，就想到制作青春版《牡丹亭》。我们就和苏州合作，邀请白老师考察，也趁机挑选他心目中的演员。最后此事当然是落实了，也集合了不同资源。台湾那边由白老师处理，我们也帮忙联系汪世瑜、张继青负责艺术指导、监督，专门指导俞玖林和沈丰英。2003年就开始排了，我们也有参与筹备。后来我们和康文署协商，邀请他们到香港演出。所以青春版《牡丹亭》的诞生，前期在香港酝酿时，主要就是我们和白先勇商量。具体落实是在苏州，因剧本还没定型，很多地方要修改，古老师也有参与，我也上去帮忙拍照片，为康文署在香港售票宣传。我记得那是在冬天，很冷，他们在苏州商业大厦临时租用一个建筑工地，空荡荡什么都没有，甚至连楼梯、栏杆都还没建起来，他们就布好了局，灯、化妆间……就在那里日夜排练。然后，2004年四月，他们先在台北演出，六月就来香港演。2006年我们再次邀请他们来演。

1994年时，中华文化促进中心跟浸会大学校外进修学院合作，办一些昆曲、戏曲的课程，这些课程通常是怎么进行？哪些老师去教？这个课程与现在张丽真老师在浸会大学的课程有关系吗？

如果我没记错的话，是浸会大学业余进修中心。我们小组的刘楚华老师是浸大的老师，我们就想，可不可以利用浸会业余进修中心的公众网络，尝试办一些昆曲课程，接触年轻人以外的在职人士呢？应该主要是刘老师主持，以六堂课为一个课程，包括昆剧文学的欣赏、曲唱理论、昆曲历史，都是理论为主的课，也有一些录像欣赏与行当介绍。这个课程应该尝试了一至两年。当时也有香港大学校外进修中心（"SPACE"那个名字还没成型），还有工联会下面的工人俱乐部办的业余进修课程。这几个课程让大家有一些业余或课余的文化进修，属于提升个人修养的课程。张老师的课程有点不同，那个主要面对在学的学生。

除了公开的昆曲教学课程之外，中心是不是也组织过几次清唱会？

对，最初一次的公开清唱会，应该是在早期市政局年代举行。有一次主持策划的是黎键先生，他很热心，也很支持中心的活动。他知道乐漪萍老师在这里组织昆曲活动，我们也已经有一批十来人的曲友。那年市政局办茶馆艺术节，其中一个单元节目就是两个团体一起参与。节目上半场是昆曲清唱，下半场就是福建南音演奏，在荃湾大会堂文娱厅举行。场地布置像茶室，台下观众进来就在一张圆八仙桌一组一组坐下，听我们的清唱表演。我们穿上长衫，那是第一次公开的推广演出活动。应该是1992、1993年。

昆曲承传有两个流传推广方法，一个是舞台演出，一个就是清唱。我们觉得，香港条件所限，当然是以清唱最方便，就邀请内地专业演员来教学，有很多个。1997年后，康文署知

"昆曲名家清唱晚会"场刊，2000年10月7日—8日，香港文化中心剧场（陈化玲老师提供）

道我们有这些活动，就找我们商量：能不能以清唱会的形式，介绍昆曲的清唱艺术呢？后来我们就在文化中心的剧场专门办两场昆曲清唱会，邀请浙江昆剧团的四人小乐队，一个三弦、一个琵琶、一个鼓、一支笛。参与清唱的演员有汪世瑜、王奉梅、陶铁斧，还有上海昆剧团的计镇华。效果很好，有很多新观众知道了昆曲，也知道了中心在做昆曲推广，吸引他们参加中心后来的昆曲活动。

一开始老师们不太接受清唱，因为他们习惯了演出，这样上台站着，手不知道该放在哪里，又只有一个小乐队，自己的演唱功夫必须到位不失场，所以很多老师一开始并不是很想来。但他们知道我们是诚心想做推广工作，勉为其难也来了。我自己觉得我们是开创了新形式。后来老师们也开始接受，因为年纪大了，演一场戏很辛苦，而且试了一两次后，他们开始觉得这样出来唱一首，效果也不错。所以后来上海、北京也多了类似的清唱节目，甚至以清唱会作为庆祝洪昇诞生周年的节目。

除了推广、传承等各方面的工作，也请介绍中心在昆曲文献资料方面的工作，例如《昆曲字音》，还有张丽真老师的《九宫大成》。

张丽真那套书是香港中文大学和张老师合作的，根据王正来老师留传下来的资料整理，但张老师也是通过中心的昆曲活动认识王正来老师的，渊源就是这样。

而中心、小组在出版方面可以起什么作用呢？我想也是"润物细无声"的。我们直接参与的就是《昆曲字音》。还有《曲苑缀英》，线装上下册，将王正来老师手抄的曲谱排版，由张老师作编辑校对、资料确认，我们中心负责基本的编辑工作。那时在香港找宣纸印刷比较难，所以选择在内地印刷，宣纸和成本也比较便宜。那时候印了一定数量，主要是让大家有工尺谱可以学习使用。如果曲唱聚会的人、张老师教的学生想学昆曲，曲谱从哪里来呢？当年《振飞曲谱》和《粟庐曲谱》都断版多年，后来内地才先后重印这两本曲谱，而且《振飞曲谱》不过是简谱，我们觉得学习还是以工尺谱为主，就按小组提出的讨论建议，用王老师的手稿制作出版。不过那个现在也已经卖完了。

以您个人经验,在香港办昆曲的推广或教学活动,有没有什么难处?

难处当然很多,第一就是资源,做好一件事要有基本费用。虽然我们有张老师、古老师,在理论、清唱上可以说有很多资源,可是舞台表演艺术一定离不开专业演员的示范。每个示范就等于正式办一场演出,一个示范可能只有十分钟、二十分钟,但背后需要处理的工作,其实等于做两个小时的演出,因为需要服装、化妆配合,还有交通来回等花费。我们就向艺术发展局申请支持,也向一些个人基金申请。但是艺术发展局资源有限,不能够每年都支持同一个项目,以致一些有意义的推广活动不能持续举办,例如"昆剧进校园",大家都知道效果很好,但就只能持续几年,后来就没有资源继续举行这些活动了。没有了特区政府的支持,没有了资源,我们实在不能不断地做下去,这真的很可惜。

刘楚华

著名古琴演奏家。新亚研究所所长、香港浸会大学中文系荣休教授、香港中华文化促进中心"昆剧研究及推广委员会"主席、香港和韵曲社荣誉社长、德愔琴社成员。二十世纪八十年代随乐漪萍习曲。1992年加入香港中华文化促进中心"昆剧研究及推广小组",参与有关昆曲传承的工作,包括在香港中小学推广昆曲、协助国内剧团传承昆曲艺术等。曾于香港浸会大学中文系开设昆曲清唱与戏曲欣赏课程。

时间：2016年4月19日下午2时
地点：浸会大学刘楚华老师办公室

刘老师，可否先请您谈谈是如何开始接触昆曲的？

我在八十年代第一次接触昆曲，市政局办了一个戏曲展演，请上海昆剧团，可能还有其他剧团，来演出昆曲。我印象深刻的是蔡正仁的《长生殿》，那时觉得音乐非常细致。我想这次演出是我们这一辈的人第一次接触昆曲，我们看了之后喜欢，于是就继续找来看。多看几次觉得很好，就渐渐再学，学了又再深入一点。其中譬如陈辉扬，他很主动回内地，古兆申老师也是受他影响，后来他在中华文化促进中心那边成立了昆曲推广小组——以前只是推广小组，现在就是研究及推广委员会。

对您而言，昆曲最吸引您的地方是什么？

音乐啊，表演啊，各方面都好，它是综合艺术嘛。我们都拍过曲，有时候对音乐比较敏感，可能因为自己本身是音乐系的。其他剧种我没有看过太多，因为我喜欢静，粤剧与京剧也不是很喜欢。

您在什么机缘之下，开始学习昆曲？

我学唱昆曲是在八十年代，应该是1986或者1987年。当时我和张丽真老师跟上海昆剧团的乐漪萍老师学曲。乐老师是唱旦的，她来香港后，艺术没地方发挥，所以很乐意和我们每星期拍曲，一首曲、一首曲地拍，拍了很多年，直到她去美国就停止了。

在中华文化促进中心那里，我们一直以清唱为传统，身段也学，但比较少。因为清唱的传统从明代到现在，虽然逐渐式微，但是个挺强的传统。清唱和舞台演出有点不同，因为清唱是"坐冷板凳"，很重视音乐、咬字，很讲究的，演员要兼顾表演、身段，反而不是每位演员都对唱那么讲究。所以在这方面，我们昆曲小组的人有享受、有学习，自己得益不少。

你们是否也会学习身段？除了乐老师,是否也向其他老师学习？

是啊,不同时期都有,有时候来一个月,请过很多演员来教:汪世瑜、王奉梅、张静娴、乐漪萍,还有演潘金莲的梁谷音。我跟这些老师都学过身段,不过我跟不上进度。我不是专业的,不是说你跟了那个老师就可以的,需要太多条件了。偶尔有一两个受过训练的曲友,上场参与一下,做帮腔或是梅香、家丁都可以,但我们没有专业训练,不可以随便上台。学过身段后,我们只知道别人为何这样转弯,自己却未必能转到,那么生硬怎么能上台？需要千锤百炼。我们只能提升自己的欣赏力。

而且也要有鼓师、笛师。乐漪萍老师教我们的时候是干唱,没有笛子伴奏,很辛苦的,要提起声线,老师由头唱到尾,唱完又重复,唱完又重复,很辛苦,教完喉咙都沙哑了,学生还是不懂唱,这就是专业的老师教业余学生的痛苦,大家没基础训练,跟不上。

但是起码传承了一班爱好者,以及出了张丽真老师,她可以教下去。我比她早学一年昆曲,但昆曲素养她比我好很多。她一直很努力,习曲需要曲不离口,天天都要唱,她也回内地跟几位名师学过,天赋也很好。我唱就很平常了,我是会听不会唱,讲一下还可以,但你叫我演出就不行了。以前我身段还不错的,但现在不行了,腰骨都硬了。不过,学习身段是很有趣的,你知道什么叫跑台步,知道什么叫云手,做了之后,你就知道舞台背后的原理。

我退休后比以前还忙,应该静下来才有空拍曲,不是说上课的时候开口就算的,要天天练嘛。现在我只是偶尔去曲社坐一坐,古琴也没空弹了。

说起古琴,我们查资料时看见,您的古琴老师蔡德允老师五六十年代在志莲净苑参与过琴棋书画的雅集,她是不是也唱昆曲？

是啊,她在上海是跟传字辈郑传鉴老师学曲的,郑传鉴老师为她吹笛。戏曲音乐,有人唱京、有人唱昆。老师就弹琴,弹完琴之后吹笛,两种都是优雅的音乐。历史上的文人,弹古琴的人和唱昆曲的人,从明代以来都有重叠,不见得一定两样都懂,但通常重叠。我的老师教古琴,她没特别和我们说昆曲,但开心时也会唱一下,多数她是请朋友回家玩,是私人雅集性质。

五六十年代，大量北方文人来香港，他们需要活动，琴棋书画都有，当然一般大众未必知道。五六十年代没有大会堂等场地，表演都在私人地方、寺院、香港大学或青年会等。香港大学有古琴演出，五几年香港浸会书院（后来的香港浸会大学）也有一场音乐会。

五六十年代的活动多是私人性质，是文人和文人之间的联谊，政府不会理会。香港的民间活动素来都是自生自灭的，直至七八十年代，香港富裕起来后，资源多了，政府会给钱，大家都受惠了，粤曲更活跃。资源分配也要讲究均等，都给粤曲不行，都给昆曲也不行，而且毕竟粤剧是占多数嘛。中华文化促进中心有什么好呢？有组织的好处就是在行政上方便，可以以组织的名义写报告，申请计划与资源，拿到钱可以请人来演出或交流。但本质上，与五六十年的活动也不是差太多，主要还是个人爱好，我们没有专业，都是自娱、修养为主。

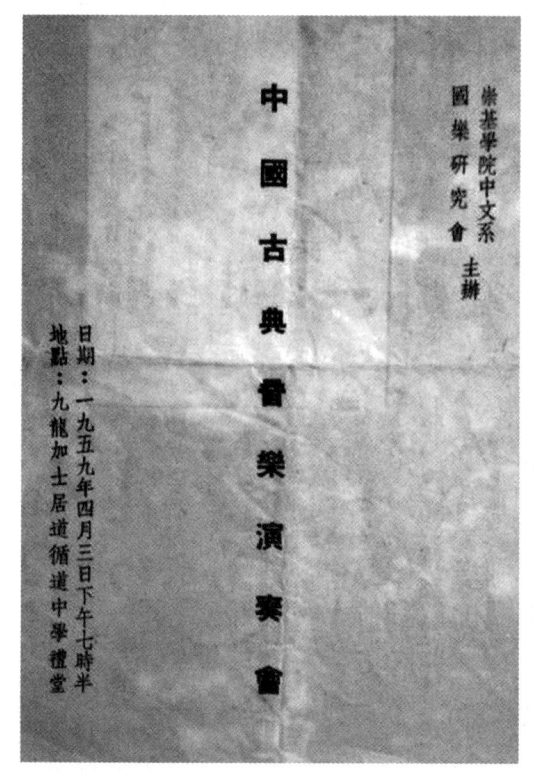

1959年崇基学院中文系与国乐研究会主办"中国古典音乐演奏会"，蔡德允老师于会上演唱《玉簪记·琴挑》选段（张丽真老师提供）

您是如何加入中华文化促进中心的昆曲小组？可以介绍一下它的工作吗？

古老师经常拉我去看戏。我挺早就加入昆曲小组了，但不是最早，因为有人退出也有人加入。

中华文化促进中心是一个民间文化机构，早期有颇多资源，办一些文化活动。昆曲推广小组的主要推动者是古老师，主要的推广工作就是找戏来看。我们组织看戏团。我们是最早回内地看戏的，我们去过北京、南京、杭州、上海、湖南郴州等地。甚至去台北。所以是一些戏迷去看戏，顺道去旅行。看戏也累的，要养足精神。港龙航空的飞机上不是有航班特刊吗？有一次的专访就是跟我们去看戏，那次的题目是"看昆剧·游江南"。我们当时也开始学唱昆曲，一路看戏，白天就坐画舫，在西湖，一边唱曲一边看风景。这活动挺好的，团员自费，整个团都有共同兴趣，一起看戏，比其他旅行团更好。有次去南京、杭州，前一晚看王奉梅、蔡正仁演杨贵妃、唐明皇，第二天和他们一齐吃饭。

另外的主要活动就是学唱昆曲。乐漪萍老师走了后，中华文化促进中心也办了很多讲座，许多现在已经退休的国宝级演员，几乎全部都来过，所以中华文化促进中心在推广昆曲方面一定有贡献。当时昆曲还没成为文化遗产，在内地都很寂寞，内地的演员都没有资源，香港人请他们来，他们都非常乐意。昆曲小组应该是最先请他们来的，像上海的演员，除了华文漪、岳美缇、张静娴、王芝泉、蔡正仁我们都邀请过。我们还邀请过笛师、鼓师，专门为我们讲乐器、讲打鼓。上海的鼓师褚德荣老师、江苏省昆剧院的王建农老师都来教过。通常是昆曲小组开会给建议，决定学习的内容，譬如下次学打鼓，或者学别的什么，然后刘国辉负责邀请、接待等工作。就在中心那里拍曲。我们的昆曲知识就是这样长期累积的。早期我们更有机会请到传字辈的老师来香港，中心还保留了很多录像，我觉得以民间来说，这个有一定的功劳。

昆曲小组是否还会为康文署提供意见，甚至曾经承办康文署的节目？昆曲小组办过演出吗？

如果有大陆昆剧团要来香港演出，剧目、选戏、选人，都是我们给康文署意见。康文署没人懂昆曲，现在有了，经过这么多年后，我们有曲友在里面工作，早期他们对所有戏曲都不懂，所以演福建戏的话，他们可能就会找福建体育会、同乡会之类的团体，其他剧种就找新光，昆曲就找中华文化促进中心。我们很多时候负责选择剧目、演员。但康文署也不能全迁就我们。我们只要求好看，但他们觉得没青年演员又不行，一定要老的搭着年轻的。譬如一场给老的，一场给年轻演员，老演员就不用演得那么辛苦。而且他们也要考虑票房，我们全挑冷门的也不行。所以要协商，我们给意见后再由他们决定。

当然他们不是只问我们。譬如还要问邓宛霞，邓宛霞也是专业的，她是另一条途径，我们是非牟利机构，我们没参与演出的执行事务，只是给意见。有时候刘国辉也会做接待。

但有时候康文署也会给我们一笔营运费，我们当一个企划来做，类似经纪角色，戏码由我们开会决定，刘国辉负责行政、接待上的事务，演出就成为康文署的表演，用他们的场地，双方互利。但其实中心没什么利，收很少钱，只是我们可以决定戏码。

我们都没有条件演出。只有在乐漪萍老师回来时，我们办过一次清唱演出。

中华文化促进中心是不是曾经申请资金办一个学校昆剧推广计划？是在中学办吗？

中小学都有。我们有分工，一人去一些学校。播一段影片，然后告诉他们昆曲是怎样一回事，戏服如何漂亮，有什么故事，用故事去吸引他们。我们中心印了一本介绍昆曲的小册子，很漂亮的。

这计划不容易，中学的课程很挤，他们自己都不够时间上课，那你能在哪一课进行讲座？音乐课吗？校长要特别编一个时间给你们去办活动，让他们接触一下。小学生可能印象深刻一些，有曲友教小学生做身段，给他们穿一下小衣服，他们就很高兴了。这方面就不及粤剧了，因为粤剧语言比较接近，也有比较多人做这些工作。我们没有专业的昆曲演员，只能做很少，效果不是很大。

但有一个途径，就是文学欣赏，戏曲文学。只是这个途径的作用也不是很大，只有《桃花扇》进入教程，但他们连文学也不读了。这就是教育的缺点，学生对文学没有感觉。内地学生反而易入行，香港就困难了，为什么困难呢？第一，他们没接触过，但最大的困难是香港教育制度里，艺术、音乐的教育在基本教育中是阙如的。只有在个别的家庭，父母会叫子女去学钢琴，也不是很成功。一般学生的音乐欣赏水平差。其实如果音乐欣赏水平好的话，一听昆曲就会马上喜欢，知道它是好的。为什么台湾学生会比较好呢？因为他们对于昆曲都很尊敬，就算不认识、不喜爱也很尊敬，这就是跟香港氛围的差别。这是教育的结果，不是自然的。艺术的欣赏是培养出来的，教育很重要。

音乐确实是昆曲艺术的重要成就。在这方面，中心举办过很多曲唱、曲会活动，后来还成立了专门的曲社，您是否可以谈谈中心与曲社在这方面的工作？

中华长期提供场地让我们拍曲，在春节、秋冬也会举行曲会，一直也都有人来。自从人多了，张老师就成立了"和韵曲社"，附属于中华文化促进中心的昆曲小组。昆曲小组的功能变成做研究、推广的工作，也会向政府提意见，或是和大陆进行合作计划，曲社就只是拍曲、教学。分工清楚了一些。

现在曲社主要负责唱的部分，以及和内地、台湾以及全世界的曲社交流。去上海与上海曲社的人交流，或者当他们有人过来时，我们就负责接待。前年中华文化促进中心办了一个清唱活动，邀请各地演员与清唱家来香港，南京、上海都有，有专业演员的清唱，又有业余的合唱，又有研讨会。这个就是由昆曲小组和曲社合作的。其实只是分工清楚了一些，但还是同一个机构，大家一起推动昆曲活动。

曲社的荣誉社长是我和古兆申老师。古老师因为身体原因淡出了，不能每个星期去。现在这么多年以来，持续每星期免费教曲的是张丽真老师，她退休后全力推广清唱教育。她跟很多老师学曲，非常用功钻研。和韵曲社主要是她主持，我就是随意的，也就是没做事啦。

"华夏雅韵"昆曲清唱会，2018年11月24日，新亚研究所（前排左起：苏思棣、刘楚华、张丽真）（香港和韵曲社网页）

　　张老师培养了很多同学，有些唱得很好，唱了十到二十年，有些学吹箫，有些学打鼓。但乐队方面真是比较弱，我们没什么人教。表演我们也比较少，主要是清唱。清唱我觉得很重要，因为昆曲：昆"曲"；无曲是不可以的。戏曲是以音乐作为分类的，如果没有昆曲音乐，昆剧是不成立的。我们是比较重视音乐的，也有辨别能力，昆曲不是乱唱的，它已经定型了，曲牌流传了很多年。它是定板、定腔、定音，它的谱不能随便乱改。别的剧种可以拉腔拉到别人喝彩，很自由、很有弹性，但昆曲很严格，因此要长期的浸淫、教育、修养才可以提升。所以严格来说，你没唱过一两首，就没办法体会昆曲音乐。这不是卡拉OK唱一两次就行，不可能一下子促成的。

　　我说话很坦白，现在很多剧团，为了剧场效果，怕太清静，于是加大提琴，或是很响的阮，"咚咚咚咚"，编曲者乱加东西，不按原来传统的谱，还要有一个指挥，非常干扰。昆曲以笛为主，鼓师就是指挥，然后演员以唱为主，结果大提琴"依依哦哦"，抵消了人的声音，人的声音被它压住了，演员唱得很吃力，观众听不到东西，也会很不耐烦，他们只能扩大话筒声量。昆曲本来很静，最好的是不用话筒，在小剧场之类很近的距离看最好。我最感动的一次，是去南京一个很旧的剧场。只有五行座位，很落后，没暖气，冷得我要穿上所有衣服去看。可是当时张继青唱《牡丹亭》，那么近的距离，完全看到她的表演，感动得不得了，这才是昆曲的魅力。不是在一个一千人的剧场，用望远镜都看不到，音乐是假的，影像又看不见，配乐乱搞的。所以我现在不是每出都看，要挑来看。

听说浸会大学也有一个昆曲课程，有人捐款专门开设了这门课程？

是的。大学的起步比较迟，如果没人捐钱大学是不肯做的，音乐系也不肯，中文系好一点，所以课程放在中文系。我们昆曲中心都是由中文系的人主持。浸会大学中文系有学分的清唱课程，已经办了八年。

资源不是很多，首三年都是靠外面捐钱，是一个有心人捐了钱鼓励我们开课，只足够让张丽真老师和苏思棣老师吹笛。第四年之后，我们向学校争取，大学觉得这个课程有意义，所以后来是自费的，也就是大学的费用。中文系一直保持这个课程，到现在已经近十年。逢星期四上课，三个学分，设在中文系。虽然学生数量少，但都是满额，三十人，而且这个教育形式就会深刻。这个课程只有中文系有，而且全香港只有我们有。学生非常吃力，听完课要唱，唱完要考笔试，笔试要懂得认工尺谱，这个连剧团的人都未必懂得。剧团可能都是用简谱。张老师坚持要教他们工尺谱、四声、什么字用什么腔，其实是一个文学和音乐结合的综合课程。

学生多数来自中文系。这个学期的三十个学生中，史无前例地有一个音乐系的人。以前音乐系的人只拉小提琴、弹钢琴，对昆曲完全没兴趣。所以你说失不失败？中国音乐在香港大专院校的音乐系里没地位，也不觉得戏曲音乐是音乐，音乐教育的人自己本身都没有这个观念，这是一个死结。中文系反而要主动一点。这个昆曲课在中文系，中文系向学校争取要做很多行政工作，要讲很多大道理，怎样有价值、怎样好，要不然怎么会让你开？而且中文系也要看有没有人，他们正好遇到一个人，如果没有任何人研究戏曲，就没有人讲戏曲。

我们最开始有人捐钱启动了，就比较容易，因为已经有成绩了。我们中文系的教育课程真的有深度。他们本身学了这科，就懂得看戏、看剧本。当然在这方面远不及内地，譬如说南京大学有江苏省昆剧院，他们每日都可以看。香港吃亏在没有专业的剧团，只能看电影，看录像。不过我们比很多城市好，康文署每一年有演出，学生有廉价门票，中大、城大又有免费戏看，其他学生都受惠。我们不需要用很多钱去请国宝级演员来表演，学生听说中大有演出就去中大看，城大有演出就去城大看，省了很多资源。

在看戏这方面条件，香港比较特殊，台湾看戏也好贵，香港看戏最划算。知道我在杭州一晚门票多少吗？一千元。我开始还以为是一千元三场，谁知道是一千元一晚。我还要坐飞机、订酒店，所以其实最舒服就是在香港看戏，因为香港特区政府有津贴。康文署讲资源分配，它不能将所有钱都放在昆曲，要平均，我觉得是合理的。在香港看戏最好，但你必须要教导、鼓励学生看戏。张老师他们做的功夫其实都很不简单，浸大加上中华、中大，她每年能培养五六十个学生参与拍曲。虽然未必能持续，但他们上了大学那几个月的课程之后，如果真是对这个音乐有兴趣，就会有鉴别能力。比如我唱得不好，但我还是懂得分辨。

您在浸会大学任教昆曲的课吗？

我开过一个课程，以昆曲为例，将戏曲、文学与艺术欣赏结合去讲。后来张老师讲清唱，因为清唱里需要讲文学欣赏，所以我想无谓重复学科。张老师教曲就最好了，每个行当都教一首曲，有生有旦，有老生，学的人就知道有这样的唱法，也知道不同的脚色应该怎么欣赏，可以在一个很短的学期课程里全面学习。昆曲不只是在才子佳人，生、旦、净、末、丑五个行当全都要看。你可以去问张老师她的教程。她设计得很好，有感性的接触，又有理性的分析。还有，现在她这一科考唱，不是看学生唱得好不好，而是看他有没有明白，譬如入声字他有没有入，就行了。毕竟不是人人都有天赋，只是看他有没有用心学。

您觉得在香港推广昆曲最大的阻碍是什么？

刚刚提过了，一般人的教育水平、艺术素养、商业化的社会等等。大家对这个艺术没有感觉，认为不赚钱学来干什么？其实康文署每年的戏曲节有一定的推动作用，观众渐渐形成，就算没有拍过曲，也懂得怎么看戏，观众是很稳定的。一开始他们担心没票房，后来发现昆曲的票房反而是最稳定，当然也要看你找什么人演。我是什么都看的，只要是还没看过的剧种，我都会去看。组织戏曲节的人有心要推广不同的剧种。昆剧我反而挑得严，"这个看过了，不行，不看，浪费精神"。有些古灵精怪，或从乡下来的就有兴趣，那是原生态的戏曲，戏曲就是这样产生的。因为昆曲是文人加工过的艺术品，中间有很长远的源头，全中国的农村都是那种风格，那是原生态的戏曲。从知识上要知道，都是很有意思的。

李明珍

香港康乐及文化事务署文化节目组前高级经理（戏剧及戏曲）。1991年至1995年负责策划"中国剧艺节"及两届"亚洲艺术节"。2000年至2014年统筹香港演出的戏剧及戏曲节目，其中昆曲相关演出包括"昆曲名家清唱晚会"、"南戏北剧名作展"、"昆粤双雄展星辉"、"昆丑名家汇演"、"全武生"等。2010年起筹划每年一度的"中国戏曲节"，成为香港最集中展示传统戏曲的重要项目。2015年退休。

时间：2016年5月10日上午10时30分
地点：文化中心Deli and Wine餐厅

李老师您好，我们想知道您大概何时开始任职于康文署的文化节目组？

我其实已在政府工作很多年了，以前在市政局时，[①] 表演艺术我都有接触，例如话剧、中国音乐，以及以前的亚洲艺术节等等，我都要负责安排或筹备，或者一些小区活动。如果说专注在戏曲呢，就是2000年转入康文署时，因为他们有个戏曲办事处，我就被调派到那里。做了好久了。

据您所知，当初政府为何会设置专门的戏曲办事处？

以前市政局年代的文化节目部里，其实都有不同的同事负责话剧、音乐、舞蹈、戏曲等，都有分类的，但是名称上没有一个叫做"戏曲办事处"的专门部门。2000年，就设立了一个隶属于文化节目组的戏曲办事处，专注性就比较强。

其实2000年之前的市政局年代，不是没有做昆曲的，但我自己就比较专注做其他戏曲，粤剧或京剧那些比较多，例如1991年中国剧艺节，曾邀请香港京昆剧场的邓宛霞与蔡正仁演折子戏。

1983年第八届亚洲艺术节曾邀请上海昆剧团做了三晚的折子戏。有当时很出名的华文漪，现在我们请不到了。还有计镇华、梁谷音、刘异龙、蔡正仁、岳美缇、王芝泉、张铭荣，全部都是著名演员。

另外一定要讲的是1989年，这个真是最经典的。我想应该没试过请那么多团来香港，为了文化中心开幕，六大昆班来了：上海昆剧团、北方昆曲剧院、浙江昆剧团、江苏省昆剧院、江苏省苏州昆剧院、湖南省昆剧团。最主要、最有名的那些演员全部都来了。做了七场戏，包括日场。

[①] 编者按：市政局是提供食物卫生、清洁街道、文娱康乐设施及管理食肆等市政服务的法定机构，于1883年成立，执行部门为市政总署，至1999年解散。

李明珍 | 131

中国剧艺节演出海报，1991年
（香港京昆剧场提供）

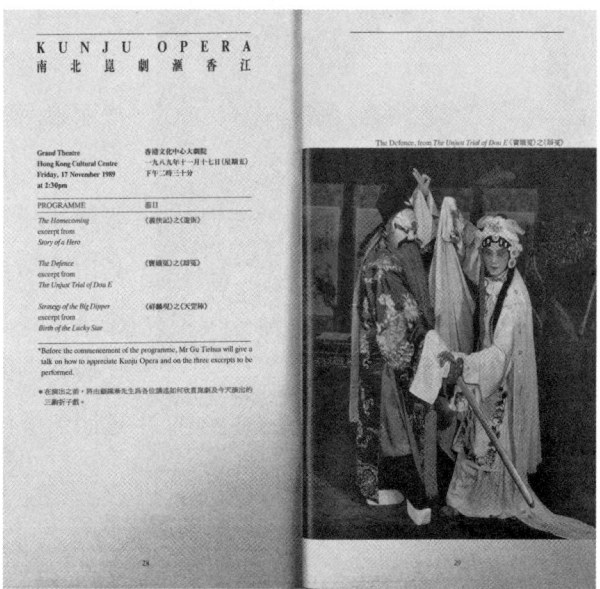

"香港文化中心开幕献礼：国际演艺菁华"中"南北昆剧汇香江"演出场刊，1989年11月15日—19日，香港文化中心大剧院（李明珍女士提供）

我们之前的受访者都特别提到这场演出，表示看过后对这个剧种产生深刻印象。文化中心开幕所举办的表演节目中，昆曲是否是唯一的戏曲代表剧种？

是，除了广东粤剧。粤剧在这些场合就一定有的了。难得六大昆班来，南、北的昆班全部都请来，所以叫做"南北昆剧汇香江"。那时领队的艺术总监是谁？你知道吗？是很出名的俞振飞。虽然这个节目不是我负责的，但我有去看。那时反应非常热烈。

我想这是一个重要场合，令昆曲在香港被越来越多人接受。一班可能之前不认识昆剧的人因此开始喜欢，现在成为我们演出的基本观众。距今都差不多二十几年了，那时年轻的观众，现在都已经中年了，可能继续是我们的观众。

另外1999年底葵青剧院开幕，那次我们就很厉害了，做了三本《牡丹亭》，还有一场折子戏。以前多是一本、两本，这应该是第一次在香港演出三本《牡丹亭》，由不同演员饰演杜丽娘、柳梦梅。上本有沈昳丽和张军，中本有李雪梅和岳美缇，下本有张静娴和蔡正仁。顺带一提，2015年高山剧场新翼开幕，我们也邀请了上昆来做昆剧。我们有时也会去一些比较特别的场地做演出，例如曾在南莲园池举行"昆曲雅乐"清唱会。

上海昆剧团演出海报，1999年12月30日至2000年1月2日，葵青剧院演艺厅（李明珍女士提供）

政府在1983年之前有办过昆曲演出吗？

那我就不太清楚了。我印象中，入行后，以我所知最早就是1983年。为什么八十年代可能没有太多政府办的昆曲演出？我想是因为民间已经有人举办。例如联艺在八十年代办了五六年中国地方戏曲展。那时也有神州艺术节。我猜想，因为民间已经有人办，我们就不办太多，以免大家相撞。

2000年您调到康文署戏曲办事处后，曾经办过哪些昆曲演出？

我们在2000年做了一个"昆曲名家清唱晚会"，表演者有汪世瑜、王奉梅、计镇华、陶铁斧等。之后，每年都开始有昆剧演出。2001年邀请浙江京昆艺术剧院演出《西园记》及《牡丹亭》的上下本，作为中国传奇艺术节的节目，演出者有汪老师等名家。2002年邀请江苏省苏州昆剧院演出"吴门雅韵"，在大会堂剧院，做了很多折子戏，全剧则有《荆钗记》。

同年我们亦邀请了白先勇老师为我们做讲座，在沙田大会堂演奏厅。虽然收了少许票款，但是反应都很热烈，差不多一千五百个座位，全院满座。那次他除了以"昆曲：世界性的艺术"为题作演讲外，还带了一些年轻演员来作示范演出。这批年轻演员就是日后青春版《牡丹亭》的主角，那时白老师很感谢我们。他说因为这个讲座，让他看到年轻演员的素质，引起他之后做青春版《牡丹亭》的想法。2004年轻春版《牡丹亭》第一次来香港演出，然后2006年再来，在文化中心大剧院演出。

2003年我们邀请了江苏省昆剧院来香港演出"南戏北剧名作展"。我们每一次演出都有座谈会、讲座等

江苏省昆剧院"南戏北剧名作展"演出海报，2003年8月1日—3日，香港文化中心大剧院（李明珍女士提供）

配套活动，请来一些名家，这次也不例外，有些现在已经退休了，当时也是很难得才能请他们来。

2004年，我构思了一个名为"昆粤双雄展星辉"的演出。浙昆的林为林是武生，武打非常之好，我觉得香港粤剧界、广东大戏也有李龙，亦是武生，[①] 于是分别联络他们，问他们有没有兴趣，希望撮合他们做一个昆粤合演。该节目演出，除了他们各自演昆剧、粤剧外，亦有"昆粤同演"。譬如《一箭仇》，李龙饰演史文恭、林为林饰演武松。另外一天演《武松与西门庆》，就由李龙饰演武松、林为林饰演西门庆。之前阮兆辉与裴艳玲也试过昆粤同场演出，但他们不是做武场戏，是文的，[②] 做法也有少许不同。

同场演出，音乐方面要自己调整，因为不同剧种有各自的音乐。主要是内地的昆曲司鼓要早些来香港，与香港方面配合。所以不可以做全剧，做折子戏就简单些。另外，因为武生比较多打的部分，唱的地方相对少一些，音乐方面比较容易处理，也希望以这点吸引一些年轻观众。是一个很好的尝试，观众很接受，难得可以看到两个不同剧种同台演出，了解两者在音乐、做手（身段）、功架等方面的分别。

由于"昆粤双雄展星辉"的演出反应非常好，2006年我们再办了"全武生"，将当时内地五位最出名的京

"全武生"演出海报，2006年3月16日—19日，香港文化中心大剧院（李明珍女士提供）

[①] 编者按：粤剧近数十年兴起"六柱制"，李龙老师担任"六柱制"中"文武生"的岗位，其擅演的角色则与昆曲"武生"角色相类。
[②] 编者按：此指1998年12月2日至6日的"南戏北剧显光华"，在香港文化中心大剧院上演。

昆武生请来，包括林为林、王平、王立军、张幼麟、周龙，全部都做武场戏。因为之前是一位内地演员、一位香港演员，但我觉得武生戏方面，内地在京昆方面都有很多出名演员，便办了这个演出，结果也大受欢迎。其中有"四演"的剧目，即是四个人都演同一个角色，但是在不同场出现，分折表演。例如四演《长坂坡》，四个人都是演赵云；四演《挑滑车》，四个人都饰演高宠，不过顺着剧情演员轮番上场，一折一折出来，这就叫四演。

戏曲有不同行当，我们都希望向观众介绍一下，例如武场戏、文场戏、花旦戏、小生戏、老生戏，我们希望各类型都有，因此2005年我们举办了"昆丑名家汇演"，是一个专场，以浙江昆剧团为班底，全部都是丑角为主的戏。无可否认，香港是喜欢看生旦多些。但除了市场考虑，我们希望艺术性也能兼顾，各类型都介绍给观众，不一定只着重票房。

"全武生"这种形式的演出，牵涉来自不同地方的众多剧团，您怎样与不同剧团、演员沟通您的构思与剧目安排？这种演出形式，后来带来一些什么影响？

"全武生"的概念是我想出来的。有构思后，我就跟他们说，我们想做哪几出武生的经典戏，再由他们决定谁来负责演。中间的协调就由林为林负责。我不会指定谁演哪个角色，这些比较艺术性的考虑，我交给演员决定。他们交来建议戏码后，如果我们有意见会再告诉对方。其实内地的戏曲演员相互之间都有联系和合作的经验。不过在内地也很少这样，最多两三个同台，是在香港他们才有机会五个同台演出。他们都跟我笑说："在内地没有试过五个一起演的！是你李明珍把我们搞成这样！"其他戏曲剧种也一样，譬如他们建议演某些常演剧目，我就会建议一些以前的剧目，或是近期很少演出的。来来回回有很多沟通，而不是照单全收交来的剧目。

我本身对戏曲也有兴趣，会经常看书。有时在书上看到，有些剧目是他们师傅那一代，或者再之前的一代曾经演过，但这几年好像没什么人做，我就会问他们可否演。有些演员很有心，会重新把剧本拿出来研究，或者再去找师傅或一些老前辈教他们，然后再带来香港演出。

我喜欢双向、而不是单向地全盘接受对方的建议剧目。当然有时演员未必做到，例如连剧本都失传了，那我不会勉强。这让内地剧团知道我们是有要求的，不太常演的剧目，他们后来提交节目内容时会更小心。他们很多人都会对我说："我为了再排这个戏，花了好多功夫的。但难得香港观众喜欢看，我就带来啦。"有些年轻演员自己做不到这个戏，甚至会把资深的老师带来。这令我又开心又担心，因为害怕在舞台上会有意外，毕竟年纪大会有风险。不过，做一些以前未做过的剧目，这种情况其他剧种比较多，昆剧比较困难。他们未必可以像其他剧种找到剧本，向一些前辈请教，再自己研究、补充，便成为一个新的演出。但我也会跟他们说，就算做不到全本，折子戏也好。不过，我听说有些折子戏如果没有师傅传下来，自己都捏不出来，因为昆剧非常讲究程式。不过我仍然非常支持他们找回一些旧剧本重新演绎或改编。

说到传承，因为我们知道昆剧界的前辈，有些年纪已渐长，开始觉得要做一些传承工作，培养一些接班人，青春版《牡丹亭》也是这样。因此在2007年，为庆祝香港回归十周年，我们办了"戏以人传——昆剧四代承传大汇演"。演出的团体是内地六大昆班，差不多每个团最出名的老一辈演员都来了，有些带来自己的徒弟一起演出。然后在2010年，康文署主办的第一届中国戏曲节，我们就全部让这些年轻演员自己演出。这也是一个机会，让他们互相交流、刺激，即是见到别人好的，自己更加要好。这也是我们的构想。

内地很多媒体时常来香港，尤其是我们后期举办中国戏曲节，有很多来作采访。他们知道我们有这样的安排，回去后在报刊报导，剧团的人看到，觉得这类尝试不错，自己也会办一下类似的演出。我另外举一个不是昆曲的例子。我们在2008、2009年曾举办"中国梆子戏系列"。原来在内地有十几个梆子剧团，来自不同的县、市。那次我们在三个月内，分三次，每个月请一批大约五六个来自不同县市的梆子剧团来港演出。演员每晚做完自己的演出，便立即到台下观看其他剧团的演出。他们说很难得，因为在内地很难长途跋涉去另外的县、市看别个剧团的梆子戏，只有在香港才可以一晚观看自己以外的四五个梆子剧团。他们很珍惜这样的机会。我听到都觉得好开心。我也想让香港观众可以了解更多不同的剧种，而不是看来看去都是京剧、昆剧。

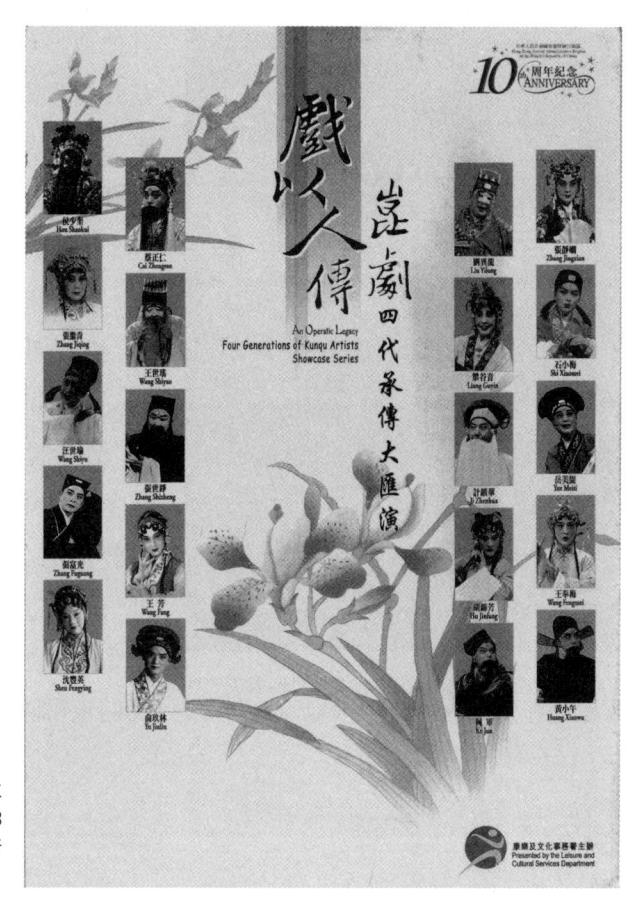

"戏以人传——昆剧四代承传大汇演"演出海报，2007年8月28日—30日，香港大会堂音乐厅（李明珍女士提供）

说起中国戏曲节，为什么当初会有这个念头？

我们觉得在一年里，如果比较分散地演内地戏曲，观众的凝聚力不强，可能看完一场之后，不知要等几个月后才再有。宣传上，也要从头再做，因为我们通常在演出前一两个月才开始宣传。如果有戏曲节，可以集中做宣传，令观众可以及早预留时间。"节"其实可以营造一个氛围，令观众更凝聚。而且可以让香港的年轻粤剧演员在这段时间多看些不同的戏，学习一下。

现在已经成为一个品牌了。2010年，我们开始举行中国戏曲节，什么剧种都有，包括京、昆、粤剧，也有其他地方戏。筹备戏曲节时间长至一年半，因为工作量其实颇重，例如第一届在一个半月内有十台戏。所以你可以见到我们在戏曲节前一年（2008—2009年度），没有做那么多昆剧节目，而是多做一些

其他地方戏。昆剧方面，我觉得既然是戏曲节第一炮，就想让一些年轻人来演。内地六七个昆班内质素高的年轻演员，有些已经开始成名了，十几个人，全部来一个艺术展演。

做了这一年之后，反应非常之好，鼓励我们继续做戏曲节。2011年，第二年的戏曲节，是以"戏以人传"作为昆剧演出的系列名称，第一年主要是年轻的，这一年我们就希望做经典的。我们请了好多大师来香港，请他们将自己的首本名戏全部带来香港，这就是第二年的昆剧。因为我们觉得除了传承之外，也要把握机

2010年中国戏曲节"全国优秀青年昆剧演员艺术展演"节目册内容（中国戏曲节网站）

2011年中国戏曲节"戏以人传——昆剧四代承传大汇演"节目册内容（左起：计镇华、张静娴、蔡正仁、龚隐雷、胡锦芳、陶红珍）（中国戏曲节网站）

李明珍 | 139

会,尽量多请资历深的演员再来演出,年纪再大的话,就未必能做到了。这次海报场刊的底面设计,全部都是吴冠中的画。

刚才介绍了第一、二届的戏曲节。到了第三届,2012年,我们开幕节目邀请了江苏省苏州昆剧院演出《南西厢》。《南西厢》比较少在香港演出。其实,要培养香港的观众多看些戏,方法是先给他们看熟一些名剧,如《牡丹亭》《长生殿》《西厢记》,然后再慢慢多看其他折子戏。

第四届(2013年)戏曲节有两个昆剧节目。我们除了邀请上海昆剧

2012年中国戏曲节江苏省苏州昆剧院演出节目册内容(中国戏曲节网站)

2012中国戏曲节开幕酒会,出席嘉宾包括白先勇(中)、蔡正仁(左四)、梁谷音(右三)、张静娴(左三)、康乐及文化事务署副署长廖昭熏(右四)、总经理(文化节目)唐敏(左二)及高级经理(戏剧及戏曲)李明珍(右一)

2013年中国戏曲节上海昆剧团、江苏省昆剧院演出海报（网上图片）

团计镇华老师等资深演员演传统戏外，也想做一个实验性的戏曲小剧场。于是邀请了江苏省昆剧院，在文化中心的剧场演出，只有二百多个座位。布景不可以太复杂，都是一桌两椅，很简单那种。那次他们做了《桃花扇》及《红楼梦》。这两部戏本来都很长，既然是实验性的小剧场，即不是做一个全剧，只能够抽取其中数折，但每折之间也要有少许联系，音乐编排及舞台调度要重新安排。这个演出中，我看到观众比较多的是年轻人、大专生等。演出后的座谈会，也有很多年轻人问问题。所以这是一个好的尝试。

第五届（2014年）我们带来了永嘉昆剧团。永嘉昆剧团不在内地六大昆团内，它排第七，是比较小的。我们觉得前几年请了很多大团，也希望邀请一下小的团。他们做的剧目是其他大团比较少做的，例如《张协状元》。这个剧目在香港艺术节曾经做过，不过已经很多年前了，香港的年轻观众可能没看过，所以我们希望它再来一次。我们特别安排在较古色古香的油麻地戏院

2014年中国戏曲节浙江永嘉昆剧团演出海报（网上图片）

演出，我觉得它的氛围与这部戏颇相似。也做了一些折子戏。

到了去年（2015年），虽然那时我已经退休了，但在离开前已经安排了演什么戏。因为昆剧与苏剧有一些关系，昆剧有些戏码都是从苏剧移植过来的，不过后来昆剧地位上升，苏剧发展则没有那么好。有些演员两个剧种都学，例如王芳。我们不忍见到苏剧没落，也想多了解些以前的昆剧从苏剧中吸收了些什么，于是这一年就特地做两个剧种。

其实今年（2016年）我也有参与，尤其是开幕节目古兆申老师的《紫钗记》，是我退休之前在2015年初和他谈的。他说很想重编《紫钗记》，我觉

2015年中国戏曲节江苏省苏州昆剧院及苏剧团演出海报（网上图片）

得很值得支持,就放在今年的昆剧演出。

另外我也想讲一下我们的配套活动。有讲座、论坛、研讨会等等,研讨会后还会出版论文集。有一年我们做四大声腔的探索,就讲到昆曲,因为昆曲是四大声腔之一种。通常这些讲座、研讨会,出席的观众就是中年和年轻人多一点。老人家兴趣比较不大,他们纯粹喜欢看演出。我们为什么在演出前做呢?就是希望他们多了解一些才买票,等他们真的入场看演出,了解才更深,更留神,就不会是一片空白地走入剧场,可能会错过了一些最精彩的部分。所以那些导赏讲座好有意义,虽然人数不会太多。我们希望也有学术性、教育性,而不是全部娱乐性的。当然也看观众的吸收能力、个人的欣赏能力。

您历年来举办了那么多戏曲节目,您接触过很多剧团与艺术家,有没有听过他们对香港的观众有什么反馈?以您的观察,昆曲的观众与其他戏曲剧种的观众有没有分别?

在座谈会上,我常听到很多艺术家说,香港的观众反应很大,很爱惜他们。他们总是觉得香港观众很珍惜他们。

其实做了那么多年,我都有研究市场及观众的。香港看戏曲的有几类观众。有一类喜欢昆剧,昆剧很美,是一种美学。它的音乐很柔和,舞台很简约,会运用一桌两椅。另外,它的功架、身段亦非常细致。但有一些香港观众不是那么喜欢欣赏。有一类喜欢看京剧,因为京剧很热闹、活泼,还较常演一些比较激昂的历史故事。相反,昆剧比较优雅,因此有些京剧观众不是太喜欢。另外有一类很特别,是上海越剧的观众,他们既不会看京剧,又不会看昆剧。因为上海越剧很有自己一套,它的历史不及京剧、昆曲那么悠久,比较现代化,例如会用实景,曲辞也非常口语化。所以它的观众又不会有耐性看那么高雅的东西。还有一批是广东大戏的观众,他们比较愿意接受别人的东西,可能因为粤剧本身都受北派的京剧或北方的戏曲影响。我见到有些年轻、甚至资深的粤剧演员,都会来看昆剧。这里便已有四类观众了。当然有些是重复的,例如昆剧观众有些会看粤剧,或者也有小部分京剧观众喜欢看昆剧,但是整体而言,我观察到入场看戏曲的观众都是颇特别的几批人。当然,还有一批是戏曲节什么剧种都喜欢看的。

每一年中国戏曲节都有昆曲，因为现在昆曲成为了"非物质文化遗产"，我觉得是值得大力支持的。而且自从青春版《牡丹亭》后，也多了一批年轻观众。当然，如果说到观众数量，始终昆剧观众数量是没有京剧、上海越剧、广东大戏那么多的。

近十年，我留意到，多了很多大专学生来看演出，当中包括一些本地的，但也有一批是内地来香港读书的，他们都看昆曲。这个是很明显的。为什么我会留意到呢？因为有时在演出后的座谈会，我发觉比较常举手发问的多是内地学生。香港学生可能比较害羞，不常问问题。因为多了年轻人，我们每年想节目时，也希望有一些新尝试。根据观众对象，有时会做传统戏，亦有时会有创新。但在创新之余，我不希望完全摒弃传统，我不太喜欢太新的东西。

多年来，我观察到香港的观众其实是喜欢看传统的多。有时我会坐在观众席观察，我会看到两边的观众是很极端的。有些观众不喜欢看创新的剧目、演出，认为不是原汁原味，他会在中场休息，甚至第一场完结后便起身离开，那当然走之前会有几句怨言，我有时会听到。尤其是有时音乐中带有西方乐器、元素的，他们非常不喜欢。

对此我比较中立，我觉得每个人有自己的喜好。虽然我自己也喜欢剧团带来传统戏，但只要剧目创新得不至于太离本位，例如唱腔技巧不要改，但舞台灯光、布景方面加入新元素，那我可以接受，毕竟有一批年轻观众，你不可以只给他们旧东西。所以我不是一面倒的，我在中国戏曲节都会有些新尝试。不过很有趣的一点是，有些观众会说中国戏曲节是走传统路线的。对此我不置可否，但又不想为它这样定位，他们怎样想都可以，当然无可否认传统戏的比例较多。例如坂东玉三郎的中日版《牡丹亭》，那时曾有人提议放在中国戏曲节，但我认为不太适合，因为它不只创新，而是跨界、前卫，就推介给新视野艺术节了。

杨 葵

　　传统表演艺术节目独立制作人。二十世纪九十年代初,就读香港中文大学期间,开始接触昆曲,曾赴杭州随王奉梅等名家学习曲唱,并在校内创办"中国戏曲学会"。多年来,业余向多位老师学习京、昆、粤剧等表演。2001年创办"香港中国艺术推广中心",统筹过京、昆、婺、绍、柳子、梨园等戏曲演出,以及昆曲诗词、古琴、侗族大歌、纳西乐舞、泉州南音、福州十番等音乐会。推广戏曲不遗余力,曾策划香岛中学、培正中学、拔萃男书院等校园昆曲演出与讲座。

时间：2016年8月18日上午10时
地点：香港中文大学昆曲研究推广计划办公室

您什么时候初次接触昆曲？您在接触昆曲之前，了解其他戏曲剧种吗？

我六岁已经在云南看过京剧，那是外婆带我们去看关肃霜的京剧，那次我印象很深，但是当然不知道那是什么，只看到有个很美的小姐在舞台上走出来。当时没有戏曲的概念。就算小时候看越剧《红楼梦》，也没有人会告诉你这叫戏曲。也觉得黄梅调很好听，但都是在电视看到。后来看粤语长片（粤剧电影）的时候，也在想为什么会这样演，这样唱，这是什么，为什么会在电影里唱？

接触昆曲其实是因为我的双胞胎妹妹杨薇。她读社工，我读工商管理，她喜欢音乐、唱歌，就副修音乐系。正巧中文大学音乐系请了乐漪萍老师来，有个一学分的课程，修的人不多，她就修读了。学的第一段曲应该是《思凡》，还约了我和我妈在宿舍的钢琴室唱给我们听。我第一次听昆曲，就是听我妹妹唱，当然不悦耳。恰巧，浙江昆剧团在邵逸夫堂演出，应该是纪念邵逸夫堂建成十周年。可能是香港中华文化促进中心介绍、推介的，蔡锡昌就邀请了昆曲演员来演出，我们一班认识的同学一起去看。当时可能也没什么人知道什么是昆剧，所以观众只有几十人而已，看了三场戏。那次只有五个人来，韩建林、张金魁，演员有汪世瑜、林为林、王奉梅。看了之后，我觉得昆剧很好。我记得他们住在中大宾馆，就是现在的研究生宿舍，我妹妹就约了两个同学加上我，应该是四个人，去找王奉梅，在大厅里跟她学《思凡》。她们都是上课学过的，我就坐在旁边听。学完之后她说"不如你们来杭州学吧"，所以暑假时我妹妹就约了几个同学，当中三个人是我妹妹的同学，再加上我和另一个同学的姐姐，一边去玩一边去学，去了整个月。对大陆来说，我们应该是第一群学昆曲的香港年轻人。

那时候应该是1991年年初。我们在年初接触了昆曲，当年暑期就去杭州。从杭州回来之后，我妹妹她们不学了，反而我在中大继续跟乐漪萍老师学唱。我们毕业的时候她才移民。

杨葵女士与同学于杭州向王奉梅老师学唱昆曲，1991年（杨葵女士提供）

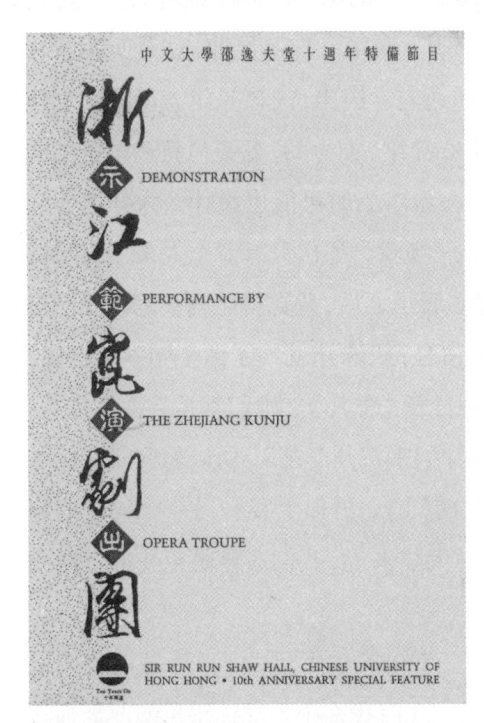

浙江昆剧团示范演出场刊，1991年2月27日—28日，香港中文大学邵逸夫堂（杨葵女士提供）

接触昆剧后，在学习的过程中，别人就会慢慢告诉你怎样欣赏。我第一次看昆剧时已经有很大感触，也大增见识，觉得昆剧很有智慧，可以在舞台上这样表达。之前看京剧就没这样的感触，也没有这么深的印象。看昆曲你会担心错过、看漏了细节。但我觉得只有我一个人有这么大感触，很多同学看完就看完了，连读中文系的同学都如此。我可能特别有共鸣。

可以详细介绍一下乐漪萍老师在中文大学的昆曲课程吗？

那时一个学期学一首曲，应该只

是一个曲牌，不停地唱、不停地唱。多数都是拍曲，昆曲理论、昆曲知识讲得不多，因为它是一个唱腔班。

当时学唱的同学都是初学。有哲学系的徐昌明，我现在和他还是好朋友；有音乐系学中乐的人，有个叫卢思泓的，是我当时的同学，他现在也在吹笙。因为他们要吹笛、吹笙，昆曲的主要伴奏是笛，他们应该知道，这是中国音乐很重要的一部分，所以他们就来跟着学，但他们不唱，只是来见识。要一个完全不唱歌的人来学唱是很难的，老师又很严谨、很认真，我们最高分好像也只有D，哈哈。反而像我妹妹那样唱歌的人容易学，不过她学了第一年之后，就跟另一个老师学西洋音乐，学美声，没怎么接触昆曲了，但我就继续在这里学。

那几个朋友到现在也还会看戏，比如徐昌明当时跟乐漪萍老师学唱，虽然他唱不了，但还去杭州跟王奉梅老师学。后来我办演出时，他还帮我写评论，写公关稿。没有这群人，我也不会做戏曲推广，一人帮一点点，就促成了这件事。也因为这样才会认识那些老师，在学的过程中了解他们，然后发觉这么好的东西没人知道，那我就来做。

除了学曲以外，您在大学有参加其他与戏曲相关的活动吗？有没有出席过香港中华文化促进中心的活动？

我们从杭州回来之后，还办了一个戏曲学会。那时候是找中大音乐系梁沛锦、陈守仁做顾问，经费是我妹妹去谈的，她当时做主席，拿了很少钱，我们又举办卖旧书的活动来筹钱。其实那时候连会员都招不到，根本没多少人认识昆剧，戏曲真的没有人知道。我们只有几个人，大家读书都很忙，不是有很多时间，只举办过戏曲电影放映。当时有个美琪行，专门卖戏曲影像带，他们捐了一些录像带给我们，我们就做了一个小柜，会员可以借回去看。然后请一些老师来讲课，曲班请过张宝慈老师来教粤曲，请陈永玲老师来教身段，只有我一个人学，很搞笑，没有人学。我们还请过张静娴老师来做讲座。她正巧在香港。我们在毕业之前已经退了庄，学会维持到毕业之后还有一届。

因为当时浙昆跟香港中华文化促进中心联系比较多，浙昆来中大演出也

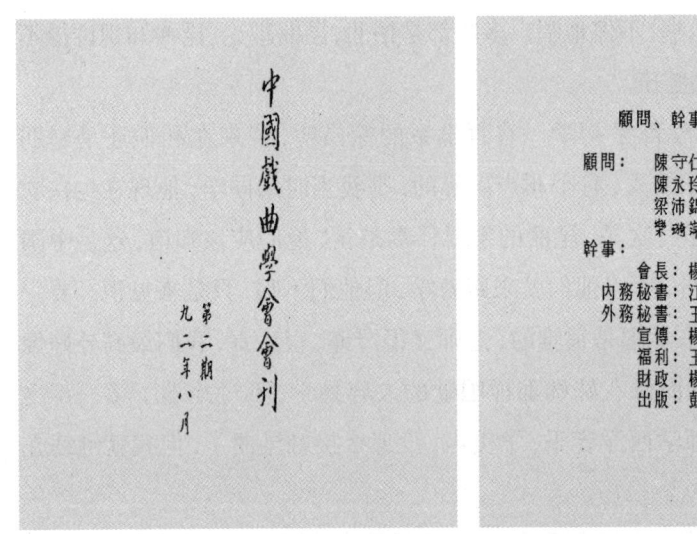

香港中文大学中国戏曲学会会刊封面与学会顾问、干事名单，1992年8月（杨葵女士提供）

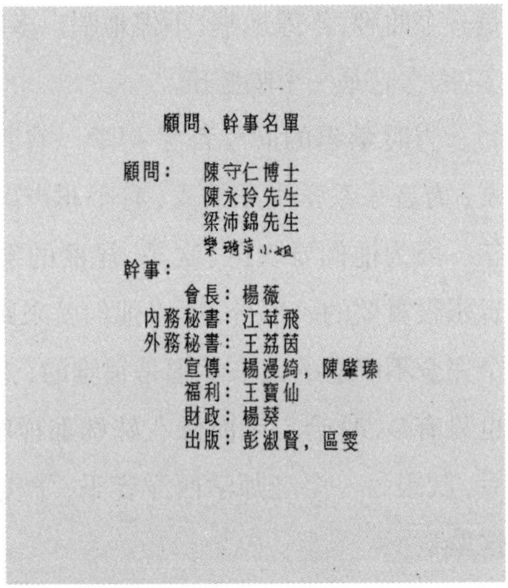

是他们联系，我在杭州时，应该林为林跟我们提过这个中心。我们在中大不会出去学，因为我不认识他们。我只知道乐漪萍老师移民之前，除中大外，也在中心教唱。我是毕业后才去他们信德中心那个地方，去了几次，但我不拍曲，只是去听一听。到现在我也只是喜欢去上课，上完课回家慢慢练，我多数只是去探他们。那时候他们每次请老师来办讲座我都会去。

您开始接触昆曲之后，有没有去看香港的昆曲演出？

其实一直都有，不过真的很少。读书的时候基本上没有看，只有学。乐漪萍老师也有演过，在退休移民之前办了一场自己的专场，我们也有去帮忙。然后就是邓宛霞老师，她请了蔡正仁、岳美缇来演出，就是这些，不是正式、大规模的团。其实1989年也有一次，但是我还没接触到，香港中华文化促进中心也只是请人办讲座。

除了唱曲以外，您后来是不是也向其他老师学过戏？

我跟乐漪萍老师学唱学了一年，也跟邓宛霞学身段学了两年，那是中大校外进修课程的身段班，因为学身段的很少，我跟乐漪萍老师学了唱，又跟了邓宛霞老师学基本功，例如跑圆场那些。班上什么年纪的人都有，但也很少人，只有十个人。当时教京剧的比较多，像《霸王别姬》等等，昆曲很少人认识，一堂里面只有一两个人懂昆曲，那没可能教。而且你要从拍曲开始学，昆曲是综合性的，基本上都是唱两句，然后就要做动作。

然后就断了。偶尔有老师来，我就去上上课，每次可能一个半小时，上一两次。后来1999年我自己创业，开私人公司。我们五个朋友就合资请了邢老师来我的公司教唱。当时我不认识她，林为林每次来香港都会去找邢金沙老师，后来不知道怎样聊到：你不如找邢金沙老师学《思凡》？她的《思凡》是代表作。我后来就跟邢金沙老师学身段，她是科班出身，讲求规范，左脚先出，就永远都是左脚先出，学生就容易跟从模仿得很标准，不会混乱。

您从什么时候开始有进行文化推广工作的想法？

其实我之前已经做过一些义工，我有机会就和人说昆曲很好，例如康文

杨葵女士向邢金沙老师学习身段（左）；杨葵女士饰演春香剧照（右）（杨葵女士提供）

署。我们在邓宛霞老师那里认识了一个朋友，叫黄健庭，是康文署的顾问。他和康文署提及浙昆，把我和林为林介绍给他们。当时我在银行工作，只负责联系。康文署就办了一次浙昆的演出，好像是1995年还是1998年。因为康文署办演出一定要透过中介，他们就找了跳拉丁舞的陈宝珠。林为林跟我说他们很惨，基本上只在机场见到人。剧场的人又不会普通话，又很少接待内地团，又不知道昆剧是什么，中间宣传也没有人沟通。我记得康文署的经理还找我去他们办公室帮忙，挑选在大堂播的宣传片，我就帮忙选，好像选了《惊梦》。当时康文署没人办过戏曲，我想办1989年演出的人已经换了，因为两年就要调一调。我去帮忙的时候，他们完全没有人懂戏曲，很艰难的。

那时候我比较自由，也没有什么目的，遇到什么就做什么。我一开始办演出也不是办昆剧，是办梨园戏。当时台湾有个叫贾馨园的，办了一本《大雅》杂志。她是苏州人，很喜欢苏州评弹，很喜欢昆剧，每次办的都是苏州评弹，或是苏州昆剧院的演出，然后就是梨园戏。可能她觉得梨园戏很古老，就请去台湾演出，我是在台湾第一次看到梨园戏。当时我跟古兆申先生很熟，他去台湾看梨园戏后就叫我去看，问我可不可以帮他们联系来香港演出。因为有帮忙浙江昆剧团的演出经验，他就建议我用公司名义去跟康文署谈一谈，所以一开始递计划书是用我贸易公司的名义。

后来我认识了王韦民，就办了中国艺术推广中心，注册了这个正式办演出的公司，承办这些节目。邢金沙的昆曲班也是我公司帮她宣传。她当时是TVB的配音，只是找空余时间来教。我们一开始是内部的唱腔班，没有宣传，后来再办身段班和唱腔班，在我正式开始办演出之后就开始宣传了。后来她才有自己的戏曲传习社。

您之后也做了其他和中国戏曲相关的演出承办工作吗？

其实没有特别筹划，但因为有间公司，已经有了牌照，那就要维持公司的营运，有人找我，我就会帮忙了解、筹划。另外因为香港没有什么渠道，比如梨园戏完结后，梨园戏的人员又会介绍其他剧种的人给我认识，比如莆仙戏。我们第一次看莆仙戏，觉得很难看，加了灯光，乱七八糟，看完之后真的觉得想哭，为什么会搞成这样。但看它的历史资料，是有宝贝的。我就跟他们谈，如果正式邀请你，要拿那些宝贝出来。康文署真的同意要办演出的话，我和艺术总监要和他们沟通几次。他们会觉得以前的东西不好，几十年都没上过舞台，没人看，没观众会喜欢。而我有个理念，我觉得如果有一些东西几百年来都存在，一定是有好东西的，只是我们不懂，或者是现在的人丢弃了很多东西。

我们接触昆剧时，所有人都说昆剧是死路一条，汪世瑜那时觉得没有希望，浙昆的剧场是空置的。我们去杭州时，这个剧场还在，我们进去看过他们排练，后来他们在1991、1992年签了一个五十年的合约，被人拿去做泰国食品，到现在还没拿回来。直到现在浙昆也只有一个很小的排练厅。

当时觉得昆剧已死，没有希望。林为林跟我说他考了厨师牌，他很多同学已经移民去做厨师了，他有一级厨师牌，也想走了。见不到希望嘛，虽然香港、台湾有人请他们演出，但一年或几年才有一次。林为林为什么没走？我想是因为他得了梅花奖，其实浙昆大部分乐队的人都在舞厅兼职，打鼓、伴奏。演员就拍电影，或者去教地方戏，像上海越剧，因为当时要培养小百花的演员，越剧比较受重视，昆剧演员就去为越剧培养演员。真的是百剧之母，传字辈也是这样的结果。后来我认识王韦民，他说在武汉歌舞剧院时，曾经在院长崔巍大导演那里向刘传蘅学过戏。刘传蘅吸食大烟流落街头，他们就将他请回来，找年轻演员守在屋外面，逼他戒烟一个星期，戒烟之后让他教戏。他教身段，然后帮他们排楚剧，所以他们演《白蛇传》的身段是昆剧的。当时舞台上已经看不到昆剧，但那些人到不同剧种里发展，譬如新的歌剧会用他们，例如上昆、北昆的人去了中国舞，当时新的中国文化艺术，会这样聘用他们，但是他们自己的昆剧是搞不来的。

您在香港是从什么时候感受到昆曲的境况开始有变好的趋势？

我想也是要拿了非物质文化遗产之后，2001年之后。政府当然是比较被动，非物质文化遗产是联合国给的嘛，中国大陆也没有人知道。我所理解的是联合国里有人认识昆剧，因为陈安娜也是在联合国工作的嘛，他们有影响力。1989年香港文化中心开幕，为什么会是六大昆班来演开幕？也是因为沈鉴治是他们的顾问，沈鉴治虽然是京剧的戏迷，但是他知道昆剧的分量。

沈鉴治是《信报》的总编，退了休，现在在香港和美国两边走。[①]1989年是他建议要六大昆班来开幕的，他是推动者。他是上海人，票友出身，还写了几本关于京剧的书，他不像顾铁华老师是唱昆曲的，他是一位戏迷、鉴赏者。他退休之后，也出书教人欣赏京剧，然后写了一本京剧伶人回忆。我也是很后期才知道他，只见过他两次。他没有主动策划演出，但他是一个推手，不停地宣传戏曲，因为他是《信报》的总编，在文化界有影响力。他和梁沛锦都是有学问的教授级人物，在社会上尤其文化界很有影响力，但很低调，我很欣赏他们。

刚刚您提过您的中国艺术推广中心做过梨园戏、莆仙戏的演出，您有没有做过昆曲？还是因为昆曲后来人比较多，所以您做得比较少？

因为有香港中华文化促进中心刘国辉在做昆剧，有他们在做，我就没有必要插手。所以我的公司一开始就做梨园戏。但中国艺术推广中心也做昆剧，我办过"丑中美"的演出。这个主意是黄健庭建议的，他建议康文署办一个以"丑"为主的演出，作为王传淞去世的周年纪念，然后就顺便推介给我，因为我跟浙昆比较熟。演出其实是香港先办，才在内地也办的，那时内地不是很支持这类演出，等于是我们在香港有项目合约，在内地预演，然后拿来香港。

当时浙昆特邀了刘异龙等几个昆剧团的"丑"一起演，班底是浙昆。那个就是我办的。后来在拔萃男书院的两次活动也是我办的，一次是汪世瑜的厅堂版《牡丹亭》，一次是张继青来做教学讲座。另外我也帮香岛中学和培正中学办过一场，其实很有机缘的，因为我的朋友在中学教书，都是我介绍他们看

[①] 编者按：沈先生已于2019年3月20日在旧金山辞世，享年90岁。

戏，香岛中学六十五周年校庆，就联络我要办昆剧，然后培正中学又来找我，我就将他们合并在一起，刚好可以同时前后几天完成。其实这些要慢慢积累，他们知道我在办这些，就会来找我帮忙。当时请了上海昆剧团在香岛中学演《玉簪记》全本，在培正中学和圣士提反书院附属小学演《牡丹亭》全本。

您提到您曾经将昆曲带进学校演出，您记得当时学生的反应如何？他们欣赏这些演出吗？

欣赏的，当然我们要做一些特别的安排。我们一直办正式售票的演出，我很明白不能用讲座的形式，讲座就是讲座，不能用讲座的形式破坏演出效果，所以我们是在隔场拉幕的时候，找学生像司仪一样，出来串场讲两句。例如演《琴挑》，我要告诉他们什么是古琴，因为琴是假的，他们没有古琴的概念，学生会拿一个古琴出来介绍，内容也很精简。

上海昆剧团演出《玉簪记》海报，2011年3月11日，香岛中学众志堂（杨葵女士提供）

两个小时的演出，真的是剧场演出的效果。第一次去拔萃男书院是厅堂版《牡丹亭》，他们很重视灯光效果。拔萃男书院的场地是一个有一百多年历史的大厅，很多地方电缆都不够，中间断了电，乐队的灯没有了，乐队就看不到乐谱，只能在黑暗中继续演奏。我去制作公司租麦克风，给他们用最好的麦克风，不让他们用学校的。因为学校的设施是讲课设施，麦克风的声音效果不行。那些演员其实是很专业的，每样事情都为他做到最好，他们演出效果马上提升。学生也觉得他们这么认真，连老师都会比较认真，他们会看着学生认真看。

其实学生对戏曲的理解力，一点问题都没有。我曾经办过一次京昆的武戏专场，大部分是唱昆腔的。我们在文化中心办了一个学生专场，叫作学校文化日。那时候还没有戏曲节，但有学校文化日演出，让剧团来三日，其中有一天是邀请学校带学生来看。那一次我清楚记得，我在临开场看到观众入席，才发现怎么百分之八十的观众都是小学生。我们以为是中学生，所以就没怎么准备，因为戏也是《三岔口》、《秋江》等等比较容易看的戏，没什么唱，都是动作戏。但来的是小学生，坐不定会走来走去的，整场一千多个位置，我看到他们入场时就已经害怕了，马上走去后台："怎么办啊？"那是下午场，晚上还有正式演出，主要演员都在准备化妆，是一些二线演员主演，我就马上找王韦民老师，说："不好意思，麻烦你出去讲几句话。"为他们导赏一下，五分钟，否则我怕他们坐不住，如果中间捣乱，整场戏就完了。他马上准备了五分钟讲词，为他们打支定心针。没想到，开幕演出后，所有要拍掌的地方他们都会拍，比一般的观众还会看戏。那些主要演员在后台听到反应，就问："来了一群什么观众？反应这么到位。"

所以我觉得我们有些低估了他们。他们没接触过这些东西，也完全没有偏见。那次演的还是全本《三岔口》，不是只有两个人对打，而是前后都有另外角色，我也没看过这个版本的《三岔口》。那次是天津京剧院的专场，他们的演出比北京更传统，下面一群小学生看得津津有味，完全看得懂。可惜那次没有录像，因为我不知道他们演这么传统的版本。所以在那次经历之后，再办拔萃男书院的演出，我就觉得一定要正式，不要当他们不会看，他们的理解力比我们还要高。其实戏曲以前也是给一些不识字的人看，他们用身段、肢体表现正在发生什么事，观众不会看不懂。那五分钟的导赏很重要，为他们点一点题，跟他们说：你们今天不是来看电影，电影会看到很真实的东西，我们戏曲是虚拟的，你不会看到桌子上有布景，是靠角色告诉你他在做什么。给了他们这些心理准备，他们就会很认真去看那个人到底做了什么。

这是一个很宝贵的经验。刚刚您提到张继青老师也在拔萃男书院做过讲座？

拔萃男书院是一间名校，他们其实是精英教育，经常会在学校办一些文化活动。他们有钱，都是名校学生。拔萃男书院的合唱团、国乐团都是全港一流。他们的学生很多时候就是因为有艺术天分才能进这个学校，他们会把在校际音乐节拿奖的学生挖来自己学校，然后经常送去欧洲交流、比赛。一般学校未必有这样的财力，或者没有这样的方向。因为那群学生水平高，就要给他们一些好东西，大师级别的，一般的他们看不上眼。

他们演的昆剧应该就是我举办的那两次。一次是厅堂版《牡丹亭》，就是北京粮仓的版本。因为有一位拔萃男书院校友的太太，叫任蕙卿，是我们的戏迷，她不拍曲，但是逢有

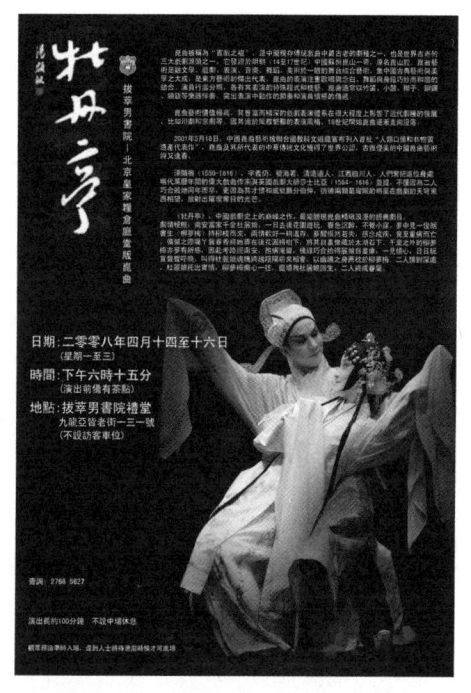

北京皇家粮仓厅堂版《牡丹亭》海报，2008年4月14日—16日，拔萃男书院礼堂（杨葵女士提供）

昆剧必到，还会自己买花送给老师，常常做义工，又帮忙拍照送给老师。她的女儿在拔萃男书院任教，她又是拔萃男书院校友的太太，所以就很积极想在拔萃男书院推广，向书院的张灼祥校长推介，不停拉着校长说昆剧好。那次她带了汪世瑜去见校长，可能当时汪世瑜也不觉得真的会成事，当时他在帮粮仓做艺术总监，就说：不如带粮仓来演出吧？粮仓的厅堂版还没来过香港演出。结果就谈成了，找我帮忙策划、统筹，去北京和老板谈，在中间做沟通，因为学校老师不懂怎么做昆剧，剧场应该如何布置，演员的食住行怎么宣传？全部都是我做。

张继青那次来做讲座，也要求带苏昆来演出，苏昆那次好像正好要来香港演青春版《牡丹亭》，时间可以配合，就抽了一些年轻演员去拔萃男书院演两场，折子戏和《牡丹亭》，再加上张老师的讲座，和她的先生姚继焜老师为学生上了几次半小时的课，教昆曲音乐。那个也很有趣，在音乐课介绍昆曲。

姚继焜老师为学生讲解昆曲音乐特点（上图）；姚继焜老师与张继青老师示范《烂柯山》（下图），2010年11月，拔萃男书院（杨葵女士提供）

姚老师第一天的课失败了，他没试过对这么小的学生讲昆剧，一开始课太深，学生都不知道他在说什么，就开始骚动，学生走来走去，他在上面很尴尬，我们也觉得为难了他。他觉得很失败，觉得这样不行，就回去备课，第二天再讲。第二天其实基本不讲什么，只是给个剧本，给个工尺谱，写在黑板上，抄了一段两句的工尺谱，然后就示范给他们看。一出场就是咳嗽，他就说："我们剧本上写了咳嗽，这个叫'介'，就是要我们做咳

嗽，你们学一下我，咳不咳得到？台上就要这样咳。"他就示范，让大家跟他学，才知道不是那么容易学，一声咳嗽你都学不到，这就是舞台的魔力。然后就告诉他们："我们的谱是这样写的，不是你们看到的那些。"学生就觉得："哇，原来昆剧是这样的！"我们中国传统是这样标音符，这样唱，这样演绎。学生觉得没见过，很好。姚老师就用这个模式讲下去。出来之后，学校老师还说姚老师您今天进步了很多。其实大家都是在学习怎么去向一些不认识、完全没看过戏的人，告诉他们昆曲是什么。

您刚刚提及的活动都是中国艺术推广中心做的，之后您又办了一个"艺术之家"？是不是也办过一些昆曲讲座？

艺术之家是不同的，因为中国艺术推广中心策划节目，是我一个人的。艺术之家是慈善机构，我们用了半年时间注册，变成一个别人捐钱给我们的机构。

艺术之家是针对一些离开了舞台、不能靠专业谋生的香港专业人士而办，我当时的目的就是希望这个慈善机构能以他的技能为他做一些事。我们没有经费，会以项目形式向ADC（Hong Kong Arts Development Council，香港艺术发展局）申请资金。我找在香港定居的艺术家们登记入会，他要书面同意参与这些活动，而且我可以将他的资料放到网上。ADC的人原来完全不知道这些人在不在香港，我一放到网上，他们马上知道，就能邀请他们做顾问。我也不只是做戏曲，还有音乐，例如有一位唱怀旧金曲的男士叫万飞，他很有趣，读的艺术科目是采茶戏，以前是江西采茶戏剧团的。后来采茶戏像昆剧一样，在九十年代没落了，他就改行去唱歌。他的声音很像台湾一个歌星，所以来到香港之后，就有唱片公司特地请他去唱这位台湾歌手的歌。他是可以去文化中心开演唱会而且满座的，是人才引入的。

我向ADC申请到那一笔钱，是去学校的，叫学校戏曲推广计划。他们每年都有这个项目，我们申请那年是第六年了。因为艺术之家里有多剧种的人，学校和我合作，可以安排三个讲座，我让他们选，三个讲座里我可以派三位不同老师讲不同剧种，例如京剧、昆剧、梨园戏，这样学生就可以听三次，听三种剧种，不会很单一，只有粤剧或者京剧。

昆曲办过几次，邢老师去过。乐漪萍老师也去过，在她恰巧回香港时，我应该为她办过两次，有录像。专业演员自己不会去找学校，也不可能用个人名义去申请，我拿了一批钱就可以分给他们。因为多剧种，其实去得最多的是蔡之崴，他是台湾国光戏校毕业的京剧武丑，在香港定居，现在也自己开一个中心来培训、教人练功。他是台湾最后一批以科班制度培养出来的学生，不是戏校制度，老师是会打他们的，像旧戏班那样培训出来。因为他说得很好，我最放心带他去。昆剧方面，因为邢老师要上课，也没有时间，要学校能配合她的时间才叫她去。多数学校都不会选剧种主题，是我选给他们的。根据他们可以的时段，我去约老师，莆仙戏、京剧、昆剧比较多。那时候恰巧也很有趣，岳美缇老师想让她的学生来香港演出，在高山〔剧场〕那次，我们就用艺术之家去筹钱，筹了三十几万出来。

您做这些事的时候会不会受到一些限制？

我们那时是慈善机构，可以招收义工。有一位义工肯帮忙，我就跟他一起坐下来在咖啡店商量，写了一个计划书，然后就去申请。批下来后，他也没空去做事，所以主力都是我。那些人因为是义务的，随时会爽约，一个计划书从写那天到真正执行要两年。项目做了一年半，最初订的是一年，后来做不完，还有资金剩下，而且有些学校说学期很忙，要推迟，后来就跟ADC申请延期，用了一年半才完成整个项目，很辛苦。但是义工有自己的事，不会长期帮你。有时到学校去时我没有时间，只能派一些义工，但是他们与老师不相熟，有时不是很能帮上忙，老师会觉得没有人帮。

有位老师很有趣，叫金慧苓，满族正黄旗的后裔，出身梨园世家，爸爸是武生，家里有戏班，到处流动演出，所以她五六岁已经在演出，十多岁已经在江西南昌挂头牌了。还曾经与尚小云打对台，很厉害。她七十年代移居香港，还和新马师曾同台演过，不过后来就去教普通话。我认识她的时候，她已经离开这一行了，我就请她去做讲座。她没有这种经验，讲了很多次，都觉得力不从心，觉得自己讲得很混乱，下面也没什么反应。但到最后那次，哇，完美！她偶尔

《贩马记·写状》演出剧照（顾铁华、金慧苓），"俞振飞演剧生活六十年纪念演出"，1979年7月23日，香港大会堂（《赏心乐事——海外实业家顾铁华的粉墨春秋》）

也会表演，因为顾铁华跟她很熟，他们早期有登台演出，后来大家都要谋生，再没有人组织这些事。

　　2014年，我入了西九〔文化区〕之后，因为不可兼任类似的工作，艺术之家就不做了。现在机构还在，但已经不是慈善机构了。慈善机构要有五个人注册，我有一群干事，但参与率很低，接过去之后没做事，已经两年了。中国艺术推广中心就简直撤销了注册。处理这些工作，主要是要能和一些老人家聊天，因为老师们多数都是老人家，而且要保持和他们来往，了解他们的身体状况。这当中，有些人走了，有人进了医院，不停有这种事，如果找一些跟他们不熟的人来跟进，那些老人家未必肯和他们说话，他们也不够主动。

　　您自己在民间做了很多这样的活动，也曾经在西九文化区工作过一段时间，您对于官方和民间办戏曲演出的情况有什么感受？

　　自己做的话比较自由，真正觉得值得做的事我才去做。或者我觉得什么好，就去学，去了解，了解后再推给政府。我比较了解香港到底在做什么，慢慢做就开始知道，应该用什么方式宣传，朋友也会帮忙，我也不是刻意的，很随缘，因为我同时也在做生意。很奇怪的，十几年都是没有计划的，是缘分，做了一件事就会再有人来找我，连票友都会来跟我说，他们和汪世瑜谈好了一件事，叫我去做，那是汪世瑜，没钱赚也要做。

西九也很偶然，朋友告诉我西九公开招聘，要有十年工作经验。那时我其实没怎么看过西九的东西。看过一场他们在戏棚做的戏，我觉得不好，梅花奖演员来演出那一场是播录音伴奏的，舞台效果很差，由一级演员演出也没有什么效果，所以我不是很关注他们。那次招聘，我去面试，其实是想了解一下他们到底在做什么，毕竟我也做了那么多年，虽然未必会做下去，但也想了解一下他们想怎么做，也想告诉他们我到底做了些什么，让他们参考。我很认真地把履历写出来，让他们知道香港做过什么。后来我考虑了一个月才进去。

我的工作是规划西九以后的方向，也帮他们办了一个茶馆演出。业内外的人都觉得这个模式不错，不懂看戏的人也能看。我当时的构思就是要针对一些白领，希望其他人对粤剧的观感能够改变，其实它可以像昆剧一样阳春白雪。我也读了很多资料，其实它早期有很大量的文人参与，用广东话写。我那场演出只是将传统的东西重新拿出来而已。

戏曲中心是西九的一个剧场，也是第一个落成的剧场。整个文化区还有舞蹈、话剧、黑盒，还有"M+"，一个当代艺术展，是视觉艺术的。所以整个西九分成两部分，一个是舞台艺术，一个是M+，当代艺术的博物馆。其实我觉得西九大部分人在做当代艺术，不是做古典剧场，和传统距离很远。

在我们外人看来，西九文化区的戏曲中心负责所有中国戏曲，因为它英文也是叫Xiqu Centre，但是就您这两年的理解，它的定位是否以粤剧为重？最近它办的新星展等活动，都是粤剧为主。

是的，一定是粤剧，就算是康文署也是粤剧，因为是本土的，哪有那么多钱请其他戏班过来？一年里京剧可能请来两次，昆剧来两次，预算就已经加大了。本地的粤剧如果没有了，其他剧种也不用来香港演了。戏曲很有趣，如果一个地方没有剧种的话，例如有些省没有剧种，其他省的戏也不会去演，一定要有那种看戏的环境和观众。其实小部分粤剧观众跑来看京昆，或者欣赏一下其他剧种，就可以了。香港一向都是这样，不可能令京昆成为主流，京昆也不是这样的剧种。现在的京剧已经不是以前的京剧，也已经变得很雅了。

粤剧近几年好很多，因为多了很多年轻人全职投入。之前我和邢老师办身段班,有很多粤剧的人来学,大多数都是业余的。他们平时经常有演出,而且一年演很多场,但是本身有一份工作,业余时间来练、来学,然后就上台,还售票。他们有些真的有名气,现在都变成主角了。因为观众一直都是上了五十岁的那群人,审美也比较定型。他们那个状况很不同。

接下来我们想请问一些香港早期昆曲活动的事情。您谈及正在看资料,有没有一些六七十年代的有趣事情可以和我们分享?我们知道1961年俞振飞带过团来香港表演?

那次他应该是带青年京昆剧团来。那件事很轰动,戏曲界的人都知道,包括粤剧界的都去观摩,因为很难得。当年看戏的人都知道,像我干妈,她去排队看戏,还留有本场刊。

那是1949年之后第一次来香港,俞振飞是五几年回内地的,在内地培养了一群年轻演员,再回来香港演出。他在香港住了很多年,所以大家都认识他,粤剧界很多人跟他学过东西,唐涤生也找他学习。那次是很多年没来,大家都去看。但是长期演的话,就没观众,观众是需要有人不断地培养的。如果香港有人、有钱,又有观众,那就不一样。

之前您提过,俞振飞后来得到中文大学颁授荣誉博士学位,可以分享一下相关细节吗?

我认识一位教授,已经九十几岁了,他有很多资料,但很多都是口述的,需要整理、核对。这位教授是国民党空军的童子兵,那时候还年轻,十几岁,不用去飞,就有京剧演员在军队教他演戏,就是国民党空军的京剧团,等于是空军部队的文工团。他小时候开始学戏,表演给军人看,1949年去台湾,然后又去美国留学,后来在新亚书院新闻系做教授。他在美国时已经推广京剧了,他说美国的大学就是因为他会京剧才录取他。他在学校教外国人唱京剧,推广京剧,一个人可以教所有角色,昆剧他也会。他会将身段动作化成舞蹈来教学生,不唱,只是配音乐。

他来香港之后,业余继续保持唱曲,像李和声那样。因为他是新闻系的教授,就向金耀基推介。他说俞振飞打电话给他,说八十年代在内地,虽然恢复了戏剧团,但完全没有演出工作,希望他能帮帮忙。于是他就帮忙请中大找了五间大公司,捐了一百万作为启动资金,请上海昆剧团和一些京剧团来香港演出。中大不是演出机构,所以找了联艺,把他们来香港的签证都办妥了。活动由联艺主办,在新光演出,其实幕后策划者是这位教授,所有宣传都只写中大,所以只有他知道。他也办了十年,春秋两季。

我还没搞清楚到底哪些演出是由这位教授策划的。他有摄录,因为新闻系有工作室,请新亚的职员去录像的。但这些人不懂戏曲,录完交给教授就走了,教授也不懂怎么处理,就一直放在那里。他的录像带现在全都摆在公司,要用旧式机才能看到,所以要找一笔钱,将它们全部转换成现在能看的格式,然后核对当时演出的日期,因为录像带上没写清楚何年何日、哪个剧团演出。我见到有俞振飞在中大的讲座,有一部分写得很清楚,哪一年哪一日的讲座,但是要找人将档案数码化,也要找一下当时发生了什么事。

除了这位教授,中大还有一位汪经昌教授也唱昆曲,您对他有认识吗?

汪氏是世家,他家在苏州有个叫汪园的园林、豪宅,但他1949年就去了台湾。他是第一位在台湾办昆曲社的曲家,台湾师范大学的昆曲社是他办的,影响很大。现在纽约昆曲社的陈安娜等人就是他教的,这些人到了哪里都在传播昆曲。他是教声韵学的,他身边张充和、张元和那些人全都是那个年代的曲家,还是学者。他后来去了新加坡南洋大学,之后才来香港,在香港去世。

谢谢您提供这么多宝贵资料。最后我们想知道,您这二十多年来在香港推广昆曲,过程中是否遇到什么困难?您如何看待香港在昆曲推广中的位置?

我觉得所有这些东西都是缘分。首先是你有没有遇到人。像乐漪萍,她虽然在香港的时间很短,但也是经过她,才有我们。很多事都无法预测,譬如我们那时候一群同学去看,只有一两个到现在还在看,所以是缘分。我觉得这个人值得帮、值得做,才会做,不能够勉强。因为把不好的东西给观众,或者演员的状态不好,勉强要他演,给人留下较差的第一印象,反而不好。舞台的事是不能欺骗人的,好就好,不好就不好。一些还在认真努力的演员,他们的戏才好看。中国太大、太多东西了,有很多人才,没被认识,但是要有缘分,才能帮到他们。

我一直都很主动想找人参与,但很困难,因为大家环境不同,有些人有家庭,有自己的工作,就算想帮也帮不到。另外就是很多演员,人离开舞台,就算他们一身武艺,也不知道怎么可以让自己发挥。

我觉得香港特区政府或者机构近年的推动是好的,但主要是昆剧从业人员自己要想清楚,要认知自己的艺术方向应该在哪里。我觉得如果昆曲没有拿到非物质文化遗产,现在的局面也会像以前一样,维持在朋友和朋友之间的交流。其实也有好处,因为当时少人知道,大家更加珍惜,加上老师们当时没有这么忙碌,和你的接触也会深入一些,他们教你或演出时都很认真。现在演员不停演的话也会累,没有时间消化。昆曲不是一种不断在台上演就会好的东西,它需要读书,对演员的文化修养有要求。

吴宜修

　　文艺评论家、中医针灸师。1959年自上海移居香港，雅好书画，长期浸淫于中国戏曲艺术。幼年曾得"笛王"许伯遒亲授曲唱，又赴台湾向张元和学习昆曲身段，曾登台票戏，京、昆兼善。1973年至1993年间，以宜修、文广生、陆采薇等笔名，为香港《大成》杂志撰写上百篇散文、剧评及戏讯，为香港昆曲与戏曲演出留下重要的文字记录。有艺文集《南轸集》（一、二）行世。

时间：2016年7月26日上午10时30分
地点：吴宜修女士家

吴老师，请问您什么时候开始接触昆曲？

我两岁半时，祖父已经抱着我看戏。后来抗战胜利，梅兰芳八年没有演戏，就在上海美琪大戏院跟俞振飞演出，合演《游园惊梦》、《奇双会》、《断桥》、《思凡》等戏。那时我只有十来岁，粘着祖母跟来跟去，对剧情自然是不甚了解，不过对昆曲笛声并不陌生，因为我爸爸与舅舅们都喜欢唱昆曲，所以从小就听顺了昆曲。两位大师在台上的漂亮形象，也在我的小脑子中留下很深的印象。看戏也就成了生活中的一部分。昆曲、京剧都喜欢，京剧尤其喜欢程腔唱法。

后来，我开始从笛王许伯遒先生学唱《奇双会》、《游园惊梦》的曲子。许伯老是俞振飞之父俞粟庐的入室弟子，梅兰芳、俞振飞登台演昆剧时，常为他们撅笛，素有"满口风笛王"之美誉。他出过曲谱《度曲百萃》，是手抄的，字也蛮漂亮。1952年到1957年期间，许伯老一个礼拜两三天都在我家里，吹笛子，唱昆曲。那时我还在上海，二十几岁。许伯老的妹妹许闻佩阿姨，家学渊源，自幼熏习昆曲，也是昆唱专家，后来曾在台北师大昆曲社任教。我与他们都是几十年的交情。

原来是家庭熏陶与上海的文化氛围引领您进入戏曲世界。您来香港之后，还继续唱曲、演戏吗？

我是1959年来到香港，几月几号不大清楚了，到现在五十几年了。到香港时，家庭负担很重，每天回来人都已经要死了，哪里还会唱戏！主要是温习在上海学的东西，那也是在生病的时候，躺在床上没办法出去，就温习。另外就是睡觉以前听几遍，入脑的，会容易记得。我的东西都是这样躺在床上学。

我跟张元和学过《春香闹学》的身段。她对我很好，我们先通信，后来我就找了一个机会去台湾一个月，专门去学身段。当时她担任中研院植物所所长的秘书。我记得是在南港中研院排戏，有个蔡元培纪念馆，我们就在那个厅排戏。她教我《春香闹学》、《小宴》、《游园惊梦》。要是学小生的话，我有很好的材料，《惊梦》从头到尾每一句身段应该怎么样，都是张元和教给我的，她的文笔蛮好的。她跟许闻佩阿姨都在台湾师范大学教过昆曲，她先生是顾传玠。

我们在您的艺文集中，看到多张您的演出照片。请问老师第一次在香港票戏是什么时候？

我在香港大会堂登过台，具体哪一年不记得了。那时内地还没有剧团，这是票友聚在一起办的活动。那一台戏里面，好像我是演最后一出戏，是昆曲，前面就有一些京戏。配戏的是个画家，叫寒山楼主。场面、龙套都是在香港找的，包括吹笛子的。那时候于占元很出名，"七小福"是他们那个戏剧学校嘛。另外还有一个戏剧学校，比它小一点，可以提供乐队和龙套。这个演出好像也有说明书。每个人都有一张存下来，但我不晓得摆在什么地方。

香港就是那一次。台湾一次，另外，美国一次。上一次台不容易。票友唱戏要花钱，没有内行的人嘛。不像梅兰芳、程砚秋他们，都有前后台的管事包办，而且唱戏以前不用开口。梅兰芳都是戴口罩的，平时家里来客人都不讲话，要保护嗓子。可是我们票友从头到尾都是靠自己。答应帮我化妆的人临时说没空，我们自己勒头。那个《奇双会》不是外面有个斗篷吗？我都自己做，我朋友画了牡丹花，蛮漂亮的。裙子做是做好了，但是没有穿过，不会穿。后来帮我穿裙子的人是于占元学校的，临时帮我穿一下，弄得马马虎虎就上台去

演出《长生殿·小宴》（《南辰集》）

了。你到台上照样还要笑,要美。我们经验也不丰富,还好词也没忘,唱也没忘,身段也没忘,都照样搬上去了,没有出问题。在美国上台,你简直是吃苦,衣服也要自己熨,都是票友,谁帮你整?做过一次就不想再做了。

七十年代至九十年代,香港有一本很重要的艺文杂志《大成》。您在上面写过很多有关香港戏曲演出的戏评与戏讯。您从什么时候开始为《大成》撰稿的?

我是1972年到加拿大,那时《大成》杂志开始出版了,不过那时还叫《大人》。1973年我回到香港,《大人》也改叫《大成》了。我就是从那个时候开始为杂志写稿,写了一百多期,现在手上没有完整的《大成》,只有四五十本。好像有两三个合订本都给了蔡正仁,他说《大成》杂志现在大陆很名贵。

《大成》的创办者沈苇窗先生,他自己是戏迷,跟几个大名家都是好朋友。他一个人唱马连良、言菊朋两派。沈先生的舅舅徐凌云是有名的昆曲名家,沈先生应该从小看他舅舅的戏,所以都是有渊源的。徐凌云跟溥心畬的哥哥红豆馆主溥侗是一个时期的,跟俞振飞的父亲一辈的。不过红豆馆主跟徐凌云讲究上台,俞振飞的爸爸俞粟庐就讲究清唱。沈先生1995年过世,从1996年到现在,我跟他们外家都没有接触,二十年没有接触了。

那时他们有个会,都是老朋友,礼拜天就在北京饭店聚会,现在北京饭店也没有了。我还记得有次我们一起吃午饭,作家徐訏也来了,他是个

《大成》杂志第220期(1992年3月)封面,封面为吴宜修画作

大名家，写过《风萧萧》等书。我在上海时就喜欢看他的书，当时请他帮我起个笔名。那时我用三个名字，一个叫思无邪，一个叫南轸，吴宜修是最后用的。他知道我喜欢很多东西，就给我取名"罗汉"，取十八罗汉、十八般武艺之意。我们当时笑得不得了，现在想起来还是蛮开心的。

您在香港这么多年，看过很多昆曲演出。1961年俞振飞、言慧珠带上海青年京昆剧团来香港演出，但迄今我们还没采访过亲历此盛事的人。不知老师当年是否看了演出？

1961年，俞振飞跟言慧珠一起带着整个剧团来，那班学生刚出道没多久，蔡正仁他们好像刚刚二十一岁。那时观众都是满的，在九龙的普庆戏院，他们来演好几天，我每天都去看。观众很多都是从上海移民来的，本地广东人比较喜欢看粤剧。剧团在香港演出之后，好像还到澳门演。

那时"小昆七英"才毕业不久。刘异龙演《双下山》年轻的小和尚，灵气充溢，可爱极了。功架又好，走云步、耍佛珠的招式，赢得掌声雷动。另一折《钟馗嫁妹》，大花脸是方洋扮演的。这个戏先是钟馗与五个小鬼上路回家，送嫁时加上妹子、一个丫鬟、一个车夫，台上一共九个人。身段丰富，一转身，九个人位置都不同。从静感到动感，高高低低，每一个转身都是一幅画，简直就是活动的立体雕塑。变化令人应接不暇，亦真亦幻，真是好看。那个印象太深，几十年都不忘的，昆剧此戏实在不同凡响，很希望能再多看。我在美国华

俞振飞、言慧珠来港，1962年（陆采微：《笑语大成：九老与七童》，《大成》第238期，1993年9月，页53）

前排左二、左三为李蔷华、俞振飞,后排左三、左四、左五为吴宜修、沈苇窗、顾铁华(《南轸集》)

盛顿的东方博物馆,看到一幅宋朝人画的画,也是《钟馗嫁妹》,那个神态就跟他们演的一样那么好。

在这之后,俞振飞还来过香港多次,直接推动了香港的昆曲演出。可否谈谈俞老在香港几次演出或活动的情况?

我有一篇文章,写我八个时段看他的演出。第一次就是他在上海美琪大戏院跟梅兰芳演出,许伯老吹笛子,那时我还很小,十一二岁,跟我祖母去看。后来年纪增长,又看了两位大师在中国大戏院和大舞台合演,也是《奇双会》、《游园惊梦》,因为当时我已经开始学唱昆曲,看起来趣味就浓得多了。后来又看俞老与程砚秋在天蟾舞台合演的"春闺梦"等京戏,以及他跟周传瑛、朱传茗、王传淞、张娴、张传芳、方传芸、华传浩、包传铎、郑传鉴等多位老前辈合演《王十朋见娘》、《梳妆跪池》、《吟诗脱靴》等戏。再后来是俞老与言慧珠在兰心大戏院合演《墙头马上》、《奇双会》、《太白醉写》等戏,那是我第一次看到他们两人合演。1961年,他俩带团来香港,合演的也是以上数剧,又添了一出《百花赠剑》。言慧珠娇矜婉丽的台风让

俞振飞手书《牡丹亭》曲文赠吴宜修（《南轸集》）

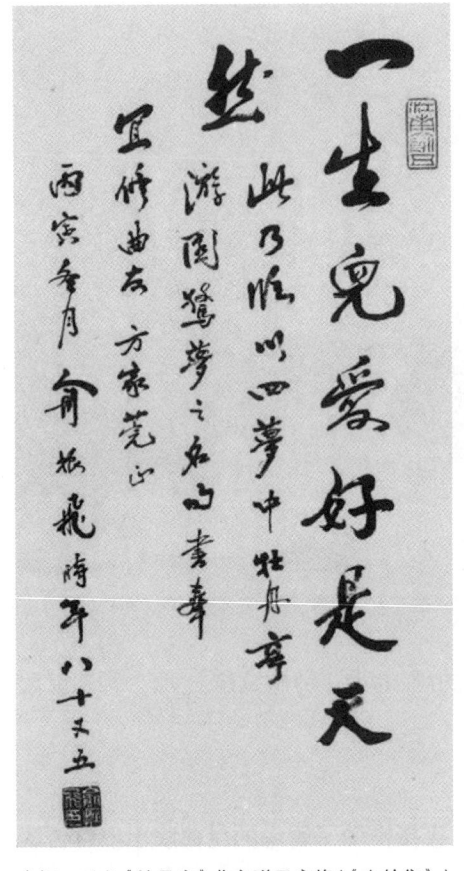

人欣赏。

在这之后，俞振飞来过香港三四次。1983年上昆来香港，俞老做了示范演出，还与李蔷华女士合演《奇双会·写状》、《太白醉写》，与计镇华合演《八阳》。那时，他已经八十二岁高龄了，但在台上随意站一个位置，抖一下水袖，仍会令人感觉他有大师风范。

中文大学后来授予俞振飞荣誉博士学位。那天我去了，因为邵逸夫堂的冷气，回来病了两个礼拜。不过当时我写了几篇有关俞振飞的文章。俞老当年不但形貌俊朗儒雅，是少见的美男子，他本身就是书生，蕴有诗、书、画兼擅的修养，演唱艺术又是声、色、艺三绝。饰汤显祖笔下的柳梦梅，岂但是胜任有余，柳梦梅不及俞大师远甚矣。魏良辅说，才艺、才色不可以兼备，你要求一个人演得好，他并不一定漂亮，漂亮并不一定艺术好。但是俞振飞就是全备的，而且不仅两样全备，是三样全备的，隽才、秀貌、妙艺全美。

曾有人批评说昆曲讲得那么好，也不过如此。我就讲了，八个时段看他不同的戏，累积了无数"美的感受"。你不能今天看到怎么样，你就否定所有了，因为你看得不完全嘛。

刚刚您提到的1983年的上昆演出，听说那也是极精彩的一次。有哪些剧目给您留下特别深刻的印象？

我书里的戏评中写过这次演出。那一次华文漪还在上海昆剧团，她在

《牡丹亭》中，将杜丽娘温柔幽怨、一腔柔情无处寄的神态，演得相当贴切，令人同情。那出戏场景设计甚具匠心。刚开始出来的时候，舞台上有一棵大梅树，用透明轻纱画上大梅花。《游园》时还盛开，到《寻梦》时，这棵树上的花没有了，剩下一树枯枝，隐喻丽娘将因思念柳生而抑郁致死。这个画面我觉得非常好。《游园》时小姑娘蛮开心的，到《寻梦》时，已经要为后面的死亡作铺排，花也落了，情绪转为哀伤。这种构思配合得很好，设计家称得上高手。另一位高手是主笛顾兆琪，他将《游园惊梦》的曲牌，编凑柔和，又以较低的声量伴奏，越觉得清雅而动听。

蔡正仁演《迎像哭像》，那时嗓子好得不得了，响堂的，好像要从屋顶上穿出去。蔡正仁是蛮了不起的，当然外型上比不上师父，不过他的声音非常好，很少人有这样的声音。俞老是清亮的，他比俞老宽，圆润宏伟，底气又足。我这个人从来不到后台，那次他在大会堂演这个戏时，不晓得为什么去了后台，就是他第一次看到我的时候。后来我也会给他一些建议，比如唱《醉写》时，不要把帽子塌掉。因为在舞台上远看，一塌掉帽子，显得头太小了。所以我跟他讲，要把帽子戴歪，这样就可以了。我在上海看俞老演也是这样。他蛮尊重我的，直到现在，一到香港都会来找我。

王芝泉在《盗仙草》中，以一招连续踢十六支枪（双手、双臂、双肩、双脚、双小腿肚、双膝上、右脚后踢、后颈、弹跳双飞脚，共十六个部位），创了戏剧节的记录。我也很欣赏她与张铭荣合演的《挡马》，不过我只看过录像。那一次来香港，与王芝泉合作演出《挡马》的是陈同申，也是表演精湛。

王芝泉与陈同申合演《挡马》（陆采微：《笑语大成：王芝泉一月四挡马、"拿桥"和"救场"》，《大成》第176期，1988年7月，页52）

梁谷音的《烂柯山》，唱做繁重，《痴梦》中内心痛苦的冲击，《泼水》中美妙多姿的身段，梁谷音均演得非常精彩。香港粤剧大老倌罗家英、李宝莹两位，跟我一样，也是连续赶看十五场昆剧。我当时还因赶看戏而饮食无定、睡眠失时，生病了。梁谷音在《泼水》中有一个站在台中内里、背向观众的身段，双手将腰包的白色罗裙高举相合过顶，造像犹似一棵雪松，当其徐徐移步，翩翩翻舞，又如朵朵白云飞翔。李宝莹小声跟我说："我都估唔到可以有咁美妙嘅身段唧——（我都没想到可以有这么美妙的身段）。"此剧女角部分的戏，尤其是舞蹈身段，真是美不胜收，百看不厌。但在剧本内容、意识方面，还是可以斟酌修缮的。

其他还有岳美缇的《拾画叫画》、《梳妆跪池》、计镇华的老生表演、张静娴的《絮阁》，都唱做细腻、表演精湛。那次在上昆来香港公演之前，有次与程派票友叙餐，偶而说起昆剧如何如何，在座有香港程派胡琴圣手曾世骏先生，大不以为然。上昆来演出时，我就请他去看，看得曾先生大为惊叹说："啊！原来昆剧是这么好看的啊！"起劲地抢拍美妙镜头，摄了成卷相片。

1983年上昆演出之后，另一次盛大演出应该是1989年香港文化中心开幕时，邀请六大昆剧团来港，您应该也前去观看了吧？

那次尤其打动我的是计镇华、石小梅、张世铮合演《浣纱记·寄子》。此戏排场、身段、唱腔、词藻、笛乐、声情，真挚哀凄，计、石两位演技精湛感人。当时，沈苇窗社长说，"计镇华有马连良的俊逸潇洒，麒麟童的激情夸张"，我很赞同。石小梅演娃娃生，四十五分钟之内有三次不同层次的激动伤心晕厥，难度极高。张世铮戏虽不多，所念引子及白口，稳练沉着，恰如其分。

汪世瑜演出《拾画叫画》，音域宽亮，去、入声字的念法相当讲究，整体不愠不火，甚见功力。他还与王奉梅合演《玉簪记·琴挑》，王奉梅的扮相甜美，唱"入帘栊"的"入"字，顿挫得非常好听。

藝林廣記

沈葦窗著
劉海粟題

香港京劇觀眾第一流

香港的京劇觀眾，正是第一流，到了戲院裏，只要聽得鑼鼓一響，就覺得過癮，什麼都忘記了。例如上海戲曲學校青少年京劇團來港演出，台上難免有點小毛病，但香港觀眾都有付之一笑的雅度，這是最值得稱道之處。最後兩晚，康萬生演「鍘美案」，秦香蓮單人直進直入，而且這齣戲秦香蓮的場子特別進出多，卻沒有上春林和冬哥，但節目單只是寫美娟的名字的。那晚戲畢，方家興兄請我和江上舟兄宵夜，才知道十三歲冬哥的劉娟老師和武旦史敏、青衣花旦方晶和老旦胡璇，一下怎麼沒不能登台。晟上一晚演「斬經堂」馬童，翻拜翻猛，傷了腳不能登台。「龍鳳呈祥」，劉備上場戴了黑三，我想壞了，等一下怎麼送烏鬚藥呢？原來三國時已經有人染鬚髪了？台下的觀眾祇有竊竊私語，一笑。莫非是送烏鬚藥呢？劉備再換胯三上場，台下笑得更利害，但也沒有一個人抗議（叫倒好）的事實上，此事應由舞台監督（舊名看場子）負責，應當加上佈景、燈光，電視台上誇誇其談的京劇沒有觀眾，你連上下場子都搞不好，還要說什麼改良京劇，可發一嘆！「龍鳳呈祥」代「周瑜歸天」，蔡際東、趙三，前喬玄，中魯蕭，後周瑜，武功甚好。史敏演「青石山」有靠旗出手，可以比美關繡霜。這次青少年京劇團中有一齣「問探」，乃是崑劇，我小時候，見過家兄老吉與徐韶九表兄合演此戲。這是青少年京劇團來香港演出唯一的一齣崑劇，也唱得很清楚。

六班崑劇大會演績聞

繼「上海戲校青少年京劇團」演出後，再來的青年京劇團，兩年不見，應當都有進步，那是可以預料的，還有一個「消息」，說是該團為了增強陣容，將聘請袁世海前來助陣，袁世海以提攜後進的姿態，和王立軍合演「野豬林」，我想香港觀眾可能健忘，他們早已將袁世海去年在利舞台「京劇薈萃」「鬧」香江」臨場迴避的事情忘記了，同樣給袁世海的精湛演技加以熱烈捧場的。

「六班崑劇大會演」雖然為時尚早，但時有來信、來電話詢問究竟的，未能一一回覆，在這裏奉答如後：

此次參加演出的兩位崑劇名票，其一是香港京崑藝術協會主席鄧宛霞女士。是則和蔡正仁合演「百花公主」，蔡正仁演江六雲。是則和顧鐵華君，他和鄧宛霞同場，飛高足顧鐵華君，他和鄧宛霞同場，在「幽閨離魂」以外又多一齣戲了。還有一位名票是北振飛足女票張繼青，正名張靜嫻以外，還有華文漪的崔鶯鶯，梁谷音的紅娘，珠聯璧合。演員除顧鐵華曾到江蘇嘉定的古庭園中錄像，全劇不用打擊樂，音樂部份由「新笛王」顧兆琳設計，別開生面，希望有機會先睹為快！「女彈」是北崑蔡青、計鎮華銑演的，以下從「砍柴遇休」、「癡夢」到「潑水」，由張繼青、計鎮華、張靜嫻等合演（不知有否梁谷音？）。本期恰巧獲得沈祖安先生來稿，是他和已故趙景深先生討論這齣崑劇「爛柯山」的，值得玩味。梁谷音

崑劇名旦梁谷音以「西廂記佳期」首獲梅花獎

《大成》雜誌社長沈葦窗1989年所撰《藝林廣記：六班崑劇大會演續聞》節錄（《大成》第187期，1989年6月，頁42）

除观看戏曲演出、为《大成》杂志撰稿，您还参与过其他有关昆曲的活动吗？

有一个时期我经常参与香港昆曲小组的活动。我与殷菊依是在昆曲小组才认识的。内地开放以后，他们的活动就开始多了。计镇华有一次做昆曲演讲，就是昆曲小组请的。我当时摘录整理了讲座主要内容，发表在《大成》上。

我还跟他们一起去上海看戏。我离开上海几十年没有回去，那是第一次。他们特别为我们演的。本地有一些观众，因为位子很多，我们才几十个人嘛，我不知道他们有没有卖票，总之有其他观众。

那次蔡正仁演出《哭像》。这个戏已演出过百数十次，但上演前晚，他仍在响排。张铭荣在《盗甲》中扮演时迁，边走边唱边演各式身手，平地、侧空转等难度极高。盗甲时，先从三张桌上之边沿，随以倒挂金钩式，双脚钩住第四桌上之两边，挺身而上椅背，取甲之后一跃而下，轻巧玲珑，纤尘不染。这个戏他也曾来香港百丽殿表演过，当时表演的是从五张桌子上侧跃而下。那次我邀请了曾世骏先生一同观看，曾先生正巧拍下那跃下之刹那镜头，叹为观止。

张铭荣《盗甲》，1983年，香港百丽殿舞台，曾世骏拍摄（《南轸集》）

谢谢吴老师分享这么多早年的观剧经历。最后可否请您谈谈最近这几年的看戏体验？

最近看戏也是几年以前了，因为他们唱过的戏我都看过，最近比较少看了。我年纪太大了,晚上回来有点怕。其实远的地方我根本不认识,以前就近的新光戏院,还可以去看。最近几年前,有一个团来了,其中有一个剧目演出《醉打山门》,我觉得曹志威非常了不起。他一个腿大概有二十五分钟到三十分钟做各种身段,没有停过,这种功夫怎么练我都不懂,要从小练的。那一次演我刚好没有说明书,要不然的话我也写他一笔。真是了不起。

余志明

香港知名企业家。现为宜利实业有限公司集团主席、迪志文化出版有限公司主席。2001年出版《游园惊梦二十年》。2004年因青春版《牡丹亭》演出接触昆曲，其后持续支持青春版《牡丹亭》的演出与制作。2007年出版《牡丹一百》影碟及《灿烂极致牡丹亭——青春典藏》蓝光影碟，并赞助香港大学启动"昆曲研究发展中心筹备计划"。2008年赞助香港城市大学中国文化中心设立"昆曲传承计划"；2012年赞助香港中文大学成立"昆曲研究推广计划"，对香港各大学的昆曲推广教育贡献卓著。

时间：2016年5月9日下午4时

地点：余志明先生办公室

余先生，我们知道您与白先勇老师渊源颇深，可否谈谈你们是怎样认识的？是什么因素促使您决定参与推广昆曲的工作？

我是在2004年第一次和白先勇老师见面。之前我们有些工作上的关系，我2001年帮他出版了一本《游园惊梦二十年》。《游园惊梦》舞台剧在1980年开始演出，二十年后他觉得有必要做一个修订版，我们帮他出了这本书，所以从那时开始我和白先勇结缘。

2004年青春版《牡丹亭》开始在台湾演出，香港首演是在沙田大会堂。白老师很重视，我当时跟他不熟，通过两三次电话，但白老师说你这次一定要来见我。大师说要见我，我当然说好，他又说余秋雨也会来，余秋雨老师跟我也很早就认识了。余秋雨说"你一定要去"，我说我不是很懂，我去旅行时在苏州看过昆曲，但是不太知道这是什么。他就说："没关系，我们在你旁边。"他和白先勇也是好朋友，于是两位大师就坐在我和我太太中间，给我们解释什么是昆曲、昆曲是中国文化很重要的一环，我们需要怎么传承推广。我觉得他们说得很有诚意，他们也是很知名的人士，肯尽力推销昆曲，我觉得这是值得研究的。

第一次看《牡丹亭》的晚上，我们一起去吃宵夜，我就答应白老师，以后有昆曲我都会去捧场，无论在中国内地也好，香港也好，台湾也好。于是每一次他都提早打电话给我，叫我去捧场。我每次去看，白老师都很

《游园惊梦二十年》书影

热情地招待我，我在这段时间看到白老师真是真心推广昆曲。

几次之后就开始看出了一些味道，会看出这里演得好不好，这里唱得好不好，动作怎么样。有时是演出时看观众的反应，或者白老师自己看到，判断了要改，我们跟着看，留意到不同就问白老师，他也会教我们。我觉得这是很难得的一课，一个大文学家解释他的创作给你听。

青春版《牡丹亭》首演一百场的时候，我差不多看了五六十场。开头艰苦经营，主要是白老师推广青春版《牡丹亭》，需要有人帮忙。我一有时间就去帮忙，有时候白老师说不能来，就在美国打给我说："余先生我回不来，你可不可以帮我去跟一跟他们？"我就去了。后来，白老师问我们："你愿不愿意做我们的义工，帮助我们？"我觉得我没什么能做，只能做两件事，第一是筹款支持他的活动；第二是帮年轻昆曲演员解决一些问题，无论收入还是工作上的问题。因为我在香港，也常常可以去内地，而白老师有一半时间在加州，一半时间游走于中国内地、香港、台湾三地，所以我就负责了这部分。

我们确实看到有很多问题。第一，那些演员有二十七八岁，很有热情，他们从十多岁到二十多岁那十年，每天就是上课学戏，唱啊，做啊，还要练功、压腿。这些事占了他们人生的十年，所以他们的思想成熟得比较慢。有一个说想回家开发廊，有一个说要去卖面，有一个要回去生儿子等等。很多这些问题，实际上需要人帮忙开导。白老师说某某好像不开心，不如你跟他说一说吧。我就通过大家做朋友的方式，说服他们留下。他们当年只有几百元工资，二级演员有八百，一级演员也不足一千，每场演出就多一百元，你想想他们怎么熬呢？我们当时暗中资助他们，给红包当鼓励。其实我觉得这是一群很有理想的年轻人，因人事关系或本身想法，问题有很多。作为一个艺术家，艺术之路是很难走的，他们肯在这里就已经很好。直到今时今日，全部主要演员都还在团里。如何让他们团结？我觉得是三个字——白先勇。因为他们很尊敬白先勇，白老师把他们带了出来。白老师也有眼光，逐个演员选出来，这事真的不得不佩服白老师。

他从一开始就有一些观念。他说昆曲是好东西，但演员开始老了，观众群也很老，而台上演出有些已经追不上时代，所以他用了很多精力将昆曲年轻化、现代化。在这个过程中,我们有份参与,在台前幕后观察,感觉到他确实做得很好。例如他令台湾最重要的艺术界、文化界人士一起参与昆曲的演出制作,让整出戏既有昆曲韵味,又加入现代感。白老师的过人之处是他作为一个行外人,能够领导行内人和其他人参与制作,连行内人也服气。

我们看过您跟余太太的访问,余太太说她以前做服装,看昆曲第一眼是看舞台、服装等方面。您可以讲一下昆曲最吸引您的是什么吗?

我什么都看的,包括文学、音乐。以前我听很多西方歌剧,我也打太极,太极讲究动作有没有气。其实中国传统艺术,我觉得一个"气"字,就可以概括很多东西。你看书法讲究"气",要一气呵成。讲文学,其实也是在说"气"。为什么有唐宋八大家,就因为韩愈开始讲文气,苏东坡更加讲以声求气。古画亦是追求气韵生动。武术、太极是追求气,例如气势连不连贯,气韵是否生动。甚至音乐,好像古琴、琵琶,弹一弹就停一停,在空白之间其实有很多想象,如果你和音乐能配合,你会知道音乐什么时候应该停顿。中国人不像西方,认为"美"代表外在的美,中国说的是内在东西,所以很多艺术品不是求形。看完好的昆剧演出,会觉得很舒服,因为你进入了那个状态,这就是我欣赏昆曲的方法。

固然昆曲音乐不一定是最好的音乐,不像京剧那么悲凉,也不像西方歌剧,但它有它的味道,"水磨腔",很慢、很圆润。音乐让我觉得舒服,那就够了。这也是一种文学作品,我看完之后,令我有得益,那就够了。没有一种艺术像昆曲,它是一种综合性的表演艺术,多方面让你感受很深。这就是我欣赏昆曲的地方。我有时候也会看其他戏曲演出,但看完后还是觉得比较喜欢昆曲。我觉得到目前为止,以中国的表演艺术来说,只有昆曲会让我看完之后又看。

演到一百场的时候,白老师说真的无懈可击了,所以我们公司帮他出了一套《牡丹一百》。从2004年到2007年,演了一百场,所有演员的舞台经验都变好了,无论演技还是艺术方面。他们开始明白什么是昆曲。最重要的是,他们还年轻,还没过三十岁。这是艺术巅峰,也是他们形象最好的时候,白老师希望留下一个录像。

《牡丹一百》外观

　　当时也是白老师叫我帮他做。老实说，如果没有白老师，这是做不成的。为什么呢？有很多关于青春版《牡丹亭》的录像，苏州也做过，但我们做的时候，要求清场，特地在杭州租了十天场地。我们找来大导演王童，用五部High Definition（高清）摄录机拍摄。你想想，2007年，那差不多是八九年前，没人用这些。我们将苏州八十多个演员，加上内地和港台的摄录师、灯光师，全部集中起来，用五个镜头，逐场排演。虽然他们已经熟悉了，也要走一下位，看看镜头怎么样，让制作更加清楚，能够捕捉全部东西。就是在这样的情况下录出来的。有时灯光不是很好，位置不是很好，最终用了十天时间，才完成那二十七小时的摄录；再回台湾，用半年时间剪辑。所以今时今日你看到的录像，真的是很多人呕心沥血的制作成果。这些人你平时不会找得到，就算找到也要给很多钱，但很多人都是被白老师的热诚感动，友情帮忙，几乎只收了车马费。

　　你想象一下，找一个大舞台，做十天，一百人，包括八十个演员、幕后记者、乐队、幕后的助手、道具……制作费可能要上千万，但当年因为有白老师的关系，我们就便宜很多，二百来万就可以制作。但从商业角度看，这肯定还是赔本的，因为我们一套能卖多少钱呢？最多卖二百多、三百元一套，但里面有四张碟。那你想想，我要卖多少套才能回本？我算过至少要卖一万多、两万套，但到今天只卖了几千套。昆曲确实是曲高和寡，很少人欣赏。

从这套碟中，你可以看到音乐和动作怎么配合，这个人和那个人怎么配合。其实这套碟是很超值的，我要宣传一下，因为制作成本真的很高，如果你买一套，其实已经帮助了昆曲发展。我也说清楚，白老师知道的，我做了这件事之后，所有收益都投入到昆曲。我们也推出学生版，售一百元，就是希望配合白老师，在学界推广。

有很多人的心血在里面，虽然白老师代表了我们所有人，但是里面有很多艺术家。白老师给这些有份参与制作或支持青春版《牡丹亭》的人改了个名，叫"牡丹帮"。我们常常找机会约在一起，我因此认识了很多台湾顶尖的艺术家，例如董阳孜等，还有不同导演。你看到他们也是不计金钱，真的是讲友情，义务帮他，否则就做不成。所以我说这是前无古人，也恐怕是后无来者。你要做这些事，要找这么厉害的人来做，未必那么容易。如果要收很多钱，你就算不清这笔帐。毕竟这东西真的赚不到钱，这不同于那些电视剧嘛。

成为"牡丹帮"成员后，您如何想到在香港的大学推广昆曲？比如资助香港城市大学的中国文化中心。

初时我只是去城市大学的中国文化中心听讲座。认识白老师后，他给我介绍了上海昆剧团那七八位大师，包括蔡正仁、华文漪、岳美缇、梁谷音、张静娴、刘异龙、计镇华等等。岳美缇、华文漪、蔡正仁几位都是我的好朋友，蔡正仁有时候演出也会亲自叫我去，岳美缇也是，"这次我们有演出了，你快来。"刘异龙和梁谷音也是，全都当我们是朋友。

我一直和城大张信刚校长很熟，我第一次听昆曲，可能就是张信刚校长陪同，是2002、2003年左右一个文化沙龙。张校长很了解中国文化，当时在那么多学校中，张校长是比较重视中国文化的，所以找了老友郑培凯回来帮忙主持。于是郑培凯请了上海昆剧团这班大师来讲学，也邀请了张继青、汪世瑜，还有北方昆曲剧院的侯少奎等。这群人我也是通过白老师认识的，后来也成为了朋友。

张校长认为，学生在学校读书，就需要学会一些中国文化，于是请这些大师来演讲、表演。我们有时间也会去听。每次演讲都录了音，但还没有时间处

"香港大学昆曲研究发展中心筹备计划"启动仪式，2007年5月22日（左起：华玮、单周尧、金圣华、白先勇、李焯芬、余志明、古兆申、郑培凯）

理，将这些大师的录音变为有用的档案。有些演讲很精彩的：演员怎么演绎某个角色？一场戏要怎么又唱又做？由此你真的可以了解很多昆曲知识。我觉得这真是非常珍贵的艺术教育。

初时是一些不正式的讲学，后来郑培凯叫我捐钱给他做大师讲座，请他们专门来讲三个月，找人负责记录，然后出书。出了三本，但因为郑培凯后来走了，就没做下去。我也捐钱给他们做"Young Artist-in-Residence"（年轻驻校艺术家），邀请年轻演员来港。年轻演员的经验比较少，需要时间沉淀，看看书，和教授聊一聊，看看前辈的东西，他们可能能够得益。

我在港大、中大、城大、理大都有捐过钱。我捐过钱给香港大学，他们2007年10月曾在北京与国家大剧院等，共同主办"面对世界——昆曲与《牡丹亭》"的国际学术研讨会。后来因为人事变动，港大就不做昆曲了。

后来您又资助中文大学成立了"昆曲研究推广计划"，可以说一下当中的因缘吗？

郑培凯退休后，我担心后继无人。白老师就和我商量，说中大有华玮老师在，沈祖尧校长也曾经和他说过。希望华玮老师在中大成立昆曲发展中心。这件事白老师其实一直在台湾、北京、苏州做，但香港没人做。过了一两年，没有消息。他叫我帮忙,我说算了,不用等,我来开。于是我就捐了两百万给中大,也投入更多资源支持中大成立这个中心。今日中大有"昆曲研究推广计划",就是白老师的意思。

今时今日,昆曲遍地开花。2001年,联合国教科文组织评选人类非物质文化遗产,昆曲在其中,但国家没有重视。白老师很心急,全世界都承认了,为什么我们中国对此好像无声无息呢?他就开始有这个构思,讲昆曲。从一开始,他就锁定要在大学宣传,所以开始的几十场演出都在大学,免费的。钱从哪里来?剧团到处表演,要很多钱的嘛。全部由白老师一个人去筹回来。白老师感染到很多人,很多人愿意帮他,遇到困难的时候,冥冥中救星就从天而降,推动事情又向前迈进一步。现在大家都知道昆曲复兴,无论行外还是行内,都承认白先勇教授做了很多事,有很大功劳。这不是他自己认的,大学、其他的戏剧大师、演员都说,白老师做的事我们做不到,所以白老师这方面真的做了很多事。白老师用自己的个人魅力,将他的梦传播、感染给很多人,尤其是年轻学子。

"昆曲研究推广计划"启动仪式(左起:余志明、余陈丽娥、沈祖尧),2012年3月20日,香港中文大学祖尧堂

"昆曲经典折子戏演出"合影，2016年3月19日，香港中文大学利希慎音乐厅（左起：柳春林、屈斌斌、吕佳、俞玖林、白先勇、沈丰英、余陈丽娥、余志明、周雪峰、梁元生、李焯芬、华玮、沈国芳、唐荣）

您觉得香港在推广昆曲方面，它的地位、重要性、特点在哪里？

有句话："台湾有最好的观众，大陆有最好的演员"，香港呢？没人关注。其实我们不应该说香港没人推广昆曲，香港有些有心人，古兆申、张丽真、刘国辉等，还有顾铁华、邓宛霞，邢金沙等等。

政府其实也有责任，他们请剧团，上海、苏州等很多剧团都来演过昆曲，但不是有系统的、整体性的介绍。昆曲真的是阳春白雪，曲高和寡，换句话说，你自己要有相当的文学造诣，有这个水平，才会欣赏。但如果你这样说，别人又会说你太过高傲，自视过高。另一种反应就是："昆曲？我听不懂。"我有很多朋友，包括一些高官，他们会问："昆曲？你懂吗？"我说我不是很懂，但是我会看。他就会问为什么。我说，那你看意大利歌剧，你懂意大利文吗？你能听懂每一句吗？为什么你又经常花上千元买票看呢？

其实我觉得香港特区政府没有全力推广。每次昆剧演出，就算在香港艺术节，一整团五六十人来香港演出，也只给很少钱。外国要一千万才能找维也纳或者柏林乐队来，又有赞助，又开鸡尾酒会，请一些名人来，向他们推介。我们没有的。所以你说香港特区政府做得足不足够呢？我觉得非常不足够。他们只是说，有一笔钱，今年轮到请什么人了，就叫刘国辉找个团来演出。我觉得这很公式化。改不改变得了现状呢？我觉得暂时也难。

我觉得昆曲很适合现代香港，在这样的生活环境中，让多一些人去欣赏。因为现在的节奏太快，好像看足球那样，"哗！好精彩！好精彩！"，太过激动，太过亢奋。其实我们需要找个时间，安安静静坐下来，投入进去，那是另一个境界。那个境界是我们中国文化中很重要的一种境界。作为中国人，要了解中国文化，不论喜不喜欢，首先要知道。透过昆曲，我觉得可以让大部分年轻人有机会认识中国文化，他喜不喜欢是个人喜好的事。有的年轻人可能喜欢哑剧，喜欢非洲舞，他们可以选择，但要认识这是什么。作为中国人，其实很容易接受中国传统文化元素，而我们想回味这些元素，就是透过昆曲。

余先生您本身修读电子工程，现在也是一间科技公司的主席，您觉得多媒体如何可以促进昆曲推广？

网上教学，就像华老师在做的事。如果能够继续发展下去，希望可以做到网上昆曲的传承教学。目前看来，全世界的趋势就是网上教学，未必能拿到文凭，但很多人愿意学。我觉得昆曲可以通过网上教学接近大众。当然，网上教学未必代替得了我现在出的这些东西，因为在电脑上看始终不同。

《灿烂极致牡丹亭——青春典藏》蓝光光碟版及内附说明书外观

比如《牡丹一百》后来就推出蓝光版。当初我跟白老师说，如果真的要做，要用High Definition，那时候蓝光刚刚推出没多久，很贵，那些机我们是租回来的，租也很贵，几万元，香港才有，内地没有的，所以在香港和台湾抬了五部Sony的High Definition摄录机。我们保持了母带，将来打算做蓝光。那时候我计算过，制作成本一套要上千元。我不断跟白老师说，不要紧，有一天终能做到。我了解科技，我知道科技是这样，最终都会做到。又过了几年，我跟白老师说，我又看过了，应该可以做了。完成后我在家播给他看，他简直着了迷，看得出分别很大。他说幸好有我坚持。每套售八百多元，但是我们没什么钱赚。之前赔了多少就不说了，现在只是打个和。这纯粹是我希望为中国文化出一分力。可以流传，对社会也好，对自己也好，也是有个交代。不可以说是多大贡献，但至少以后别人知道有这东西，知不知道我这个人无所谓，这件事我觉得自己是尽了责任。

别人说：你做这些赔本事，还怎么做生意人？但为什么生意人就样样要先说赚钱？没理由每一样都要赚钱的。上次有个电台节目主持人问我：这些年来在昆曲方面捐了多少钱？我说我不知道，没计算过。回去后，就叫我的会计把记录翻查出来，在香港已经过一千万了，还没有算那些每次演出给红包、打气、招待等，只算有单有据捐给城大、港大、中大等机构，超过一千万。我之前自己也不知道。

白老师每次提到我，都说我做了件好事。其实我最初也只是看到白老师那么想做这件事，就很想为他圆一个梦。白老师做这件事，将自己的退休金全放进去，也找他的朋友、亲戚投进去两千万。他是没有私心的。你说他需不需要昆曲来让自己出名呢？他很早已经出名了。其实很多人看昆曲是因为白老师。作为他的朋友也好，粉丝也好，我觉得他做这件事真的很伟大。我们支持他一点，帮助他促成这个昆曲青春梦，我觉得值得！放进去的每一分钱，都是值得的。还有我们真的很节俭，最终效益远远高于初时的估计。白老师讲昆曲让我大开眼界，教会我中国戏曲原来可以到达这么高层次的艺术境界。我很珍惜这个过程，我也相信白老师很珍惜。白老师的梦，可以感染所有人。

张丽真

香港著名曲家。香港和韵曲社社长、香港中华文化促进中心"昆剧研究及推广委员会"委员。1988年随乐漪萍学习昆曲,后随南京曲家王正来、北京曲家朱复研习曲学。2005年起,被聘为香港浸会大学中文系兼任讲师,教授"昆曲文学及清唱艺术"课程。近年来亦于香港中文大学音乐系戏曲资料中心、香港城市大学中国文化中心及香港中华文化促进中心担任昆曲导师。在香港出版的光盘录音有《姜白石词拟唱》、《新定九宫大成南北词宫谱译注试唱》。另编有《曲苑缀英》(工尺谱)、《王正来昆曲艺术纪念特辑》(光盘),与《新定九宫大成南北词宫谱译注》。

时间：2016年5月7日中午12时
地点：香港中华文化促进中心

张老师，请问您什么时候开始接触昆曲？

我是八十年代末期才开始接触昆曲的。我和刘楚华老师都是蔡德允老师的古琴学生。蔡老师很喜欢昆曲及琴歌，我们跟她学琴时，有时候她会很随意地唱琴歌，例如《阳关三叠》等等。我们觉得老师唱得很好听，但不知道她怎么唱的。这对我来说是个很陌生的声音经验，因为香港的音乐教育，完全是西方音乐。我们完全没机会接触中国音乐，就算有，都是现代的，例如弘一法师的《长亭外》，这种我们当时已经觉得很古典了，要不然就是赵元任的《教我如何不想她》，都不是传统的中国音乐。我喜欢听粤曲，因为家中也经常听，但没什么兴趣学唱。

那时听老师唱琴歌那么好听、有味道，我们也很想自己唱一下。但我对于中国传统古典歌唱法一点认识都没有，不知道怎么发声。我当时的感觉是，古琴是一种线条音乐，老师唱的琴歌也是一种线条艺术，每一个音、每一个字都好像书法线条，有轻有重，有徐有疾，有虚有实，非常好听。但我没办法，学不了，模仿不了，我用学校教的美声方法发声，唱出来难听得不得了。我也不敢开口请蔡老师教我唱，因为我琴都还没弹好。

后来刘楚华与另一位同门李卫娜，一起跟乐漪萍老师学唱昆曲。当时我对昆曲一点认识都没有，要是让我无缘无故去学一种歌唱音乐，我会犹豫。但刘楚华跟我说，学唱昆曲就能寻找到中国古典歌唱方法了。这是很大的吸引力，可以接触一种古典的歌唱方式是很难得的机会，于是我在1988年开始跟乐老师学，比刘楚华她们晚一年。

我刚学时很艰辛，因为她们头一年学的都是闺门旦的唱腔，《游园》、《学堂》等，比较容易进入。我一加入就要学属小生唱腔的《琴挑》，那支曲（【懒画眉】）的开头"月明云淡露华浓"非常低音，哗，我怎么可能唱到呢！又要尝试用真声，这些真声又不是美声，我还没找到发声及吐字方法，我初时用西洋曲美声方法唱，简直就像是半夜三更出现的恐怖声音。我很辛苦地跟了几个月,其实曾经想过放弃,觉得自己没能力去学。多亏苏思棣老师鼓励我,他比我早很多接触昆曲,于是我就硬着头皮继续。我们是四五个人一起自费合资,以私人小组形式请老师拍曲。但是老师到1992年左右就移民了。结果我们那班四五个同学中,坚持到今时今日的可能只剩下我一个了。

我真的很感激乐老师,她是我的启蒙老师。她是上海昆剧团的小班,和张静娴她们同班,专攻贴旦,主要是张传芳老师教她,也学《认子》等正旦戏,是沈传芷老师教的。她的教法是传统的,就好像以前她的老师那样,不断帮我们拍曲,是清唱、不带伴奏的。我们每次唱几句,那几句唱几十次,老师完全不省一分力地带我们唱。我们那时不懂看工尺谱,老师就教我们看《振飞曲谱》,也就是简谱,一看就明,所以旋律很容易上口。但我们字音喉腔完全不行,因为老实说,我们完全没有底子,老师就很辛苦地一遍又一遍地用声音带领我们去学,完全是模仿式。那时跟她学了几套曲。

乐老师曾经鼓励我们上台,但我们只对音乐有兴趣。不过她说,她教我们身段,其实是一种提升艺术审美的方法,不是让我们去出风头。不上台不要紧,但学身段后就懂得怎么看戏,会分辨什么是好,什么是到位。于是我们就开始学身段了——走圆场、扇子功、水袖功等等,然后学了半出《游园惊梦》。我觉得我始终不会做戏,也没兴趣,但跟乐老师学身段那几年,我觉得获益良多。老师真是没说错,知道舞台表演的基础知识,对欣赏戏曲有很大帮助。有一些粤剧专业或业余表演者也会跟乐老师学昆曲身段,汪明荃也是其中之一。

乐老师离开香港之后,你们的唱曲活动是如何进行的?

1992年,乐老师全家移民,临走前特地找我与古兆申先生。她说她教了我们几年,在唱方面,是她在香港学生中最好的一群,而且非常认真,我们总是请她教慢一点,让我们学得更仔细。她希望我和古先生能够在她走之后,负责维持拍曲的活动,重温她以前教我们的东西,让昆曲清唱可以在香港延续下去。

古先生当时是香港中华文化促进中心的成员,所以我们可以用当时位于信德中心的场地来拍曲,非常方便。古老师说:我们唱曲要提升一步,追求更高层次,所以我们开始自己学看工尺谱。原来工尺谱不难的,看一下参考书,再跟已经会唱的曲的旋律对照一下就可以。接触工尺谱后，发觉天地大了很多，尤其是我们用的《粟庐曲谱》，提及很多唱腔，以前乐老师很少提这是什么腔，我们只是跟着她唱。尤其古老师本来就是个学者，对学术研究比我们更加有能力，因此他还提议我们看不同的书，增进自己对曲唱的认识。后来乐老师也回来过一阵子，我们又请她来拍曲，那时候她知道我们都会工尺谱，很开心，于是她又用《粟庐曲谱》跟我们拍了《南浦》。

之后有昆曲演员来香港表演、访问或者教学，我们都趁机向他们学习。包括王奉梅老师、汪世瑜老师、张世铮老师等。除曲唱之外，我也曾经跟王奉梅老师学《寻梦》的身段，跟汪世瑜老师学《琴挑》的身段，都是为了更好地理解舞台表演的审美，我很感激老师们给了我很多珍贵的艺术滋养。

其中一个对我们影响很大的是王亨恺老师。他以前是江苏省昆剧院的小生演员，曾和张继青老师拍摄电影版《牡丹亭》。他移民来香港后，我们就请他来和我们拍了几套曲，例如《折柳阳关》和《偷诗》。王亨恺老师人非常好，很随和，而且唱腔非常好，对清唱审美很高。他有一次对我和刘楚华提起一位叫朱复的曲家，对他的评价极高，说他的曲唱会使人以为是俞振飞，令我印象非常深刻。

于是，我在2001年就特地透过一些大陆曲友帮忙联络，和苏思棣及刘楚华一起去北京找朱复了。之后我们又去了几次，请他教曲。朱复老师非常好，他对诚恳学昆曲的人都很欢迎。曾经有一年我去北京住了一个礼拜，天天到他家学曲，师母还煮饭给我们吃。朱复老师更介绍我们拜访了张允和老师和周有光老师。真正爱昆曲的人总有这样的心胸，不会把知识藏起来，很热心指导。

我们一直持续拍曲，直到2012年，有些年轻曲友提议组织曲社，使力量集中，我们就可以多办一些推广昆曲的活动。于是就成立了现在的"和韵曲社"。当时古老师因为健康问题，已经很少来拍曲，因此他们要求我做社长。其实我很战战兢兢，因为越学越觉得自己还有很多东西不懂。我把它称为"曲道"吧，它包含了艺术、理论、审美，各方面加起来好像深海那么大，而我觉得自己只看到了海面。尤其在香港，真的没什么人唱昆曲，所以我后来到处寻访曲家去学艺，因为如果我真的喜欢这门艺术，就一定要想办法拓展自己的眼界。

除了到北京拜访朱复老师,您还拜访过哪些不同的曲家?

以前有位曲家叫殷菊侬,但她已经过世了,我们也没办法能够真真正正听到曲家的唱腔。我要特别提一个老师,就是洛地老师。洛地老师也是我非常敬仰的老师,我去杭州的话一定会去探望他。2015年,在他过世之前几个月,我们一群曲友也去探望过他。洛地老师对我们影响也很大,他对曲的看法很有自己的观点,也很让人信服,所以我觉得在他身上学到很多东西。我带曲友去看他,也去过南京、上海、北京、苏州这些地方去交流。

另一位对我昆曲学习影响最大的是王正来老师。又是2001年,那年浙江昆剧团在杭州举办周传瑛诞辰一百周年的纪念活动,邀请曲社或个别曲友一起同场唱曲。那时我们整班香港曲友打算一起去学习、交流,但抵达后才知道,原来那不是简单的唱曲。活动位于西湖旁的新新酒店会议室,坐在前面一整排是张继青老师、汪世瑜老师、王奉梅老师等"大熊猫"。我唱完后收到王奉梅老师的电话,要我当晚上台表演!原来他们是评判,要在每个地区的曲友中选一位代表,在晚上的曲友专场公开演出。我唯有硬着头皮,唱了一支《亭会》的【园林好】,帮我伴奏的还是浙昆的韩建林老师。原来当晚王正来老师就坐在台下,那时我根本不认识他。没过多久石小梅老师要来香港,王老师就托她带一本曲谱来送给我,因为他觉得我唱得很好。那是王正来老师自己编的《曲苑缀英》简谱版。当时吓死我了,真的受宠若惊。

接下来我几次拜访王老师跟他学习。他对我唱曲的启发是最大的,尤其是在声调、吐字、行腔的技法方面。他和朱复老师不同,朱老师是一位曲家,你要自己仔细听,领略多少就是多少,错过了就没有了。但王老师是戏校老师,他会每部分解释,而且非常严格。我有什么还没做到,他会不断要求。有一次他叫我唱《拾画》的【颜子乐】,我一唱"则"字,他就马上拍桌呛住我:"这个字不是这样唱!再来!"他不凶恶,但是会当头棒喝,你一唱这个字马上就告诉你错了。

另一次王老师叫我唱《寻梦》的【忒忒令】,我很小声地唱"那……"他又拍桌子了:"你是小偷吗?鬼鬼祟祟的,你唱出来啊!"大家都笑出来了。王老师习惯要曲友唱曲后互相评分,我唱完以后,他就叫曲友为我打分,那个人犹犹豫豫地说:"九、九十分吧……"他说:"不是,我给96分!现在我给你说哪里扣了4

分！哪里要加分。"你哪里唱得不好，他会每个字跟你说。他教曲就是这样一丝不苟。所以我拜访他回来后，就跟古老师说，我们应该请王老师来香港，不应该只有我接受这么好的昆曲指导。然后大家已经商量好，昆曲小组也找到经费，但谁也没料到，我们本来跟他约定2005年的春天来，但他在2003年11月就去世了。

王正来老师去世后，您校对、出版他译注的《九宫大成南北词宫谱》，是一个非常大的工程，可否告知整个过程是如何进行的？

王老师生前经常跟我提及他有很多著作在内地没办法出版，其中最厉害的就是《九宫大成南北词宫谱》。得知老师去世，我很难过，并且想到老师有那么多珍贵的曲谱、资料，恐怕这些资料从此失传，于是马上和另一位曲友由香港飞去南京他的家。师母将他遗留的所有东西都搬出来，我用了两天时间把它们做完整的纪录，哪些是文献、曲谱、研究资料等等。然后我看到王老师花了十年译注的《九宫大成南北词宫谱》，那么大的一箱文稿，是他生前日夜不休的心血。我当时突然想，难道就这样由它放着？正好我在2005年提早退休，有时间，我就想：不如我在香港尝试看看有没有办法？师母很开心，因为她完全没能力、没方法处理。于是我着手跟进版权等法律问题，并从南京把厚重的稿件带回香港。

资金方面，很幸运地，雷竞璇先生当时担任利希慎基金的顾问，全靠他帮忙联系，基金会提供了一些资金，其后余少华教授也表示中大音乐系可以协助申请一些配对拨款。但后来与出版社商谈，发觉需要的资金比想象中多，所以我们再向顾铁华老师募捐了十几万。后来，利希慎基金认为既然这套书是音乐宝库，没音乐的实体是不完整的，需要有人把里面的曲唱出来。于是我跟苏思棣再拿了十万元出来，由我、陈春苗及江苏省昆剧院的赵坚老师进行演唱，最后录制成光盘随书附送。录音在南京进行，全靠王建农老师帮我们联系找到了录音室并组织乐队，但只能用一天，很匆忙。

整套书花了差不多两年才完成。因为找资金、文件往来及编辑校对真的要花好多时间。当时我几乎是一个人做这件事，因为没有人懂得做。其实我自己水平也不够，是硬着头皮，能做多少就做多少。我把所有谱放在中大音乐系，每天早上像上学一样，去那里为四千多支曲做校对、编辑、索引，又借来原来的《新定九宫大成南北词宫谱》参考校对，同时由苏思棣负责图片，古老师帮忙给意见。我觉得最大的收获，第一当然是能够完成老师的遗愿，第二是我自己学到很多东西。

另外之前提到王老师自己编的《曲苑缀英》简谱，其实他生前已经想出工尺谱，但找不到资助。后来他过世后，我就把曲谱拿回来跟另一位曲友廖雪云再进行校对、重新编排，得到顾铁华先生的慷慨资助，最终由香港中华文化促进中心出版。我们当时出了一千套，现在已经卖光，绝版

《新定九宫大成南北词宫谱译注》书影

了。它很有价值，现在很多大陆的曲友都在找，原因是它每一支曲的后面都有讲解，这和一般曲谱不同。另外，我们发起香港的曲友筹钱，将王老师以前自己唱的录音带，制成CD。王老师很喜欢梅花，生前送过我一张梅花图明信片，

《曲苑缀英》书影

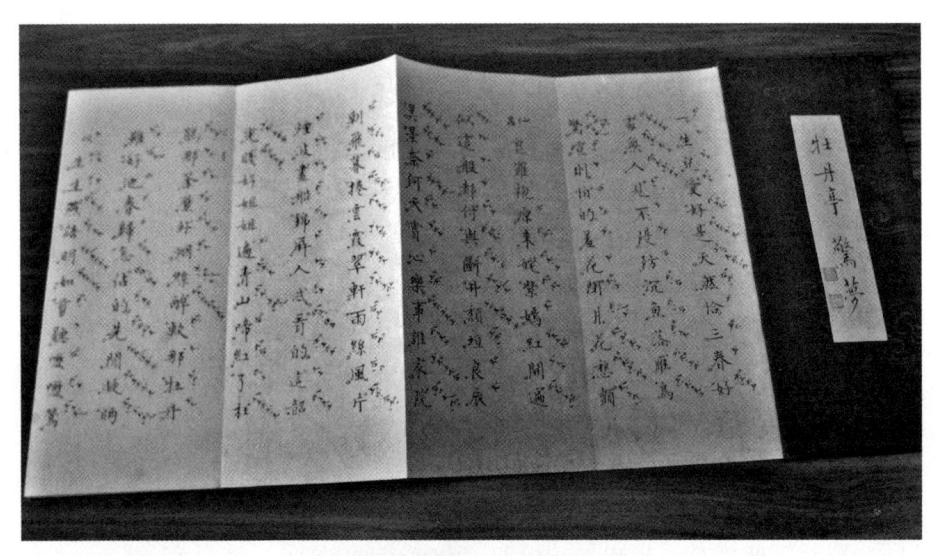

张丽真老师笔录《牡丹亭·惊梦》曲谱

说以后出碟片，一定要用这张图。其实王老师在大陆也有教很多学生，可是他们没想过如何保存或发扬老师的遗作。

曲友真的很有心！我们知道香港中华文化促进中心于2001年还出了一套《昆曲字音》？

对啊，那是我们请当时还是清华大学中文系的教授韩家鳌老师，用了五年时间编的一套字典，工程非常大，现在也很多人用。那时韩教授到香港访学，来我们曲社玩。我们才得知有这么一位对昆曲有兴趣的教授。其后，在顾铁华先生的提议下，遂由中心正式邀请他完成这个工程，出版成书。

除出版以外，听说香港中华文化促进中心也做过几年"昆曲进校园"的教育推广活动，可否为我们简介一下？

是的，我们邀请专业的昆剧团来港，例如省昆、浙昆，人员包括演员、乐师等，我们带着他们去访问学校，通常是一连十间、八间。他们会即场表演一些片段，让不同的行当示范一下各自的唱做及化妆特色等等，我在旁负责导赏。

另外，我们也和教育署合作过两三年，推出给中小学老师的课程。这个课程包含不同方面，例如理论、曲唱、历史。老师们都很喜欢这个课程，并表示对他们在学校任教文学很有帮助。

香港中华文化促进中心的"昆剧研究及推广委员会"也跟曲社很有关系，包括提供场地进行清唱。可以简单介绍一下拍曲、教曲的模式吗？

"昆剧研究及推广委员会"由原来的昆曲小组演化改名而来。姚德怀老师是这个委员会的主席。这个委员会依然在做很多事，包括支持我们的清唱活动，提供场地给我们，帮助我们出版，像刚才讲的《昆曲字音》。曲友就只是曲友，他们属于和韵曲社，有些是社员，有些不是社员，我们无所谓，谁愿意坐下来，我们就唱，大家一起开心。我们每星期六下午都会在香港中华文化促进中心进行拍曲，由两点直到六点。前半部分我会教一支比较基础的曲，现在正在教《琴挑》，有时会重温已唱过的，让新来的曲友跟上进度。然后我们会教一些深一些的曲，最近正在教《认子》，整套曲唱完了我们就教念白。最后我们就自由地玩了，谁想唱什么就唱什么，唱到六点没气了，就回家了。

我们态度比较认真。我不视之为一个课程，也不是玩乐，更不会因为要满足一些人希望快点登台表演，而随便教。当然人的能力有高低，有些曲友学了很多年都没什么进步，这不能怪他，等于我这么大也不懂骑脚踏车，不行就是不行，不能强求。话说回头，我觉得这不只是一种艺术或音乐，而是一种文化的分享。所以我们从来不刻意在外邀请人加入，谁喜欢进来唱曲都可以。昆曲不是人人都喜欢听。很多人都知道昆曲是好音乐，但不等于他会听得入耳。等于我很崇敬西洋歌剧，但是你让我坐下来听四个小时，就不用客气了。一样的道理！每个人爱好不一样。有些人经过曲社看见一群人在唱曲，觉得很有趣，于是坐下，我们很欢迎。其中有些人沉迷下去继续唱，也有一些人被我们"虐待"了两课从此不再来，因为他知道自己不喜欢如此学一种音乐。这也无所谓。有些曲友是参加了我在城大、中大开办的昆曲班后，再来这里的。

仲夏昆曲晚会（前排左二：陈化玲，左四：张丽真，左五：苏思棣，左六：陈春苗），2017年6月23日，香港中文大学中国文化研究所文物馆东翼大堂

除了在曲社拍曲、教曲，可否也请您谈谈在数间大学开设昆曲班的情况？

我在香港城市大学、香港中文大学以及浸会大学都开过班。城大的昆曲班是免费的，给校内职员、学生，但是有很多校外的人也会参加。中大那个则是比较正规的课程，由音乐系管理，会向学生收取学费以应付场租等。所以我要求严谨一些，限制每班只收十个学员，这样我就可以很仔细地讲解。这么多年来，曾经有些人问我，你做这么多义务教学，可是结果没多少人能继续长期去学昆曲，你不觉得浪费自己的时间吗？我觉得不是这样计算，因为每个人都有权认识、知道我们中华民族有这么美丽的东西。那你来学，尽管你五音不全、唱得不好，但透过学习过程，你能了解它的好处，以后愿意买票看昆剧，我觉得已经是一种收获。我从来不会奢望十个人来学，十个人就会变成曲友。昆曲这个文化遗产，不是一些人专有的，而是每个人都有份的。我从老师身上学到了那么多，没理由只把知识收进自己的口袋，要尽力把它分享给其他人，这才对得起我的老师。

我2005年工作退休后就到浸大，至今任教十年了。该课程是中文系开设的，有三个学分，每学期十三周，每周三课时，来自全校不同科系的本科及硕士生都可选修。不过历年主要学生都来自中文系，有时会有音乐系的学生选读。

考核分成三部分，第一部分考曲唱，我每学期教四支曲，学生考试时要自选其中一支曲独唱，我就听他们的字音及腔是否正确等。第二部分是笔试，包括昆曲的理论及文学。理论即看得懂工尺谱，也要懂曲牌格律，我每年都教【懒画眉】，因为它最容易。另外也包括声调和唱腔的关系等等。文学方面，我每年都会选取一些著名、经典的昆剧表演，和学生一起分析文学、音乐和表演的关系。最后一部分是报告，我会指定一些题目给他们做小组报告，例如让他们比较两套【九转货郎儿】，一套是《弹词》里李龟年唱的，一套是《风雨像生货郎旦》里张三姑唱的，它们都用同一套曲牌，但是文辞完全不一样，那共同点是什么？让他们自行研究、探索。我觉得这不是音乐科，也不是艺术科，这是文化。我们有固定教材，每课都会给他们很多参考资料。例如要学工尺谱，我已经有一份很完整的自己设计的讲义，让他们去学，不只是上课说。苏思棣老师和我一起，每堂课都教唱，苏老师吹笛，也解释一些音乐方面的知识。

除了课堂，浸会大学中文系的中国传统文化中心也会举办一些昆曲演出，邀请包括省昆、苏昆等剧团来学校演出，公开给全校及公众。这几年我会帮忙做导赏。

您在各院校教授昆曲多年，觉得教学生的时候有没有什么困难？例如看谱、咬字之类？

对，很困难的，因为昆曲对他们来说完全是天外来客。他们和外面学昆曲的人不同，外面来学的人多数对昆曲有认识，喜欢听才会学，但学生根本连昆曲是什么都不知道。所以我要从昆曲的历史开始讲。因为牵涉到声韵、格律，中文系的学生比较好一点，外系的可能第一课开始就要挠头。困难是很大的，尤其唱曲的字音真的一团糟。我要重新开始教学生，要教他们调声，又要教他们出字、四呼、五音,有些人听音又不是很准确。最惨的是不会发声,因为他们虽然很喜欢唱歌,但唱的是流行曲、卡拉OK,发声方法完全用不了。所以第一课我先要教他们怎么发音。又要鼓励他们放胆大声唱,这样才有本事唱好昆曲,否则就永远都是无病呻吟。他们和我一起练嗓时是很肯叫的,可是只有自己时就不会叫,因为他们怕在家里吓到人。

近年您也在香港中华文化促进中心"昆剧研究及推广委员会"中,为康文署主办中国戏曲节的昆曲节目,作策划工作?

是的。我们会和剧团商讨香港想看什么戏,想看什么演员,甚至有些新排的戏,我会跟刘国辉两个直接去剧团看他们彩排,然后交流意见。譬如去年的《花魁记》,是我和他一起去看了他们彩排,包括音乐、表演、服装,我们觉得可以调整的地方,就在那边开会,作演出前的讨论。包括《西厢记》,我也和刘国辉去苏州看他们排,也提了一些观点,例如要来香港的话,怎样会更适合,能够成功。

有些团在内地演出时很害怕音乐不够,于是吵得不得了,加上配器很复杂,搞很多大提琴。他们在音乐、表演、剧情方面,我觉得跟我们的审美有点差距,因此都会提出要求让他们改。当然这是因为我自己是香港人,而且也看了这么多年戏,可以说出我们的期望是什么。

另外,前年戏曲节,我们办了一个清唱会。我们最初请一些老曲家来,其实是想显示民间对昆曲承传的面貌,但是委员会觉得香港不可以没有代表,所以我就和陈春苗硬着头皮去唱,他也唱得很好。我觉得真的很有意思,因为后来有很多反响,尤其是来自内地的曲友。

以前清曲在曲社的流传是没有人理会的,"你们自己玩吧"。现在我觉得我们在香港也做了一个很好的开头,台湾接着会办。纽约海外昆曲社的陈安娜老师,她联想到曲社对昆曲传承的价值和重要性,及要如何重视昆曲的承传,所以今年她趁台湾师范大学七十周年,利用汪经昌教授伉俪基金的资助,和师大合作,办了一个国际昆曲唱念研讨会。我会在那里分享教学经验,南京曲社、北京曲社等内地很多曲社的社长都会去分享,也请了一些昆曲学者，蔡正仁老师、张静娴老师等昆曲艺术家也会去，我觉得也挺有意思的。

今年还有一个很有趣的活动。中国有一个官方机构叫中国昆曲古琴研究会，每年都召开会议，苏思棣、刘楚华等古琴学者每年都会受邀到北京做几场表演，有些昆曲学者、演员也会参与会议。今年他们办了一个很特别的活动，是全国的曲友雅集。从来没有人想象过官方机构会办几场昆曲清唱的公开演出，不是找演员，全部都是曲友。现在全国有很多曲社，尤其是在上海、南京、北京等大城市。

2014年香港中国戏曲节昆曲清唱艺术系列活动单张

你们曲社是否经常与内地曲社、曲友交流？

主要是我们去内地，拿着回乡证就可以走遍大江南北，但是大陆朋友来就不容易，不是说没钱或没时间，而是申请入境很麻烦。我也觉得他们真的不需要特别来，因为我们没什么可以给他们，相反我们可以去学很多东西。我们属于行动派，不断去吸收、去学习别人的东西。从以前的"游江南"起，我一开始就全部去齐了。还有虎丘曲会，大概十年前左右，我们一些有兴趣的曲友一起去，主要也是鼓励大家去听听别人唱曲。那时候我也觉得自己很幸运，很感激中心办这些活动，让我们去看一些真正传统的舞台表演。现在有些制作简直是个骗局，会让人误以为昆曲就是那样，我也很惆怅、难过。

陈化玲

香港岭南大学兼职高级语言导师、香港中华文化促进中心"昆剧研究及推广委员会"委员。二十世纪七八十年代求学于台湾、香港，先学京剧，后习昆曲。曾与乐漪萍在香港中文大学邵逸夫堂演出《牡丹亭·春香闹学》。2010年起，在岭南大学开授"中国传统戏曲：京昆欣赏入门"、"昆曲"等课程。多次参加香港及内地的京昆演出，荣获"第二届国际京昆大赛优异奖"、"第三届国际京昆大赛金龙奖"等奖项。

时间：2016年6月14日上午9时
地点：陈化玲老师家中

陈老师，您曾在访问中提到您小时候就想要当演员，您是如何对戏曲产生兴趣的？

我父母都是高级知识分子，都喜欢看戏。他们都出自大家庭，后来破落了，念书都不容易。要唱戏，如果家里的经济情况不好，根本不可能。另外，父母都免不了持有中国的传统观念，认为唱戏都是不入流的。他自己喜欢戏曲，但是并不喜欢儿女都喜欢戏曲。可是儿女因为父母的关系，常常会有先天、后天的各种因素而喜欢戏曲。从前可以玩的东西也不像现在，所以戏曲可能是最直接的娱乐，可以让孩子模仿一下。

1949年后我们迁到台湾。我父亲他们条件都很辛苦，经济很拮据，我家里头也是。但小时候很天真嘛，就想偷偷考戏校。我父亲就很生气，说，你敢去学戏的话，我就打断你的狗腿。为了怕狗腿被打断，当然就打消这个念头，也没有学戏的机会。

我1978年的时候开始看戏，大多是看京戏，我母亲、父亲都很爱唱京戏。那时有工作，不可能演七天我看七天，当然是挑选最想看的看。当时我觉得自己看了很多，可是现在再回忆一下，再看看我的戏单，才会觉得：为什么我那么笨！有的戏错过了就没机会了，有时是演员的最佳状况，过了这个村就没这个店。八十年代到香港后，虽然在香港中文大学工作很忙，但那时特别喜欢京戏，特别是梅派。有人说有梅派的包幼蝶老师在香港。我就抓住机会跟他学，一学就学了八年。后来包老师年纪大了，老师过世后，就没有再学京剧，才接上了昆曲。

我要说说我与昆曲的缘分。我在台湾是中文系的，在大学时错过与昆曲的缘分。当时有一位汪经昌老师教我们诗词。我们上汪老师的课，他忽然跟我们说：哎呀，你们知不知道呀？昆曲是如何如何的好！我们根本不懂什么昆曲。老师忍不住说：我唱一段给你们听好不好？就开始唱。说老实话，当时我们所有的学生觉得：哎哟！怎么那么难听，像和尚念经。当然，学生不敢批评老师,也是鼓掌啦。后来唱昆曲变成老师的习惯。但我们还是觉得,他唱的昆曲千篇一律,像催眠曲一样。那是我第一次认识昆曲,也错过昆曲了。汪老师后来到香港中文大学教书,陈安娜是他的得意门生,干女儿一样,他过世后,把昆曲所有东西,包括房子,全都托给陈安娜。汪师母在屯门一家养老院,后来我们还去看过她几次,唱曲子给她听。

　　第二次又错过了。我们那时住校,有一天忽然听到礼堂里"咿咿呀呀"的,是一个女生的声音,可是也是弱弱的。我很好奇地走进去,看到有一个花旦,动作很柔,耍耍袖子,我也不知道那是什么。人家就告诉我说:她是我们的助教,就是作家张晓风,在唱昆曲《牡丹亭》。我的印象是,她化了妆,但是没有春香,就只有一个人站在那边"咿咿呀呀"。我看一看就走了。这是我第二次听到昆曲。那时我根深蒂固的感觉是:京戏好听,听起来很过瘾。昆曲好像有点无病呻吟。

　　台湾有一位推广昆曲的贾馨园,是我的好朋友,她也有同样感觉。她本来也是唱京戏的,唱老生唱得很好。她在台湾时也听过曲友唱昆曲,但引不起她的感动。到八十年代,可以开始自己到内地,她就开始跟上海昆剧团、江苏省苏州昆剧院等职业剧团接触,拍了很多录像。她跟我说:原来昆曲唱得好是非常好听的!她还送《粟庐曲谱》给我。我不知道,更不会唱。她说:唉,真是一言难尽呀!这很难说,你慢慢自己听了以后就知道了。

　　还要谈到姚德怀先生。他出了很多力推广昆曲。姚德怀先生是我们香港京剧研习社的社长,又是昆曲小组的成员,对京剧、昆剧都很有兴趣。其实他有捐款支持昆曲,也做点桥梁工作,但他为人很低调,所以别人不知道。有一年,他的语文学会举办年会,他好像出钱请了两桌,包括语言界的人士,还把香港京剧研习社的几个人一起请来,在会上做一个清唱节目。他也请了古先生、刘楚华老师他们唱昆曲。于是我们在那个场合认识了,我才知道有一个香港中华文化促进中心。

　　年轻时听昆曲觉得像催眠曲,那次再听到昆曲就觉得《游园》【皂罗袍】两段,听起来很吸引人。记得我跟古先生说:我觉得这段挺好听的。他说:欢迎你来呀!如果你们愿意,就到香港中华文化促进中心去学曲子。我说:

好！不过，古先生，我要跟你说老实话，我把《游园》学完了，就要走人了，我要回到京戏。结果在学的过程中，慢慢听到别的曲子，并不像我想象那样的，所以对昆曲有所改观。从那个时候开始，我就一直都没离开过这个曲会。那时虽然没有曲社，但我们有一个组织，每个礼拜一直维持到现在。

我是古先生第一个学生。古先生以前从来没有教过别人昆曲。我的《游园》是他教的。现在想起来很汗颜，我不知道胆子怎么这么大，三次粉墨登场唱《游园》。张老师曾开玩笑说：身段不好的人，就像僵尸兵团的团长一样。我觉得我在身段方面，真的是僵尸兵团团长。唱京戏可以抱着肚子唱，身段不是很多。但唱《游园》不能死站在那，总要动一动嘛。当时好像在西湾河，也在文化中心外面的舞台上演过，还有一次是在湾仔。

那个时候应该已经是九十年代？当时已经不是由乐漪萍老师教曲了？

对对对！那时候乐漪萍老师已经到美国。离现在也二十年了，那时乐漪萍老师教刘楚华老师跟张老师、古先生他们几个人。还有一位叫做王亨恺的小生教他们。

我在八十年代已经认识乐漪萍老师。我这辈子第一次粉墨登场，就是1985年在香港中文大学，与乐漪萍老师演《春香闹学》。那时我在中大的语文研习所教书。1985年有一个传统戏曲演出活动，节目包括粤剧《洛神》、昆曲、京戏。活动希望带动师生参与演出，做主角或配角都好，每一出戏一定要有中大的教职员演出。乐漪萍老师唱得很好，可是只有外面的演员就失去活动的意义。当时中文大学有一位郑惠和教授（前新闻及传播学院系主任），他认识乐漪萍老师，所以就请乐漪萍老师演春香，配戏的是中文大学数学系的，他演陈最良，然后就是我演杜丽娘，就是他介绍我认识了乐漪萍老师。

那时候我跟包老师还在学京戏，我说我知道《春香闹学》，可是从来没上过台。他说："不要紧，《春香闹学》的念白，跟京戏差不多，我有个好朋友，叫殷菊侬老师，我请她把《春香闹学》杜丽娘部分的念白跟唱段录下来，你听录音带。"我就按这方法学《春香闹学》中杜丽娘的部分，那时候我还不认识殷老师。然后我到北京时，找了一位很有名的小生许凤山，照了几张相，请他帮

陈化玲老师演出《断桥》，1998年，香港西湾河文娱中心（陈化玲老师提供）

我说一说《春香闹学》这个戏。反正这是我一辈子第一次的昆曲粉墨登场。可以自我安慰的就是，上过很多次台，从来没忘过词儿。不管唱得好不好，都把它给唱完了。那就是戏迷的心愿了。

我陪乐漪萍老师演戏时，她已经在教学生，顾铁华先生买了一个单位让她做教戏的根据地。她当时就说：你们唱京戏，也要学学昆曲的身段，我教你呀。我就跟她讲：哎呀，我学京戏精力都不够，还学昆曲？后来她就去美国了。我是在她去美国后才到香港中华文化促进中心学唱曲。所以我与昆曲的缘分很早就开始，可是曾经错过很多次。

您提到在香港中文大学的戏曲演出。这是因为中文大学相对重视传统戏曲，还是一些有心人士促成？

那次传统戏曲演出有三个剧种。我记得很清楚，一定要有中大的教职员，要不然再好的戏，搬到这边来，也没有人支持。学校认为，宣传传统戏曲，应该是让中大的师生能得到一些好处与机会嘛。我觉得挺好的。

我是1977年到1988年在中文大学。我记得1988年俞振飞得荣誉博士，顾铁华先生跟他的师母李蔷华演过戏。俞振飞在中文大学演过一次《太白醉写》，虽然我们是外行人看戏，也觉得他唱的韵味很好。有一点我记得很清楚，他那时年纪也相当大了，有时他要喝醉了，在地上脱靴，表现醉态，然后起来晃晃腰……不知他是真的醉起来，还是他演得太好了，我们在台下替他捏一把冷汗。

中文大学那时演过很多戏。刚才提到的郑惠和博士，他是新闻系的，曾经做过一阵子系主任，他在那个时代录了很多录像，有俞振飞、李蔷华、顾铁华先生的演出，还有一些座谈会。可是他离开中大时，根本没有人有兴趣，那时中大也没有什么戏曲研究中心，所以他也带走了。我后来还跟他联系过，知道这些录像是一份很宝贵的资产，因为那时大陆并不是很珍惜这些录像，我就建议他最好翻录出来，或转成光盘，免得放在那边，将来发霉了就什么没有了。但是后来不了了之，这个很可惜。

八十年代还有很多演出，顾铁华先生就演过好几次。细节我就不知道，我是观众。除了那一次我演出以外，每次中大有戏我都会看，如果我在香港的话。

其实1977年至1978年"文革"结束时，香港才慢慢开始有传统戏演出。这要感谢李和声先生他们，在《大成》里有一些资料，我记得叶少兰、杜近芳、

1988年俞振飞到访香港中文大学（陈化玲老师提供）

1988年俞振飞到访香港中文大学留影（左起：陈化玲、俞振飞、陈方正、李蕾华、郑惠和）
（陈化玲老师提供）

刘长瑜等很多一流的演员，都应李和声先生的邀请到香港来。虽然李先生跟中文大学那时还没有太接近，可他还是在大学办了演出和座谈会。我也有参加，出席的大部分都是有兴趣的教职员，学生还是很少。

而当时国内名演员的经济情况还是很艰苦，跟现在不一样，政府也没有什么戏曲节，是由李先生与张雨文这些人出钱把他们请来。请来后更给每个人红包，他们那个时候觉得已经是很大的一笔数目。

后来您什么时候加入中心的昆曲小组？我们知道中心除了古老师他们，其实也一直有请国内的演员、曲家来香港教学。您是否也参加过这些活动？

一开始是古先生，大概在十年或八年前。后来张丽真老师就加入了，两个人合教，后来就张丽真老师独自一直教到现在。古先生在家里还会教一些曲友唱曲。我是跟古老师学昆曲之后不久加入昆曲小组的，到现在已经二十年了。以前小组主要是办清唱活动，还有"看昆剧·游江南"，到苏州、南京、杭州。最近几年比较多活动,例如戏曲节,之前也有什么"洪昇三百年"。

印象中,我们跟王奉梅老师学习过,还有她的丈夫何炳泉,我们学的是《长生殿·絮阁》。我们跟张静娴老师也不止一次学过曲,还有岳美缇、张世铮、汪世瑜、蔡瑶铣、侯少奎等等,大概十位左右,其他我不太记得。通常是短期开一个班,然后我们报名参加。

我们是所谓的清唱,文人的唱,这是跟邓宛霞京昆剧场比较不一样的地方。以前我们连念白都不学,后来张丽真老师就鼓励我们学念白。比方说《西游记·认子》,学曲子以后,再学念白,如果同期唱这个戏,光唱没有念白就有点怪。我印象中,教身段的情况不多。通常是某某老师在香港时,一班曲友自己特别找老师学的,例如汪世瑜老师。我们还有笛子班、锣鼓班,例如请王建农教笛子。可是昆曲这种艺术,只上一个工作坊是不足够的。我上过锣鼓班,四次八个小时,但上完以后我还是什么都不会。

您当时看过哪些香港早期的昆曲演出?比如1989年六大昆班来香港的演出您看了吗?

对,这个其实很有意思。古先生说,他接触昆曲也是1983年左右。可能我看戏比他早一点,我印象很深刻。我记得特别清楚的原因有几个:第一,平常看京戏,都是在新光戏院、中环大会堂,那时还没有文化中心。但是这个演出却在美孚荔园的百丽殿举行,位置很偏了,因为有上海昆剧团,我就去看了。第二,我记得那个戏名很奇怪,叫《烂柯山》;第三,差不多可以这样说,那天台上的演员比台下的观众还要多。有一个专用术语叫"回戏",在这个情况下,剧团有权利回戏,就是:对不起,因为人太少,我们退票不演了。我们作为观众不会怪他们。结果我们在那边等了很久,他们说照常演出。我们觉得很感动。将心比心,如果是我,根本没情绪去演。后来演出特别好。这个戏的张力很大,如果演员演得好,非常精彩。尤其是第一次感觉特别强烈,给我留下很深印象。那天的演员就是计镇华跟梁谷音。

可能从那时开始,我真正开始觉得应该多多关注昆曲。当然他们那次演出的时候不只《烂柯山》,可能有别的戏。我们就想:这么好的戏,为什么会在这么偏僻的地方演出？而且宣传一定不够，要不然的话，观众不会这么少。我从那个时候开始看，也看过洪雪飞的演出。

六大昆班那次当然有去看，文化促进中心还宴请他们，所以我们有机会跟他们吃饭。六大昆班每一位演员都在戏单上签名了。后来我去北京，也会找机会看他们的戏。2000年，台湾有一个世纪之交的演出，"跨世纪千禧昆剧菁英大汇演"，我也去看了，很精彩。远在2001年非物质文化遗产以前，昆曲已经慢慢为人所知，所以九十年代的观众比八十年代百丽殿的演出时多得多。

乐漪萍老师曾经在西湾河演出，有一年她演出两天，一天是《佳期》，一天是《寻梦》。她请了张静娴跟岳美缇演《断桥》，乐漪萍演小青，张静娴演白蛇。前面就是她的学生，包括张丽真、刘楚华老师那些第一批曲友清唱。我有那个录像带，可以看到清曲曲会的情况。那是1993年，我跟包老师在学戏，有一天乐漪萍老师来了，到他的家送票，特别邀请包老师捧场。我知道这个消息，就特别买票看了这两场演出。

您后来在岭南大学任教京昆课程，可以谈谈课程是如何开始的吗？

这个对我来说，是人生一个奇遇吧。戏曲不是我的专业，我在大学学的是中文，后来再学文化、语言，跟这个有沾一点点边，可是戏曲还只算是业余爱好。我以前教书，因为李和声先生的关系，常常送票给学生，在上课时宣传京戏、昆曲，让他们去看戏。可是做梦也没想到我会开一个课。

在学校里，很多人都知道我是超级戏迷。也参加那个国际京昆大奖赛，在北京，每两年举办一次，结果得了一个"金龙奖"，就是金奖。一千多个人里面，决赛有一百二十个人，前六十个人是金奖，后六十个人是银奖。颁奖晚会在中央电视台实况转播。我当然很过瘾、开心。结果一回去，一个小小的岭南大学，很多人都说："哎我在电视上看到你，去参加大奖赛。"

几年前该退休时，正是风风火火三改四的时候，学校开会，说每个系都要开新课，我的系也要，我们提了好多课，结果选中了我的课。当时有人赞成，有人反对，说：为什么是传统戏曲？副校长就说：为什么不可以？岭南是中文的大学，中国人的大学，既然有西方音乐，为什么没有中国音乐？这个说不过去。另外，广州的旧岭南大学跟我们有关系，它的体育跟音乐很有名，不妨一试。这个课程就由我们的主任——现在他是副校长，还有我跟一位老师，三个臭皮匠设计这个课。也经过一些挫折，总之最后通过了。

课程是"无中生有"，从零开始，要让同学清清楚楚知道课程的定位。最后我决定叫作"中国传统戏曲：京昆欣赏入门"。第一个是中国传统戏曲。中国传统戏曲不只是京昆，还有很多。但为什么选京昆呢？同学常常问这个问题，我要解释。还有，我们不是戏校，也不是演艺学院，所以是"欣赏"。我们是让培养的对象变成有水平的年轻观众，这是我的教学目的。我也觉得有意义。至于学生会不会唱，我自己也是外行，能够教学生什么？再说，一个普通大学生，在一个学期十四个礼拜里，能学到的也有限。京昆欣赏入门课程，学生都是白纸，从零开始的，我们就叫入门课程。

教了几个学期以后，文化研究另外有位副校长，还有系主任李小良，他们要设计新的课，只要昆曲。他有他的道理，昆曲的文学性高嘛。他们定了以后，写电邮给我，问我有没有兴趣？我说：太有兴趣了！所以现在我教两个课，一个叫作"京昆欣赏入门"，一个叫作"昆曲"。"京昆欣赏入门"一年两个学期都开，"昆曲"是一年一次。一部分是大班讲课，一部分是导修。两门课都是这样。

"昆曲"课是新开的，现在只开了一次，没有定选修人数上限。"京昆欣赏入门"就定三十多人。小班分为两组，岭南大学的特点就是小班教学。分成两组是很重要的，除了平常导赏外，他们要四个人一组做报告，每个学期同学要报告两次，一次是京，一次是昆。我会先给一个功课，比方说，下次你给我报告《长生殿》的《絮阁》，同学听，我在旁边给意见。我会推荐可以看什么录像。例如先看看《大师说戏》，是一个很好的切入点。每个大学，每个课程，都有它的特点。我们没有那么多钱，最多是找一点经费找曲社的陈春苗他们来，最后来个小型曲会，让他们接触、看看笛子，也比没有好嘛。我们的特点是小组报告，也许过了很多年后你还记得，因为这是你自己看戏、讨论、比较做出的报告。

课程怎么考核？我们在课程大纲上，还看到有"练习水袖和踩跷"，真的在课上做这个吗？

两个课程的考核包括出席、课堂看戏，还有最重要的小组报告。期末考试是期末书面报告。我没有给他们定题目，不想局限他们。但是有一个原则，就是报告要反映出你上课所得，也可以说你上了一个学期后还是不喜欢京戏，不喜欢昆曲，再解释为什么。

"中国传统戏曲——京昆欣赏入门"课程，每学期内容都不一样，但是有很多补充材料。比方说，京剧行当，讲一点点。我还特别安排每一学期有两个小时请春苗他们来，吹笛子、打板，带着他们唱。或者请一位专业老师，让他们学一点基本动作。因为有这两个小时的练习，学生才知道不是容易的。他们也稍微知道什么是好。戏曲课不可以只讲理论，不可以爱看剧本就不看剧场。虽然学生不做演员，但上台体验一下，就会知道难度在哪里，也知道如何去欣赏。

您另外一个昆曲的课也是以剧目带动的吗？您会不会教学生身段？

是以剧目带动的。我也跟同学说过，京昆课跟昆曲课有重叠部分。为什么？因为理论上，昆曲课应该是京昆课程的进阶。可是有些修昆曲课的人，一开始戏曲知识也是零，还是要教戏曲的词语和背景，但是可以浓缩一点。

我还有一个新想法。比方说《玉簪记》、《紫钗记》的唱词、念白可能很多学生还不知道，必须让他大约知道这是什么意思。我觉得朗诵、朗读是重要的。例如，让大陆同学用普通话念《紫钗记》。然后下一段，可能是广东同学念，因为广东话的韵律特别好听，这样的话，让他们的认识再深化一点。

身段我不教，我就以学校一点钟点费，请专业老师来教，带学生哼一哼，感受一下。让他们在慢慢哼的过程中，再告诉他什么是调门、什么是入声字、闭口音。你不能一上课就跟他讲昆曲有十六腔格，会把他们吓昏了，以后都不要来。要在唱词中分析，慢慢教，不能太多理论，背太多东西。我不会介绍中国十大戏剧家，李渔怎么样、汤显祖怎么样。他如果喜欢，自然就自己会去学习。

这个课是通识课程吗？您觉得不同专业的学生学这个课会不会有差别？

"昆曲"是文化研究系的，目前已经第五年。另外一个是通识课，全校都可以选修。这个课比较难的地方就是，学校的同学很干脆地告诉你，我没有学过中国历史。汤显祖是明朝，明朝在哪都不知道。内地同学至少有一个概念。不同专业的同学着重的地方也不一样。比方中文系的同学，我跟他们说，你们不一定要每一个脚注都写得很清楚，这不是我的重点。要是学商的同学，他就告诉你什么都不知道。还有，内地的同学会觉得，例如《感天动地窦娥冤》，或者吃糠的赵五娘，在中学课程都要背，可是香港的学生不知道。来自不同地区的同学，学的课不一样。

他们的选课期望也不一样。我第一份功课是"我选修本课程的建议跟期望"。每个人的想法都不同。例如跟家庭背景有关，几年前的学生会说，因为我父母喜欢，现在变成"祖父母"、姥姥，连他们的父母也不知道什么叫戏曲。有的人甚至说，听说挺好玩的。有一个人最有意思，他说：我跟昆曲应该有缘，因为我名字有个"昆"字。

我现在已经教过三百二十七个学生。一开始只有十四个人，后来就多了，最后我就定为三十几个，分组时每组四五人。太多人、太多组的话，就没有时间报告。学生的回馈，也希望人能够少一些，他们可以多学一点，报告时间也多一点。我每年都在重新思考课程编排。

我也跟学生说，其实我不是你们的老师，我是你们的陪读，像梁山伯、祝英台旁边的书童。因为我跟学生之间的年龄差距，会一年比一年大。作为老师，也不想代沟太大，所以要想办法。我这个授课老师的梦幻理想，有四个"IN"：第一个就是"in fashion"，合乎潮流，切合时代。学生会问，你说昆曲多么好，跟我有什么关系？我是二十一世纪的年轻人。那我要让他觉得值得读，对不对？

第二个"IN"是"interesting"。一定要把我的课弄得生动、活泼一点，不应该是太死板的东西。

第三个"IN"是"informative"，内容要丰富。他们打开电脑一查就能知道的，根本不需要讲。我说的内容丰富，是体会、经验、看法，与学生交流。我是岭南的老师，但中大上什么课，或者城大有什么讲座，都会带他们去。例如我们没有经费请白先勇老师来讲课，可是我可以告诉他们，网上有链接可以看。或者我可以拍几张照片告诉他们，现在京剧、昆曲在香港、台湾的动态等等。学校也很支持我，所以我到过上海参加座谈会、研讨会。江西、台湾去过两次。到了研讨会我就知道，例如在美国怎样进行昆曲活动，让我在教学上有很大启发。例如要让学生思考本课程跟你个人有什么关系？京昆在这个时代还没有销声匿迹，它们的生命力在哪里？学生很喜欢这种问题，就不会说"跟我有什么关系呀？以前的东西都很老土……"，必须要说服他们不是这样的。

第四个"IN"就是"integrated"，融会贯通。如果是中文系，就可以从理论、文本去看明清传奇，例如《牡丹亭》、《长生殿》。学商也是一样的。比方说一个成功的演出，背后的营商、宣传都很重要。不要看只是演员演出，后面还有多少的无名英雄。如果仔细思考的话，你的学科跟这个课一定会有关系。你能找到二者的联系时，就会有学习动机。不去提醒他，他就稀里糊涂的，这学期就这么过去了。他不思考，你要告诉他，让他思考。

2014年江苏省昆剧院于城市大学演出，陈化玲老师带领学生与郑培凯教授以及演员合影（陈化玲老师提供）

陈化玲老师带领学生与白先勇教授合影，"昆曲面面观——经典折子戏演出" 2013年4月12日，香港中文大学利希慎音乐厅（陈化玲老师提供）

我们在课程大纲看到，学生可以成为《紫钗记》演出的义工。可以谈一下详情吗？

我跟学生说，我想尽了办法给你们这种机会。作为欣赏者，有时你买一张票，但只看了半张票的价值。要给你攒那么多机会，去做实习，虽然酬劳不多，但学到一些难得经验。因为上了这个课，同学就有机会到后台看人家排练。例如翻译系的同学可以帮忙校对字幕的英文翻译。还有，我这里不是有奖金吗？钱不多，可是至少同学会有动力做。这个实习已经是第四年了，不只是今年的《紫钗记》。以往每一年戏曲节都有昆曲节目，我跟刘国辉争取，让他们实习帮帮忙，还发给他们很漂亮的证书。其实就是接机、送机、买盒饭、买鲜花等等。不过要看他们自己是否主动。有些人就会找机会校对字幕，有些人真的喜欢就会去看排练。排练不是每个人都可以看，只有工作人员才可以堂而皇之地看，还可以近距离跟演员在一起几天，看到他们日常生活的一面。而且，学生也会有成就感，觉得自己可以为演员做一点什么事情。

看排练与看演出也有不同乐趣。要是完全知道流程，你会知道有很多意外是没有办法避免的，你也会比较宽容。工作人员就知道，救场如救火，演戏是不能耽误的。后面有多少惊险、紧张的事，要到后台看了才会了解。我常常告诉学生说，看戏要眼观八方，心里敏感一点，看一场戏便会看到很多的东西。

除了这个课程，岭南大学平常还有别的讲座、演出等活动吗？我记得曹寅的《续琵琶》是在岭南大学首演的？

对，《续琵琶》是李小良教授组织的，因为他认识北方昆曲剧院。《续琵琶》是北昆到香港演出的唯一一场，其他大学都没有。这个是李小良的个人魅力。据我所知，是因为北昆跟香港特区政府有一个演出，演出后第二天到岭南大学来。

我没有开这个课之前，岭南也有一些活动，比方说什么"人约黄昏后，相见牡丹亭"。因为校园内真的有些古典的亭，我们就在牡丹亭下唱昆曲。另外，国语学会也讲过"汤显祖唱牡丹亭"的讲座。又例如我会搜集几百个戏曲相关词语，让他们知道，日常生活语言也离不了戏曲术语，例如"往脸上贴金"、广东话的"撞板"，很多本源自戏曲。

学生不知道其中很多难处。他们常常会很轻松地问：中大、城大有这么多活动，为什么岭南没有？很多人觉得岭南在屯门，好像山长路远，其实有时跟去浸会跟城大差不了太多。这是一个小小的原因。另外就是岭南真的没有经费。

您这么多年在香港推广昆曲教育，当中有什么困难？最大的感想又是什么？

最大的困难是，昆曲到底是六百年前流行的。一般来说，不管在什么地方推广昆曲都有很多困难，一个时代有一个时代的声音。就好像为什么诗词会失传，诗以后是词，词以后到曲，我觉得是一样的原因。所以这个音乐再怎么样好，也会变成小众文化。

另外，现在人的生活节奏很快，要他们慢活、优游一点，实在太奢侈了。不要说昆曲，所有的艺术，拿电影来说，你能受得了三十年以前的电影吗？从前的人看戏要看长，我买一张票看四个钟头，现在人有四个钟头的精力吗？他要看最精华的地方。不然完了以后怎么乘车回家呀？你第二天要上课、上班呀。可以说，消费不起这么奢侈的东西。京戏也好，昆曲也好，它有一个规律，唱得精彩的部分要重复四次。以前的人有时间欣赏，现代人会觉得，我没有时间跟你磨半天，觉得有话不直说很可笑。昆曲最精彩的部分都是用咏叹的，就像【山坡羊】，回肠荡气。现在的人会说：我觉得服装很漂亮，可是怎么一唱下去就没完没了！昆曲抒情的部分不能做那么快嘛，你一下子很快就过去，就不能代表她的心情。

有的学生跟我讲：我知道元杂剧了不起，也知道明传奇、汤显祖这些，每个字都看得懂，但是真看不懂这什么意思。有人会说，看昆曲也好，唱昆曲也好，其实最主要的是娱乐，对不对？有人就算带辞典上剧场，也不太知道它的典故。他不是来做学术研究的，是来娱乐的，这样的话，他累不累呀？

还有，假如说传字辈会唱三百折戏，他的学生唱一百五十折戏，现在的年轻演员会演七十五折戏吗？不可能，已经不行了。现在很多新戏，吸引不了观众。没有脍炙人口、值得一看再看的经典，演员就要从实际角度考虑：学戏这么辛苦，值不值得花这么多时间学一个戏？也不能怪演员，个人要生存。普通话有一句话叫"站着说话不腰疼"。不是在那个圈子，你可以在那边说，很简单，但有多少戏迷愿意把自己的儿女送到戏校受惊、受累！

还有一个原因，价值观、道德观跟以前不同了。比方说，以前那种以国破家亡为背景的戏，在外国人打到门口，大家慷慨激昂、非常绝望的时候演，台下的人会觉得扎到心里，觉得很痛、动人。现在有的人也许会觉得：傻不傻？我说你不能用现在的眼光看，要把自己拉到几百年以前。昆曲这么含蓄，两个人眼睛对对，袖子很远，都已经是柔情万种了。现在的人会觉得：要抱就抱，搞什么鬼！从前觉得感动的地方，现在都变成可笑。戏曲要引人共鸣，如果不能共鸣，哪能觉得看戏有味

陈化玲老师于"'寻梦·牡丹亭'昆曲之夜"演唱，2018年6月8日，香港中文大学康本国际学术园三号演讲厅

道？这也是昆曲在今天社会推行起来困难的地方。

我感觉在香港推广昆曲，可能比在内地容易一点，不过跟台湾比起来就比较逊色一点。因为台湾的大学，曲社多得不得了。我听人说，几乎每个大学中文系的系主任，自己都接触昆曲，有演出时带研究生去看。可是你看香港，并非如此。拿郑培凯教授作例子，他是带着热情推介给学生，但他也退休了。

每一个大学推动戏曲，文化都不一样。我举个例子，有的大学，不管什么大师来表演，多么难得，还是非常公式化。而且，在大学推广戏曲，就算拿了经费找人演出，但平常没这个课程，我觉得效果会差很远。

最后我们想了解一下，您个人如何看待昆曲在香港的位置？

上次我们去台湾参加研讨会时，张丽真老师提过一个问题，也是我们很多昆曲爱好者的一种隐忧。她感叹说：她也不知道自己能够在昆曲传承教学方面还能够做多少年，因为健康情况没有人知道。例如陈春苗是一个很好的接班人，但是他的学业还没完成，而且已经结婚、有孩子，不能每次都来参加拍曲。现实问题是非常残酷的。像我们，至少在香港温饱是可以的，没有现实忧虑，唱曲子当然可以气定神闲。年轻人要考试、毕业、找工作、成家立业，即使知道昆曲是空谷幽兰，但所能够提供的时间是有限的。

在香港，像顾铁华先生夫妻，还有李和声先生，我想他们夫妻一定有一样的担忧。他们现在也在昆曲方面出很多力。但如果他们有一天不在了，那还有谁？香港有钱人很多，可是有多少人愿意在昆曲方面大力支持？所以也不能太乐观。像金慧苓老师也说，现在努力推广中国传统戏曲的人，都是上了年纪的，后面的不知能否接得上。有人说，如果你手里有一些有价值的昆曲资料，将来你这些文化遗产只有两条路。你活着时帮它找一个好归宿，也许是捐给博物馆，要不然就把它卖掉，用钱去做对昆曲有意义的事情，这是一条路。要不然等你不在了，你的儿女就会当垃圾一样扫地出门，因为你不能勉强你的儿女喜欢昆曲。

长远来说，我觉得按常理分析，内地的昆曲推广应该是比较乐观的。

郑培凯

香港非物质文化遗产咨询委员会主席、香港城市大学中国文化中心荣休教授兼主任。主治明代历史。自幼熟悉京剧，九十年代六大昆班赴台演出时，正式接触昆曲。1998年在香港城市大学创办中国文化中心，设立中国文化通识课程，推广中国传统音乐与戏曲，多次举办校园昆曲演出。2008年成立"昆曲传承计划"，邀请青年昆曲表演艺术家访港进修，同时邀请资深昆曲表演艺术家到港主持讲座并进行访谈。已整理出版《普天下有情谁似咱——汪世瑜谈青春版〈牡丹亭〉的创作》、《依旧是水涌山叠——侯少奎艺术传承记录》、《春心无处不飞悬——张继青艺术传承记录》。另主编论文集《文苑奇葩汤显祖：中国戏曲艺术国际研讨会论文集》和《袅晴丝吹来闲庭院：昆曲与非实物文化传承国际研讨会论文集》。

时间：2016年6月7日下午1时
地点：中环香港团结基金会办公室

郑老师，我们想先请您谈谈当初接触昆曲的机缘。

一方面是因为我父母喜欢听京戏，京戏里时常演昆曲的《游园惊梦》，所以《游园惊梦》我是熟的，很美。一方面是跟中国戏曲有关，就是文学的部分。我从1974年开始研究有关汤显祖的文献，我的博士论文有一大部分都跟汤显祖有关。我是研究他整个人的，但他的戏曲文字写得这么优美，当然就很吸引我。可是我没有真正的机会看到昆曲的舞台演出，台湾的演出基本上还是以京戏的方式，偶尔演一演《游园惊梦》。

我一直都在美国，1990年以后才回到台湾。台湾解严之后，开始与大陆有一些文化联系。许多喜欢戏曲的人，希望把大陆剧团请到台湾来演。所以1992年开始，浙江昆剧团和上海昆剧团就开始到台湾演出。那是我真正看到昆曲表演艺术在舞台上的展现，刺激很大，很震撼，很感动。因为我在美国看西方歌剧，他们主要是唱。我也看中国的京戏，可是我总觉得，京戏声音虽然很美，但身段比较粗糙，大锣大鼓很吵。研究中国传统文化、文学、历史的人，常常会在文献中想象中国过去的美好时候，昆曲就是想象中一个非常美好、优雅的舞台艺术世界。可是我没看过。看到他们在舞台上的演出，我就真的感受到，原来这是真正的江南最细致的艺术展现。那次以后，就没有办法抗拒了。

同时我也知道昆曲的处境很困难。歌剧也非常好，可是不需要我去帮忙，不需要我去提倡、弘扬，它已经蛮稳了。而昆曲的确经过很多波折，很多悲惨遭遇。即使到了1990年，昆曲还是很困难，真的是濒危。我后来去了他们剧团才知道，原来他们的遭遇那么糟糕。薪水时常被拖欠，地方文化官也不是特别重视。所以昆曲演员当年的遭遇就比较困难。

我们在台湾的朋友就邀请他们演出，等于说是帮忙提倡昆曲，鼓励演员们。香港的朋友也很好。我印象很深的是，有一些香港朋友跟台湾结合得很密切，请这些剧团到香港、台湾。因为香港人习惯广东戏，他们一开始还不太习惯昆曲。可是到了台湾就不一样,因为台湾江浙人很多,而且它跟京戏的关系比较密切,一下子就被接受了,特别是对于年轻人。所以从1990年开始,昆曲演员们都喜欢到台湾、香港演出。

台湾有一个业余的昆曲演出团体,叫"兰亭"。他们本来都是京戏。后来华文漪从美国到台湾艺术大学当客座教授。那次白先勇和我也有参与。他们要写一个英文介绍。我说:好!从那个时候开始,我基本上一直参与昆曲活动。因为我自己研究文化史和文化变迁,他们每次都说:你来研究昆曲的文化意义。我觉得,在中国文化中,昆曲不单是一个高雅的文化。我们需要重新认识高雅是什么意思。每一个文明都有不同层次,每一个层次都应该发展。你不能为了阶级考虑的缘故,就把高雅拔掉了。其实特别高雅、特别精致、艺术境界特别高的东西,能够提升整个社会的文化品味,这点也是我特别坚持的。而且对中国人来讲,我觉得它就是你所梦想的最好东西。看到了,当然就舍不得离开。

您在香港城市大学设立了中国文化中心,进行过许多昆曲相关的教育推广,可否详细介绍具体内容与运作流程?

1998年我来香港后,城市大学要我成立一个中国文化中心,是全校通识课程,当时不叫通识课程,叫必修课。6个学分,占总学分的百分之七到八,当年三年要修九十个学分。所有学生必须要上中国文化课。我觉得上中国文化课时,不能用传统的教学方法,因为他们讨厌中国历史课,觉得太枯燥。我整个课程重新设计,让学生有各种各样的选择性。我觉得中国历史文化的课程,从来没有这样复杂的设计。可你不这样设计,学生不高兴,因为你是必修课,一定要给他们选择。另外还一定要他们听中国的传统音乐跟戏曲。他听什么没有关系,我一个学期提供二三十场,我只要你选两场,十分之一,其他你愿意多来也多多益善,可是你不喜欢,也必须要来。我时常讲,当时的设计是半强迫。香港人不喜欢强迫,我说我没有强迫,我是"半强迫"。

他们不需要做功课,可是他可以写报告的,我们后来还设计了一个征文比赛,这学期写得最好的,比赛冠军有五千块钱,亚军有四千块,季军有三千块,同学们就有动力。我觉得有很多很好的文化艺术，表面上不是很实用，可是在教育上，要让同学有机会接触。像这种表演，一般来讲，很少人会觉得看得很生气，有很多学生就爱上了。不止戏曲，最早的时候，我也请过闵惠芬、俞逊发这些全国最有名的器乐家来演奏。学生以前都觉得这个东西老土，结果人家演奏出来，那简直好得不得了！这都是殿堂级的嘛。我跟学生说，因为你们没有接触过，所以有的偏见，是社会上给你们的。

另外我还坚持一点：所有这种艺术的、文化的、甚至学术讲座，一定要公开。后来我们就产生了一个现象：社会上慢慢知道这类活动，九龙塘（香港城市大学所在地）也很方便，所以外面的人也来了很多，经常坐得满满的。外面的人来有什么好处呢？对学生来讲是有点刺激的，因为人家特地来看演出的，当中一定有点道理。我们每年一定有讲座与示范。同时，我保证一定请一个团来演三个晚上。这也是为什么后来大家都觉得，城市大学跟昆曲关系这么密切。

我们每学期都请一个团来。那些团以前很容易请，因为他们是最惨的时候，待遇很差。因为只是配合教学的演出，我们付出的也不是太多。从我的权限来讲，我可以批的钱只有十万块钱港币，可是在内地是很值钱的。一般他们都很乐意来，每个团争着要来，也很光荣。后来我们建立了很好的关系。

基本上全部昆团都来过，除了永嘉，那时候它只是一个小小的演习社。在昆曲推广上，我们通过学校跟社会的开放和联系，让许多人接触、了解昆曲。我们为香港培养了一大堆昆曲观众，有的不是我们学校的学生，是社会人士。我有时在文化中心看戏，都会打招呼，很多都是当年的年轻面孔。

当年我们安排学生听戏，作为学习中国文化艺术修养的一部分。有人质疑过我：为什么不演其他地方戏？我就说：昆曲的文辞是古典文学，我们是大学，是教学单位，地方戏的戏词比较俗，可是看昆曲的同时也可以教文学。我们做的是跟中国文化有关的文学、历史、哲学、艺术。尤其是艺术，在我们教育体系里没有。我觉得城市大学的好处是学校支持，那时候张信刚是校长，对文化很关注。我的课程规划是针对整个大学的，我回来也是有这个意识的。

反馈很好，我都没有想到反馈那么好。只有百分之二十觉得他们没什么兴趣，其他都觉得昆曲很好。换句话说，他们是喜欢啊，虽然是半强迫。他们有时会半说笑地说：哎呀，昆曲演出的字幕，中文看不懂，英文也看不懂，他看不懂是真的看不懂啊。他没接触过，有什么办法呢！所以要给他们一个机会接触，慢慢培养对文化、对艺术欣赏的爱好。所以我觉得必须要提倡大学生欣赏。

除了通识课程，中国文化中心还有其他与昆曲有关的活动和成果吗？

我每学期一定请一些六七十岁的老艺术家来，讲讲这个戏怎么唱，艺术上是什么感觉。第一年、第二年时，大家可能还没有注意，但其实很多人很聪明，那些粤剧大老倌都跑来听，他们也不是那么有机会听艺术家们谈昆曲表演艺术，除非特意跑去请教。这样交流也比较多，也能吸收很多。后来艺术家们也开始有他们的粉丝了。

到了2008年，我特别发展了一个昆曲传承计划项目，余志明捐了一百多万。我们专门请这些老艺术家来，给他们安排系列讲座，十到十二讲，讲他们最精彩、最重要的十个折子。我们帮他录下来再整理。另外还有访谈。那时我们的经费还比较充裕一点，像陈春苗、张慧，都是这个计划的一部分，安排了很多私下的特别访谈与录像。这些资料整理起来比较困难，可是一旦把材料留下来，将来只要有人要研究，这些材料都已经留在城大的图书馆里。

我觉得这些东西是必要的。我比较感慨，中国戏曲的研究在中国学术界是非常冷门、偏门的。这个跟我们的学术架构有关。现代学术规划把中国戏曲放在文学里，不是表演艺术类。中文系整个文学传统有好多东西，而且，以前我们读书的时候，第一是经学，研究孔孟之道；然后第二才是诗、散文等古典文学；小说、戏曲已经是最糟糕、最旁边的了。不止如此，假如你研究戏曲，怎么写论文？难道看一场戏你就可以写论文吗？资料怎么弄呢？最后就变成文献研究。对戏曲有兴趣的人，必须要写文献为主的戏剧。可是戏曲是表演艺术，戏曲的主要门面不是文献。所以我觉得一定要把资料呈现出来。当时昆曲传承计划就是这样子，我们有视像材料，也整理文字材料，文字材料就可以变文献了。这个东西现在不留，到时候他们不唱了，怎么办？还有好几本没

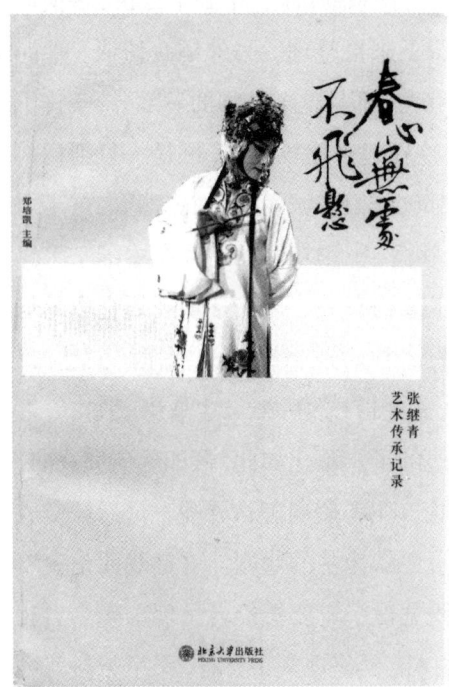

"戏以人传"昆曲系列丛书书影

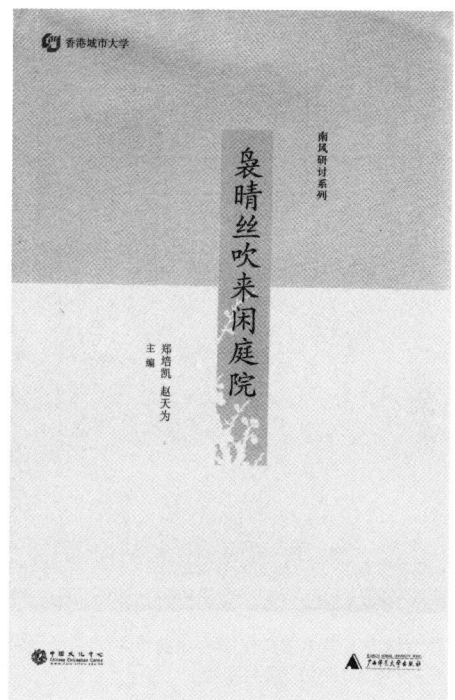

《文苑奇葩汤显祖：中国戏曲艺术国际研讨会论文集》（左）、《裊晴丝吹来闲庭院：昆曲与非实物文化传承国际研讨会论文集》（右）书影

出版，计镇华、梁谷音、岳美缇、蔡正仁等等也还没做，可是我材料留在那里。你要研究蔡正仁，材料就在城市大学，我们针对他的艺术传承这个专题，请他来过两个月。

昆曲表演艺术家到城市大学讲解的折子戏，剧目是由您指定还是由他们决定？

我没有指定，他们也要觉得是自己最拿手的才能讲。有一段时间，大家争吵得比较多的是：昆曲要怎么保持它的原汁原味？怎么保护？不要发展吗？我觉得，好的、老的东西都要保护下来，可是你爱怎么发展，我也不能限制你发展。保护传承原汁原味的东西是基本的。每个演员天赋都不一样，当学生后来在艺术上有所领悟，成为真正的表演艺术家时，他会发挥自己特殊的一些东西。老师有老师的风格，学生也会有学生的风格。原汁原味就是精神上的，没

香港城市大学中国文化中心昆曲传承计划系列讲座（梁谷音）海报（网上图片）

有把老师的东西抛弃，还是传下来，只是在发挥才能的时候，会有一定的变化。艺术要超越自己的，这个很重要。例如计镇华讲的，因为要唱样板戏，他不懂按昆剧的方法唱，就多多少少加了京戏的东西，后来更有意识地从西洋声乐的男高音里学发声。其他的人我觉得也一样，每个人有每个人的风格，张继青跟梁谷音演的就不一样嘛，他们真的是艺术家。当时我们做昆曲传承计划，就是要保护这些演出的东西，给我们讲清楚每一位演出的重点。

他们一开始也觉得有点困难，但那时来香港当访问教授的待遇很好，也能够休息休息。现在整个政策开始改变，从中央到地方文化厅，都开始觉得昆曲很重要，他们的待遇好多了。虽然我现在退休了，可还是安排学校请这些剧团来香港，经费还是十几年前的经费，可是现在他们弘扬中国文化，政府都会给补贴。他们也开始走进校园，跟教育部、文化部的安排有关，他们甚至开始有一些规定，一年要到中学或大学做多少教育性的演出。

他们现在还是很愿意来香港。但我们请他们来做客座教授，需要住宿与谢仪，对他们来讲也很不方便，基本上就很难演出。我常想，国内有多少大学，每个省都有艺术研究所，为什么他们不做这些工作呢？后来我从大学拨款委员研究基金，申请了一个特别项目，调查中国大陆的昆曲文献跟资料保存情况。我们去探访每一个昆剧团，看他们怎么整理档案。后来我们提了很多意见，因为我们大吃一惊：他们都不知道怎么处理材料。最主要处理的就是，一场戏演完以后，报纸上有什么报导都剪下来，贴成一本一本的。这是非常表面的，不是真正的传承。真正要留下传承的东西，比如，演一出戏，剧本基本上都会改编，这是第一。第二，怎么排戏？开会过程像拍电影一样要有场记，导演讲的程序安排与处理，都应该由场记记下。他们没想到昆曲艺术应该怎样传承，也不能够怪他们。还有每一位已成名的演员都有档案，但档案中也只有照片。其实每一位演员怎么学、怎么传承，每次的演出心得等才是最重要的。我们昆曲传承计划后来主要做这个。

我觉得有很多好处，只要一开头，大家就会注意。学术界对昆曲的弘扬是有意义的，能够把它解释得比较清楚，也把它的层次提得很高。昆曲本身层次已经很高，只是社会经常以学术上肯不肯定为标准。

假如戏曲研究的人主要以文字讨论，并不是一个最恰当的方法。我现在觉得变化很多。例如视像，我对这个非常有兴趣，因为我很早在美国就开始教电影，美国的电影研究比较早，我们可以借鉴。

昆曲在音乐、身段的发展，还有对气氛的烘托，要求演员的精密度，都值得好好研究。像脚步这些细节，以前以为不重要。但当然重要。舞台上一步走得不好，人家都看得出来。岳美缇老师有一次讲脚怎么抬，她说：你这样抬就有什么样的感觉，那样抬有什么样的感觉，书生的风流潇洒才能展现出来。这种东西以前只教给她的学生，外面人不知道。可是现在社会变了，这些秘方要让大家了解分析，他才会来看嘛。所以我们做的工作是两方面。一方面是研究，演员自己没意识到，不知道这些东西在文化、艺术发展多么重要，但你问他，他就告诉你了。我们这些人做文化审美研究，长期以来对各种艺术形式的展现有兴趣，知道什么东西重要，请演员给我们解释清楚。

除了资深的表演艺术家，你们是否也特别注重邀请年轻艺术家来访问？

对，我们那时觉得，还是要给青年艺术家机会，请他们来做一两个月的青年访问学者。他们如果在学术上有兴趣，也可以多接触一些别的中国文化的东西，譬如古典文学、中国历史、不同美术、艺术等等。这一两个月，我们能够提供一个环境，让他们可以沉潜下来，思考他们学的东西。这也是昆曲传承计划的第二个阶段，那是另外又有一点钱，专门为他们。其实当时这些计划都申请了不同的钱，有个人资助，有政府资助，反正就是比较灵活的运用。吴双、吕佳、魏春荣等等都来过。

2001年联合国教科文组织正式将昆曲列为非物质文化遗产后，城市大学，以至香港地区，对昆曲的看法是不是开始出现变化？

对，至少我们在推展上比较理直气壮，质疑的人也比较少。后来学生也接受。我们每一次演出，基本都坐满了，同学有时候还拿不到票。我们其实也只有四百多个位子，免费的。教育就是这样，学校不可以要钱。只是有的学校不愿意对外公开活动，我从来都反对这种态度。人家想要学东西，为什么一定不准人家来？你说他不是学生，一定要收旁听费，把知识当作商品，这样的态度是不对的。一个社会，文化程度高就会好得多，什么事情都不会偏激的。无知是最可怕的。

有一次晚上我们举办文化沙龙，请了汪世瑜他们，还特别带了那时还没成名的俞玖林跟沈丰英来示范。我们还找了金庸，金庸很喜欢昆曲。当天城市大学理工学院请了一位获颁诺贝尔化学奖的法国人Professor Lehn来演讲。这位法国老先生演讲完了，人家都走了，我们在同一个场地布置文化沙龙。他看到有酒，很高兴，就喝了。我就说：我们今天晚上刚好有一个沙龙，是昆曲。他就很有兴趣："昆曲！"他没听过昆曲，可是法国人就知道中国人有昆曲。他说什么时候？我就说：我们今天晚上有一个沙龙会讨论，还有示范，演三个晚上，都是七点半开始，演出前会有介绍和小小示范。其他同行的中国科学家们都说："不行啊，七点半，我们还有什么、什么活动。"结果当晚，他那边的应酬完了，居然在沙龙结束时还赶过来，第二天、第三天也来了。他来的时候已经八点，一个满头白发的外国人这样子走进来。我就跟大家介绍这位法国教授是诺贝尔化学奖得主，他听到有昆曲，所以一定要来。我很感动！满场鼓掌，他也很高兴。我就觉得，这位法国人对文化、艺术是特别真诚的，他知道昆曲，因为那时候昆曲已经是世界文化遗产，可是他没有看过，所以这次演出变成比他的演讲还重要。我印象很深刻，还在《明报》上写过一篇很短的文章，写法国人听昆曲，当成故事讲。

另外差不多十多年前，我们办了一次很大规模的学术会议，环太平洋学术会议，人文社会科学、计算机科学、信息科学为主的一个会，会议加起来有四百多人。中国内地和本地来的人很多。从欧美来的大概一百多人。我们跟他们说：刚好我们请了昆剧团，晚上要演出，欢迎参加。我后来发现，所有中国人统统没有出现，就是要去尖沙咀，或是去维港，看夜景、购物等等；反而几乎所有外国人全部留下来听昆曲了。我有很多感慨，其实中国人也知道昆曲是世界文化遗产，他们没有接触过，可是他没有兴趣。外国人也没接触过，可是他就是想知道。直到今天，才有这么多中国人对昆曲有兴趣了。我觉得这差不多二十年，大家做的事也没有白费，只是时间要长一点。

听朋友告诉我，香港请过很好的昆曲演员，就是1989年香港文化中心成立时的六大昆班演出。那时候，是现在七十岁左右的演员演出最精华、最精彩的时候。我曾问过当时的康文署署长：当时那么精彩，你们录音了没有？没有。录像当然更没有。我说你们有没有任何资料？他说：哦，都没有，只有场刊。那是他们这些艺术家成就差不多最高、体力最好的时候，但任何资料都没有。现在有中国戏曲节就非常好。我当时就跟他们说：你一定要把这个固定下来。一旦行政固定下来，就好像我们开一门课，一旦开下去，只要反应好，就可以一直做下去。

内地昆剧团招生的情况，也比十几年前好太多了。以前有一段时间，他们都是到最偏僻的地方招生。当时招回来的学生，发音等等都要从头训练。现在不必到乡下招生了，城里学生也来。上次上海昆剧团跟我说，他们要招四五十个学员，排队报名的人从绍兴路一直排出去，排到另外一条街上，绕了一圈，他们高兴得不得了。因为一定要有这么多人喜欢，愿意报名，他们才能够挑出最优秀的。

您刚才提到沈丰英跟俞玖林很早就已经受邀来过城市大学，出席文化沙龙的示范，当时是不是在青春版《牡丹亭》之前？

那次是因为在沙田有一个面向中学生的示范，结束后来我们这边做沙龙。同类的昆曲活动其实我们已经开始了，可不是请年轻演员来示范。后来大家就说，干脆这些年轻人重新搞一个新演出嘛。白先勇就调动他在台湾的所有艺术界朋友，每个人有每个人的工作，青春版《牡丹亭》早期参与的人都是在台湾。香港就是我跟古兆申。其实最早的本子是古兆申改编的，改编后我提了一些意见，后来再拿到台湾去，他们五个人一起坐下来，再重新调度这个本子。其实大家意见都差不多，汤显祖的东西太好了，你是没有本领改写的，只能删，不能改。我还记得，他们找我去苏州教那些年轻演员，给他们讲课。当然我主要讲的是思想性等内涵，白先勇也会教，很好玩。

我印象很深，青春版《牡丹亭》之前，昆曲在内地都没有人理会。九十年代末期，浙江昆剧团重新改编了《牡丹亭》到台湾演出，就是古兆申改编成两本的。出发前在杭州胜利剧院先演，然后再去台湾。当时地下观众就是二十来个，台上的人比台下的人还要多。不止如此，当时杨凡正在拍《游园惊梦》，那天跟汪世瑜学昆曲的王祖贤、宫泽理惠都来了，她们也没有吸引到观众，不过可能观众不知道她们两位在。我就觉得：杭州的人怎么对昆曲这种反应？后来青春版《牡丹亭》到台湾，却受欢迎得不得了，所以那时他们很感动，也很喜欢去台湾。反应是完全两极的。现在内地也不同了，因为培养了年轻一辈的观众。我们的策略很清楚，青春版《牡丹亭》就是要到大学演。台湾有很多企业家都有捐助资金。但当年各省的文化厅都不管，可能那时中国财政没有现在这么宽裕。所以白先勇很辛苦，到处去募款。

内地演员会演，可是有时候不知道为什么要这样子演。我觉得鉴赏、欣赏，跟舞台创作是要结合的。假如演员长期面临的观众层次不够，他们费力地演，底下观众也看不懂，反应冷冷的。可能他演得粗一点，下面才喜欢。

老师在台湾时也做了一些推广，可否多介绍一些台湾的昆曲活动？当时台湾办演出的是哪些人和机构？

台湾的观众比较多。当时古兆申很积极，所以很多台湾的制作人或公司，像贾馨园和"新象"，都一起去大陆看戏，然后挑一些带回去演出。香港这边则包括杨凡、张丽真等，他们这些人应该本是中文大学的同学。

台湾学术界的推动也很大，最主要有曾永义和洪惟助。曾永义在台大教戏曲,资格比较老,所以向政府争取的钱比较多。洪惟助专注昆曲,在"台湾中央大学"成立一个戏曲研究室。办演出活动则是新象等制作单位负责。学术界的人会训练一批研究生,这些学生也就对戏曲、对昆曲有兴趣。

整体来说,您觉得在香港推广昆曲,尤其在大学里推广,最大的困难是什么?

我觉得最大的困难是,香港同学还不太了解不同戏曲的关系。他们总会觉得,听广东戏比较亲切,昆曲比较遥远。可还是要教他接触一下。其实从明朝发展到现在,各种地方戏的关系错综复杂,昆曲也是里面的一部分。我每次都说,昆曲不是"百戏之母",是"百戏之模",百戏的模范。南戏比较早,然后影响各个地方。昆曲可以做模范,影响其他地方戏。很多剧本都是按照南戏的写法,但可以按照昆曲来唱,唱得好,传播也广。其实我也喜欢各种各样的地方戏,可是艺术造诣境界最高的就是昆曲。香港一般人接触不多,会觉得有隔阂。当我看到一大堆粤剧大老倌都来听示范讲座时,我就知道厉害了,行内人是知道的。

我觉得学生还是没有机会接触。我知道拔萃书院曾经请过昆剧团去学校演出,台湾的中学课本还有曲文,像《琵琶记》。如果学生读的古典文学中,有还可以演的戏曲文本,看昆曲演出时,就比较容易连起来。昆曲艺术很高,但也不能要求所有人一下子就喜欢。还是要讲解的,要对古典文学有兴趣,才能够真正了解它的意思,而不只是看身段、舞蹈。《游园惊梦》最能引起年轻人的兴趣,是因为舞蹈特别漂亮,像芭蕾一样的双人舞。可是它的词也很美啊,芭蕾没有唱词,《游园惊梦》的演员还要唱,唱出文学来,那是非常美的一种享受。

至于说昆曲将来怎么样,我觉得只要有模范在那里,你要发展什么都可以,可以吸取、穿插很多东西。我还蛮喜欢毛俊辉搞的《情话紫钗》话剧。他吸取了粤剧的《紫钗记》,又是现代,又是古代,他们实验了。有人肯做这个东西也非常好。现在台湾有一些人编实验昆曲,也都可以。它不是传统昆曲,可是有人要做,为什么不让他做呢?可是,传统的最好东西要保存下来!假如不保存，一定做得乱七八糟。所以从学术、政府、文化保存的角度讲，一定要传承得好。已经丧失很多了。从民国初年到现在，折子戏至少丧失了一半至三分之二了。乾隆时代大概有五六百折，到清末民国，还有四百多折，后来到了老艺术家身上就只有两百多折，现在就更少了。

香港是一个国际化舞台，对昆曲有一定帮助。我想香港各个大学统统开始对昆曲发生兴趣，就是学界对昆曲的肯定，给它一定的文化地位。演员也开始进大学。反过来，昆曲提高对香港的文化视野、艺术品味都有帮助。香港人其实品味很高，因为他很容易接触到世界上的好东西。昆曲还能够帮助以后的艺术创新跟发展。跟台湾比较不同的是，香港整体的社会风气太商业化，比较急躁一点。昆曲可能也会让大家在繁忙、浮躁的情况之下，静下心。假如你喜欢西洋音乐的室内乐，那你很容易喜欢昆曲。不必所有的音乐都是交响乐嘛，昆曲特别能够提供一些沉潜的东西，跟个人修养有关。

荣念曾

香港"进念·二十面体"联合艺术总监。生于上海，五岁时随家人移居香港。1982年共同成立香港的标杆实验艺术团体"进念·二十面体"。2001年初次接触昆曲后，导演多部与京昆有关的实验剧场作品，包括《佛洛伊德寻找中国情与事》、《挑滑车》、《西游——荒山泪》、《夜奔》和《舞台姊妹》等。

时间：2016年6月3日

地点：上环"进念·二十面体"办公室

我们知道您从2001年左右，便开始与石小梅老师合作，可以分享一下缘起与过程吗？

我对传统戏曲最大的兴趣始于"听"。昆曲用的是江浙一带的语言，融合了很多苏州话，苏州口语的声音和声音结构是很独特的。我第一次接触昆曲应该是2001年，我与老友音乐家瞿小松在上海见面；瞿小松那时是上海音乐学院的客座教授，是位很用心的音乐家，他是"文革"之后第一批中央音乐学院培养出的四位音乐家之一。我和他讨论中国传统文化里很多跟声音相关的实验，他提到在苏州第一届昆曲节，听到台上一个非常好的声音；他说从来都没听过那么恰如其分的声音、发音、节奏和旋律。我说如果有这么好的艺术家就应该马上去拜访她啊，于是他马上去打听，查到那艺术家的名字是石小梅。那是2000年，我们就很冒昧地打电话给她，告诉她想去南京拜会她。我们坐了足足五个小时火车，石小梅和她的丈夫张弘来车站接我们，请我们去喝茶聊天；石小梅问我们有没有兴趣去昆剧院看看，当时好像是夏天，昆剧院内有两个人在排戏，石小梅介绍我们这是孔爱萍，这是柯军。我跟他们聊了几句，知道柯是武生，孔是旦。我也问了他们昆曲再过五百年会是怎样？未来昆剧的舞台空间会是怎样？昆剧团的组织、结构和培训又会如何呢？他们对这些题目很感兴趣，希望将来有机会深入讨论。

没多久，我就请石小梅来香港加入《佛洛伊德寻找中国情与事》的剧场创作。我和石小梅讨论传统与当代，她解释给我听传统戏剧中的反串的历史；如果由佛洛伊德的研究来看，"性"永远是主题，跨性别及易装因此也是很重要的研究题目。我也请教她关于声音和唱腔，关于传统训练方法既有的程序，关于"重复"及"准确性"的概念，同时也问了她个人对实验性、开放性创作的想法，她说很愿意尝试。

我构思《佛洛伊德寻找中国情与事》的结构，是由声音下手的。我请她选《牡丹亭》的一段折子，是她最拿手的《拾画叫画》。我对谱曲、曲牌及唱腔其实不熟悉，但是对传统表演艺术如何"保存"到今天很好奇；她偷笑告诉我，其实他们在行内是不停在改革，这契合了Live Art（现场艺术）的概念。传统表演艺术家并不墨守成规，其实不停求变，只是真内行的人，才会知道他们在变。我欣赏石小梅，是她真的不断在发展，不是只会"背书"的演员。她告诉我，她怎么试音，怎么背谱，怎么推敲，怎么暖身（声）；然后她为我将一个四十来分钟长的《拾画叫画》，压缩到二十分钟。我觉得她的改编功夫，已经令她成为一名导演了；更重要的是，她在推广及讨论昆曲时，百无禁忌。

她很高兴参加2002年《佛洛伊德寻找中国情与事》（联合导演是胡恩威，他负责设计和多媒体），因为有了她的参与，丰富了剧本。其中有两点，一点是关于易装，跨性别反串的分析。另一点是不同时代怎么演绎同一个古典作品，尤其是科技的发展一日千里，新科技背后的逻辑怎样和传统表演艺术对话。于是我将《拾画叫画》浓缩版本，在剧中发展成两幕戏；一幕是传统的，一幕是实验的。传统的音乐用所谓"传统"的方法唱，实验的刻意用另类方法唱。我是先录了她的清唱，然后交给音乐家于逸尧重谱当代实验版本的配乐。我和于讨论怎样将传统昆曲重要的元素继续发展，譬如笛声跟小孩和鸟唱歌的声音，我们觉得笛子和鸟啼有很密切的关系；很多乐器是模仿大自然的，很多民间音乐题材也是。于逸尧重新创作配乐是有板有眼的，石小梅听了于逸尧的音乐后很开心。另外，我也录下她的笑声，她告诉我昆曲演出里有八十多种笑声，然后示范了几种。她的平易及自信，都令合作的艺术家们如沐春风。我也很高兴能够邀请跨界艺术家们，在舞台上下，共同探索我们的过去、当下和未来。笛子和鸟啼成为2002年《佛洛伊德寻找中国情与事》的楔子，而她录下的笑声就成为最后总结那幕多元跨媒体的声音主打。

《佛洛伊德寻找中国情与事》里，我将石小梅两幕"先"传统及"后"当代作出对比性试验，在当代那幕，我请她回到自己女性的身份，穿回现代衣服。她说她不喜欢穿裙。我说你不穿裙也不要紧，但我希望别人看见你就知道是个女的，而你表演的是反串男人的身段，你唱的方法按自己实验创作大胆变化；她后来还是选择穿裤，按现代穿着方法穿。在剧中，另有一名男演员，不穿衣服背站在台右一动不动，为真的男人、假的男人作脚注。后来她问我："荣导,我是不是应该过去和他互动一下?"我说不用了,裸体男人的存在就是个符号,是个赤裸裸的符号。他背对观众站,有段时间他是坐下的,站和坐都是符号。因为不穿衣服就没有任何衣服符号包装,回到男人原型。我们借《牡丹亭》探讨佛洛伊德、探讨明朝中叶的文化、探讨符号、探讨性和欲望之投射、探讨偶像崇拜的解构、探讨一夜情、当然也探讨梦的解析。那个经验对石小梅来说,应该是前所未有的。之后没多久,我主催多次剧场声音的实验,她拉了她的同辈演员一起参与,那就是胡锦芳。在《佛洛伊德寻找中国情与事》那次演出之后没多久,我请她们俩一起做了关于口语声音实验的录音,是一次全部由苏州口语、俚语、笑声、哭声、惊叹词至口舌喉发声的实验。

1960年,胡锦芳和石小梅等十二个小女孩从苏州坐火车往南京培训,她们都是十岁左右。之后八年里她们一起学习一起成长,到了今天,最后留下来在剧场工作的,大概只有她和胡锦芳两个,其他全部都改行了。又是一次中国昆剧节,在苏州举行,当中也有胡恩威导演的《临川四梦》。石小梅对我说,我

《佛洛伊德寻找中国情与事》演出剧照,演出:石小梅,2002年2月1日—3日,香港大会堂剧院(进念·二十面体提供)

从小长大的姐妹们全部出现齐齐捧场；她的姊妹们有些做了会计，有些当了家庭主妇。她告诉我，她们以前在学校里怎么吵架，怎么争男朋友……很多故事，到今天她们重聚，转眼四十年；谢幕后一堆姊妹们都拥上了台又哭又笑。我觉得这个同窗会有意思，就和石小梅说，不如我们合作下一个作品，叫《舞台姊妹》，她说好啊！这是我和石小梅合作的第三个作品，中间第二个作品是纪念程砚秋的《西游——荒山泪》。

《舞台姊妹》开始时我请石小梅和胡锦芳，石又拖了孔爱萍和徐州京昆的李雪梅来，还有昆剧院年轻一辈的孙伊君，三代演员都在里面。我请她们穿着西方黑绒的晚礼服，她们都选择穿四吋的黑高跟鞋，分别诠释《牡丹亭》中的一段唱腔，穿插串合成六个女人的故事，第六个女人是进念创团成员何秀萍。我请观众们坐在舞台深处，见证演员怎样面对观众席，这就是石小梅和我又一次合作的舞台。回顾她们年轻时的人际关系，由于她们的成长生活圈子很小，受制于所谓昆剧院文化，或者传统戏班文化，这些文化框住了她们生活的生态。但我是外面的人，进去和她们合作，在互信下一起探讨人际关系、探讨人际关系里的身体语言、探讨舞台上上下下的故事、也探讨创作和空间的边缘。对他们来说，除了有新鲜感，也是认识外面世界及当代艺术的一次缘分。

荣念曾实验剧场——《舞台姊妹》演出剧照，演出：石小梅、胡锦芳、孔爱萍、李雪梅、孙伊君、何秀萍，2010年11月18日—20日，香港文化中心大剧院（进念·二十面体提供）

您与柯军的合作又是如何开始的呢？

有一年印度邀请我去和印度梵剧的表演艺术家们交流，印度方面知道我在做传统表演艺术的实验；如声音的实验、身体语言实验、舞台空间及文本结构的实验。他们容许我多请一名同行，柯军就跟我去了印度，前前后后有十天。我们在喜马拉雅山的印度那一边，在印度高原的草地上席地开会，用的是印度话和英文，对柯军来说真是一次经验；那也是我和柯军第一次深入交流。第二年印度再请柯军去做示范演出，找了一位在印度的中国留学生作口译员，陪同他周游印度大概二至三个礼拜，每日演出。他后来告诉我，他第一次感觉到什么是"文化交流"，不只是表演，更不是娱乐大家。印度方面从来没见过这样的中国传统表演，每次演出之后有很多讨论、互动，有些场次差不多有二三千观众，每次演出完都有一大堆人冲过来跟他聊天。他写了很长的日记，都是关于文化交流的经验及心得。

2004年，我得到另一个邀请，是挪威的文化部和北京的文化部的邀请，请我去挪威首都奥斯陆参加中挪建交五十周年的活动，参加庆典晚会压轴的演出。那演出后半段时间给了我，前半段是由北京中国文化部负责，次序是先北京再香港。我那时就想，不如创作一个香港和内地合作的作品吧；因此，我就问柯军有没有兴趣，柯军说有。之前柯军跟我在印度旅程上，曾讨论过很多关于身体认同、昆曲研究、昆剧组织面对的挑战，以及昆剧当时的传统表演艺术政策下之挑战。我们讨论了文化政策，舞台上的挑战，也讨论舞台后的问题，讨论剧场管理的问题，也讨论教育及人才培育的问题。我们也试图分析比较当时六个昆剧团在制度内求生的状况，他分享了很多关于体制内改革的困难。于是我就将这些"经验"重叠在他和林冲、李开先、施耐庵身份交差比较分析，借了《夜奔》的框架互相呼应。所以当时就有了2004《夜奔》剧本初步概念，都是环绕着柯军他怎样演绎林冲，到李开先怎么演绎施耐庵，到柯军怎么演绎李开先，到柯军怎么演绎自己。我将传统昆曲和当下面对的挑战，转变成一个剧本，在挪威首演。那次演出对柯军是很大的启发。我记得演完之后，他没法离开舞台，因为两千多名观众有15分钟的掌声啊，一个40分钟演出很少有15分钟掌声的。可能国外尤其是文化外交界，从来不期待中国会有这样当代概念的演出。上半场北京部分是北京笛王吹笛，四个女孩子穿古装，四人乐坊弹奏音乐，然后就有个名字叫高音，穿上窄身大红高衩旗袍负责唱女高音，曲目是《我的祖国》。这次演出的反响给了柯军很多想法去探索艺术家的角色，他也可以借着舞台来说"自己"的故事，他也可以在演绎古典中，探索什么是演绎？什么是古典？怎么样将古典融入当代？他开始为自己闯出一条新的途径去了解自己，了解创作。

那以后，他问我能不能为他的徒弟们做些事，我说好啊！我就准备创作全新版本关于师徒及传承，表演者和旁观者，艺术家与知识分子的《夜奔》。他的徒弟们二十岁上下，是昆第四代，性格和心态已经与他完全不一样。他们当时刚刚戏校毕业开始工作没多久，譬如施夏明、张争耀、单雯、杨阳、周乾德、孙晶、徐思佳、赵于涛、钱伟、孙伊君等二三十人挤在昆剧院会议厅内和我见面。他们对我很好奇，会问很多问题，对外界的实验剧场毫无认识，对昆曲的现状也有很多疑问，对前途也有很多想法。他们承受了传统昆剧一些内部管理文化的影响，衍生了对管理文化的回应。这是一次"问答"的开始。之后，我开始为他们做工作坊，开展了一段很长的合作关系，其中有一半人后来紧跟着我直到现在。

开始的时候，他们都不知道我做什么的，只觉得新鲜。有一次我为武生、小生、大花脸、小花脸做声音练习，大家围成一个圈圈发声叫彼此的名字，叫彼此的行当，叫彼此不同的角色，然后相互呼应，这是一个身份的游戏。他们之前剧场训练非常严谨，从来没有"游戏"，也不会尝试通过游戏发现自己。声音尝试只是实验入门，譬如用最最轻的声音试唱，只唱给自己听；之后就有身段即兴创作，空间实验等等。他们以往的训练通常都是按老师的要求一板一眼重复，确实老师定下的标准，基本上是在背书。我也促进"问答"形式的工作坊，询问大家昆曲的源头？教育的源头？剧场的源头？沟通的源头？曲牌的源头？身段的源头？唱腔的源头？我也会问他们先有身段还是先有唱腔？身段和身体语言之间是什么关系？唱腔和声音结构有什么关系？通常他们的答案都是"不知道"。然后我们分析"不知道"的"道"，分析什么是"知道"。我问了大约一百多条问题，他们将问题写下，发展更多问题，再彼此讨论。这是很好的自剖经验。后来我请他们将这些问题读出录音,再聆听这些录音,再回应这些录音,包括"不知道"的录音。部分录音最后成为之后2010版本《夜奔》实验演出中的一部分背景音乐。在舞台上,他们听到自己的声音。

我也和柯军做声音工作坊,我问他,《夜奔》【新水令】唱段里,他对哪句最有感觉?我以为他会选"英雄有泪不轻弹",但他选的是"那搭儿谁相求救(谁可以来救我)?"我也有很大感触。通常看到书中的某一段话而感动,一定是因为那段文字跟你有深层次关系。我对柯军说:你试着将那句词以自由形式清唱,他唱了七分半钟左右。我们是在江苏省昆剧院一个排练室内录了那段。很多年后,他自己都觉得他从来没有和音乐有这样切身互动的经验。他第一次觉得自己和《夜奔》有互动的关系是在挪威,因为剧本是为他而写的;第二次觉得自己和传统表演艺术元素真的有关系,就是2010版本《夜奔》的七分半钟清唱。

柯军希望我能为他及两名年轻武生周乾德和杨阳发展一套崭新版本的《夜奔》。柯军期待通过两代艺术家合作,将《夜奔》探讨林冲如何离开一个制度,去融入另一个制度,还是去开创一个新的制度?他苦口婆心地希望让两

荣念曾实验剧场——《夜奔》演出剧照,演出:柯军,2010年3月25日—27日,香港文化中心剧场(进念·二十面体提供)

位年轻武生一起探索这个概念。柯军还资助他俩在2008年来香港，当时我正在排石小梅、蓝天和董洪松主演的《西游——荒山泪》。他们俩就旁观我的排练。然后我请他们俩和蓝天、董洪松一起在舞台上做了一次工作坊。

然后到了2008年末，周乾德和杨阳跟我说，他们觉得昆剧没什么前途，决定离开了；一个准备考电影学院，一个准备去参军，所以退出这次创作。我就跟柯军说，不能排了，你的徒弟两个都夜奔了。结果又变回只有他一个人的独脚戏，直到有一次他在南京上演《夜奔》，在演后谈中，观众问他，为什么他的表演艺术这么精炼？为什么心情却如此失落？他说他其实在思考传承的问题，徒弟们都走了，就开始在台上流眼泪，台下观众都很感动。然后杨阳回心转意，又留下加入2010年版本《夜奔》的团队。同时我建议再加上昆剧院司鼓的李立特、香港的潘德恕和杨永德，我有了班子。我终于可以编写《夜奔》的剧本了。

您刚才提到您与年轻的昆曲演员也有接触与合作，可以讲一下您与他们合作的经过吗？他们是否给您带来特别的感想？

2010年的时候，我被日本邀请为世博会日本馆，跟我的朋友日本导演佐藤信，合作创作一台压轴戏。我建议用昆剧和能剧的元素创作，演员方面全用南京年轻昆曲朋友及南京小红花学校小朋友。我和佐藤合作写剧本，借中国、日本传统剧场的概念来发展讲环保培育的童话故事，作品的名字就叫《朱鹮的故事》。1998年江泽民访问日本时，送了一对"朱鹮"给日本，朱鹮在日本视为一种圣鸟，类似鹤的鸟；但在日本，朱鹮已经绝种了。日本收了这对鸟之后，很用心在佐渡岛保育，在2010年，即十年后，培育至一百一十只。2010上海世博会的六个月内，共演了六千多场，破了所有昆剧演出的纪录，观众四百多万。对柯军他们来说是很大的鼓舞。流水作业般，观众不断来，不断走，不断来，不断走；其中一位年轻昆曲演员徐思佳对我说："荣老师，我快疯了，天天重复那段演出，我就像是机器一样。"我说不是的，每一场的观众都不一样。我就教她，一出场就看中其中一名观众，今天演给他看。她尝试了，之后就没再抱怨说像坐牢一样。

世博会六个月完结之后，也是我和这批年轻昆曲演员关系的延伸。我曾经和他们一起讨论,舞台是不是笼子?剧场是不是监狱?"朱鹮"如果放在笼里给人欣赏,一辈子就只能在笼里。那你们这些年轻的艺术家,是不是也只停留在给人欣赏的阶段呢?离开笼子的话,能不能生存呢?离开笼子的话,能不能汲取更多大自然的养料,更强化自己的能力,和大环境互动?由2010年到今年,六年了,我每年夏天为他们做工作坊,带不同的客席艺术家给他们上课,讨论创作是什么?市场是什么?实验是什么?这些客席来自印度、印尼、日本、新加坡与泰国等地方,这样他们眼界就扩阔了。这个计划就叫"朱鹮计划",期待年轻人可以更主动去改变环境,而不是坐在笼里让人欣赏;演员的纵横发展延伸学习,实在重要。同时,我也建议他们去南京的大学为大学生做工作坊,借工作坊去了解过去,演绎过去,而不是沉溺于过去。

这么多年,最重要的是他们学会主动。是杨阳开始的,杨阳主动组织他的同辈们合作创作了一个叫《319》的折子戏。3月19日那天,明末崇祯皇帝上吊自杀。杨阳已经开始有"态度"地去读历史了,更重要的是杨阳在创作过程中的辩证;他大胆实验空间,而且尝试简约风格。他的主动得到孙晶、钱伟、赵于涛、曹志威、徐思佳等的支持。因为这不是昆剧团分内的工作任务,而是自发性的。柯军知道了很兴奋,自己拿了一万元出来资助他们排练时的饭盒钱。剧团也大开绿灯,需要场地排练时,剧团也积极协调。大家看到这群年轻人这么有冲劲,已经打破既有的机制文化,都很感动。后来我们安排《319》去香港城大演出,也去了北京演出;现在正商量什么时候去日本演。作品还是在发展中,但一群年轻人开始明白创作是需要主动性及耐力的。

石小梅也好,柯军也好,他们对自己有了更多的自信心,有更多的勇气发挥、创作新的东西。但他们也问:实验是不是抛弃了所谓的传统呢?我觉得不是抛弃,而是跳出既定的框架,重新向对所谓"传统"提出理性、尊重、平等的对话。我认为传统需要理性地去看待、分析,就如历史课本需要理性看待、分析一样。传统戏曲是另类的社会历史,可以填补前人留下的历史文字记录资料的不足。通过传统艺术,我们揣摩当时的社会、政治、经济环境下的表达方法,对比目前。传统剧场正好弥补这些空白,比如剧场作品是怎么出现?它们怎么影响剧场的发展?剧场作品在什么情况之下被查禁?怎样将过去艺和现在艺术来做比较？我和年轻演员们讨论传统戏曲的时候，百无禁忌，我也感觉到他们已经开始不断地在自我反省，在自我反省中确定自己，在确定中发展自己。因为他们的决心，传统表演艺术终于有可能和当代艺术接轨。

您在1997年提出了"一桌两椅"的概念，然后做了一系列的讲座、表演，您那时候是怎么会想到这个概念的？

"一桌两椅"是一个中国传统戏剧很有代表性和重要的舞台装置，也是中国传统剧场最有代表性的"符号"，它将中国传统剧场半抽象概念发挥得淋漓尽致，"一桌两椅"也是中国传统戏曲能提供给当代剧场非常有启发性的概念。《夜奔》2010版本开场的一整段，就是将一桌两椅在舞台上作出不同的铺陈，借此探讨"桌和椅"和我们的关系。

"一桌两椅"还可以成为文化交流的平台：我在1997年到2000年里，就借一桌两椅作为文化交流的平台，组织了"中国旅程艺术节"，先是邀请海峡两岸暨香港艺术家参与创作和合作，然后是世界华人，之后是欧洲、亚洲不同背景的艺术家，所有的创作都是二十分钟，两个演员，舞台上用同一张桌，两张椅。大家都在这样的框架下面创作，不同的人怎么处理桌和椅就成为焦点；怎么处理舞台？怎么处理二十分钟？怎么处理两个演员？我们借此讨论既有"艺术节"的局限，我们需要尊重艺术家，艺术家的发展才是艺术节的重心，我们有需要发展一个纯为艺术家们沟通互动平台的艺术节。1997年到2000年，"一桌两椅"已经累积了四五十个作品。重要的环节是艺术家之间的讨论，创作过程，之前及之后的讨论。这些讨论令"一桌两椅"更立体化，令"中国旅程艺术节"发展成一个为中外艺术家们彼此学习、交流文化的平台。当我看见亚洲及欧洲不同背景的艺术家，怎么处理这个代表中国剧场的"符号"，就知道这是跨文化交流的始点。

这么多年来，您和许多不同剧种都有接触，您觉得昆曲作为戏曲剧种的一种，它和其他戏曲剧种有什么不同之处？

我小时候接触到的传统剧种，应该是婚寿堂会里京剧和社区粤剧的演出。

印象中这些都很亮很响、很夸很噪的舞台。尤其是堂会，客人穿来插去，很少贯注看戏，剧场就沦为社交场合的装饰。到我于八十年代初在香港开始舞台创作，传统戏曲在我的舞台上出现，视听都好，通常仍是停留为一种文化符号；比如一桌两椅出现在1986年的《华丽缘》、1991年的《香港样板戏》、1994年的《录鬼簿》。大约1997前后，我开始将"一桌两椅"发展成为文化交流合作的创作平台。"一桌两椅"就不再是一个符号，而是一个活化传统舞台、衔接当代剧场的桥梁。近年除了京昆，我近距离接触的中国传统地方戏应该是由川剧开始。那是1998年，我在成都遇到川剧演员田蔓莎，而我们之间的合作一直延伸至今天。之后合作的除了昆曲之外，有北京及台北京剧的周龙及吴兴国，石家庄河北梆子彭蕙蘅，西安秦腔的李小锋，广州粤剧的红虹，杭州越剧赵志刚，徐州京昆的李雪梅等等。这是一次学无止境的旅程，在旅程中，我见识到中国多元的剧场。之后拓展至和亚洲地区的传统表演艺术合作，尤其是日本、韩国、印度、印尼、泰国等等，这里就不多说了。

对于香港特区政府的昆曲或戏曲政策，您又有什么观察与感受？

中国传统表演艺术的发展，我认为不是单靠足够资源、也需要新的空间和体制提供机会去拓展、学习、实验及创新；此外，有系统有深度的文化交流非常重要。香港这方面有它的潜力。交流本来就发展评议，拓展思维，没有评议思维就没有创新。文化交流必须有健康、有视野的机制。这机制必须平等互动，必须有持续性，才会对整体文化发展产生积极的作用。

香港特区政府对传统表演艺术的政策是模糊的。由历史角度看，香港文化正处于一个很好的位置，去讨论及实验"传统和当代"，香港可以提供很多机会给内地非常好的传统艺术家，让他们在香港发挥。香港可以为全中国的，甚至亚洲的传统表演艺术，提供很多这样的机会。我们需要具有文化世界观和大胆的领导及执行者，我们需要有学问基础、有文化视野、放眼世界接轨的文化机构，包括学术和评论机构。当然最重要的还是前线文化工作者，自剖自质辩证地探索、交流和实验，包容和世界艺术家们同心协力去创造更好的环境和条件，拓展衔接过去和未来的工作。

顾铁华

"香港振兴京昆传承中心"创办人、香港联合国教科文组织协会文化委员会委员、香港中文大学和声书院院监会成员。自幼受家庭熏陶,酷嗜京、昆剧。随红豆馆主门人张澍声研习京剧,复由南京甘贡三启蒙,习唱昆曲。后正式拜俞振飞为师,成为俞门入室弟子。1977年定居香港,创建"香港传统戏曲艺术研究院"。自1990年起,致力于恢复并录摄昆剧传统剧目如《浣纱记·合纱、泛舟》,同时制作《顾曲周郎》等新剧。1996年创设"顾铁华振兴昆曲基金"。2002年辑印《粟庐曲谱外编》上、下二册。2011年赞助出版《昆曲精编剧目典藏》。2012年与李和声博士合作,于中文大学和声书院开办"体验京昆戏曲"通识课程。2015年与李和声博士成立"香港振兴京昆传承中心"。

时间：2016年4月22日下午3时
地点：顾铁华博士家

顾老师，请问您是怎么开始接触京昆艺术的？

我爸爸很喜欢看戏，小时候流行机关布景的"海派大戏"《血滴子》、《火烧红莲寺》等，他带我去看，看了以后我很兴奋，很喜欢看京剧。我小学五年级时，爸爸请老师来教我和我姐姐学京戏。一开始我跟姐姐一起学旦、学青衣。那个老师很有名，是顾正秋的老师，后来顾正秋是台湾最好的旦。

后来我又开始听昆曲。我初中在苏州东吴大学附中就读，东吴大学文学系有很多教授懂得唱昆曲。那大学就是现在的苏州大学。那时校园条件很好，在苏州城，很漂亮，教授全部住在一间间小别墅，就在苏州城墙旁的护城河附近。晚上从别墅中传来悠扬笛声，我那时初中一年级，就坐在墙角听，很喜欢，觉得没听过那么优雅、好听的曲。对昆曲的兴趣就是从那个时候培养起来的。

您正式学戏是什么时候？主要向哪些老师学习？

我的 godfather（教父）汪剑耘是梅兰芳的弟子，他的岳父甘贡三先生是历史上第一个把工尺谱翻成简谱的人，外号"曲圣"。第二次世界大战后，红豆馆主（溥侗）环境不是很好，就住在他家。甘先生的小女儿叫甘纹轩，我们叫她小阿姨，住在上海，到了暑假，老公公就来上海住。他很喜欢教人唱曲，知道我声音不错，就说教我昆曲。他拍曲时，要我们全出戏都要学。比如学《游园惊梦》，生也唱、旦也唱，不分男女。他很用心教曲，每首曲要唱几十遍，这是学昆曲

顾铁华与张澍声老师合照（《赏心乐事——海外实业家顾铁华的粉墨春秋》）

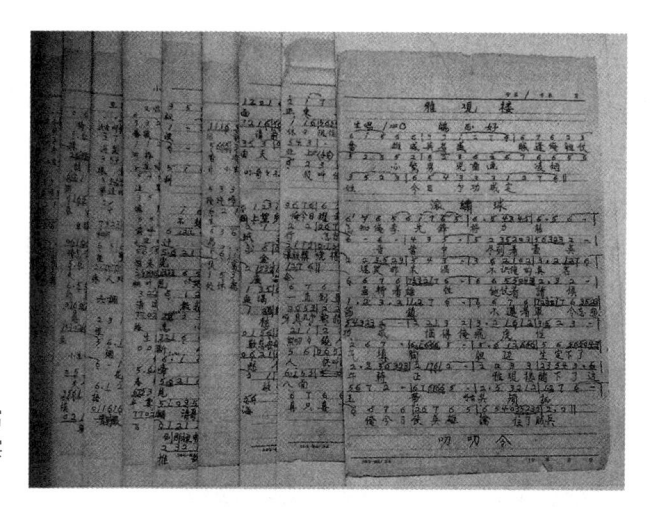

甘贡三为顾铁华拍曲亲手缮写的乐谱（《赏心乐事——海外实业家顾铁华的粉墨春秋》）

的传统习惯。

还有张澍声先生，他是红豆馆主的学生，声音非常好，又懂唱花脸，很多角色都会，张飞、周瑜、唐明皇等等都会。我到甘家学唱曲时遇见他。张伯伯觉得我应该可以培养，有一次主动跟我说："铁华，你这样整天唱没什么意思，唱了要上台才好玩嘛！"他说我的个头、手脚大小等是小生的料，问我想不想跟他学。我当然说想。他说他从没收过徒弟，我可以跟他学，但要"约法三章"：第一，他教授完全是以口传身授形式，我不可以记笔记；第二，我不可以私自出去乱唱，去哪儿演出要由他安排。我完全同意。

他教戏非常严谨，今天穿褶子，明天穿蟒，后天穿靠，动作、手脚都要分得仔细。比如学周瑜，穿蟒，出来时气派大些，穿褶子就要斯文些。不同行当、角色全部都要分。他说：我现在和你打基础，因为我看你的料子可以。他教的第一出戏是《九龙山》，靠把戏，演武将，这出戏我学了九个月，出去台上就像样，有功架了。之后再教我周瑜，穿蟒的，又教《贩马记》，穿官衣、穿帔，一个一个这样教我。所以我的身段基础是张伯伯教的，唱就是甘公公。

张澍声老师所教是京剧还是昆曲？

是啊，他也会唱昆曲，我跟他学《贩马记》，有两个身段一直保留。比如"言语颠倒"，他说我教你的是红豆馆主的，俞老师不是这样的。我觉得红豆馆主的

京剧《罗成叫关》演出剧照（《赏心乐事——海外实业家顾铁华的粉墨春秋》）

很好，后来用了。俞老师说：你就这样学吧，都是红豆馆主的，你保留。俞老师知道的，他和张伯伯认识。

我那个时候正申请来香港，前后七年才被批准。那几年我在上海无正式职业，闲时做一些翻译工作维生，公余时间就练功、学戏。张伯伯知道我的情形，他跟我说：万一去不了香港，我把你教到将来有条件上台，出来不会差。但是，你不可以随便接演出，被别人看到的话，以后没有新鲜感。你如果要演出，我帮你安排。他有一位朋友在军队里表演，于是安排我到那里演出一下。后来我第一次演出还是在香港，演《罗成叫关》。

您1979年正式成为俞振飞先生的弟子，可以说一下跟他学戏的情形吗？

我最主要是不停听他的录音带。我那时候坐飞机，从香港到德国、欧洲，一坐就十几个小时，他一出戏我可以听一百遍左右，所以会唱得那么像他。回去后我唱给他听，他就告诉我哪里要改。拜师有一个非常有利的条件是，他很关照我。

那时候"文革"完结不久，昆曲慢慢恢复，可以唱了。文化部举办"俞振飞演剧生活六十年纪念"演出，香港也有一些京戏朋友回去祝贺他。他就说这种大场合我也应该要演出，于是叫我演《断桥》。刚好那时昆剧团恢复没多久，我想叫华文漪演白蛇，梁谷音演青蛇。但两位都是如日中天的旦角，怎么可能同台呢？是老师帮我关照，她们才一口答允。他也跟岳美缇、蔡正仁说：铁华回来有什么需要，大家要交流，要帮他忙、指点他。我入了俞门后，所有昆剧团俞派的同门都跟我很好。他很喜欢我，说我在香港为什么也可以唱得这么好？他知道我很用功。

《雷峰塔·断桥》演出剧照（左起：梁谷音、华文漪、顾铁华），"俞振飞演剧生活六十年纪念演出"，1980年4月16日，上海艺术剧场（《赏心乐事——海外实业家顾铁华的粉墨春秋》）

我们看见您在自传《赏心乐事——海外实业家顾铁华的粉墨春秋》提到，五十年代俞振飞老师在香港住过一段时间？据您所知，他那时候演出多吗？

是的，他住过四年左右，住在漆咸道。那几年我不在香港，回了内地。那个时候马连良、张君秋都在香港，所以他们演出过，我想几年下来他们演出了二三十次吧？多在利舞台演出，主要是京戏。我师娘黄蔓耘演出过几场昆曲，例如《思凡》，还有老师陪她演出过几次《琴挑》。但是那时候没人看的，演出不会赚钱，是蚀本的，所以后来生活很困难。

俞振飞在二十世纪五十年代初编纂的《粟庐曲谱》，1953年于香港出版（《赏心乐事——海外实业家顾铁华的粉墨春秋》）

您1962年来香港，那时候除了您以外，还有其他唱昆曲的票友吗？

一位是殷菊侬老师。后来俞老师跟我提起过她，她跟俞老师是朋友，年纪比他年轻一点，但是俞老师也赞她唱得很好。她是听俞老师的唱片学唱的。她跟我说每天都放，唱片都听坏三四张。后来岳美缇跟我说，殷老师唱得真像俞老师。第二位是香港中华书局董事长吴叔同的太太。中华书局是参与出资印刷《粟庐曲谱》的。我跟她们两位都唱过曲。吴叔同太太笑说我没来之前，香港只有"一个半人"唱曲——她刚刚学，不懂唱，所以算半个。我来了以后就有"两个半人"。还有一位是《大成》杂志的沈苇窗，他是徐凌云老师的外甥。

我们知道您来香港之后，做了很多昆曲相关的推广、演出和出版工作，可否谈谈具体的细节？

坦白说，来了香港做不出什么。因为香港这方面的条件很差，大家对昆曲又不是很认识。

我是俞老师第一个海外弟子，那时我有西德的身份，他收我为徒很不容易，要经政府审查了解，很久才批准。当然，那时候是很大的事，中国新华社在全世界发表文章通报说，俞振飞收了一个西德华侨徒弟。我拜师时他也说明：铁华，我还没收过国外徒弟，你是第一个。我收你，第一是因为你在唱昆曲方面已经有一定成绩了。但我收你有个最大期望，就是你要帮我到海外弘扬昆曲。内地有气候、有土壤，但外国没有。我答应他，说："我一定会，就算将来移民，不管继续留在香港，或者在德国都会弘扬昆曲。"

后来我从德国回来香港定居，他要求我帮他在香港成立一个机构，叫"香港传统戏曲艺术研究院"。他也帮我们题字。我成立的目的不是为赚钱，所以以非牟利机构的方式运作。不过原来也有很多条件，又要会计师每年核数，非常麻烦。这个机构也做了几年。

你们有没有听过乐漪萍老师？她是昆二班毕业，跟张传芳老师学戏的，主要是习六旦。我们那时请她来任教昆曲，请来内地吹笛、打场面的乐师来伴奏。我在湾仔买了一层楼，打通了所有墙，好像芭蕾舞教室般，安装几支扶手横杆，作为排练的地方。那时候有一批学生，不是专业的，各行各业都有，跟乐老师学了很多年。现在看戏见到那批学生，他们会跟我打招呼，说我们是跟乐漪萍学戏的。我不是很认识他们，但知道他们就是现在香港昆曲群众的中坚力量。乐老师确实教得很好，教了很多年，好像有六七年，后来她跟做服装生意的先生到美国定居。她好像也在中文大学教过一段时间。

所以，你问我在香港做过什么有关昆曲的事？主要就是办了这个研究院，请了乐老师来任教。研究院办了七年左右，由于核数方面实在太麻烦，我后来就把它结束了。乐老师1993年离开香港前的告别演出，我还陪她唱了《游园惊梦》。

俞振飞与顾铁华合照，1979年（《赏心乐事——海外实业家顾铁华的粉墨春秋》）

我们没条件演出，因为没有乐队。香港可以说到现在都还没有一个真正的专业笛师。昆曲最要紧是笛师，相对打鼓、敲锣的来说，比较重要。那时候国内也很难请出来，而且坦白说，我的经济条件也没有后来好，哪里请得起。

俞振飞在收徒仪式上讲话，1979年（《赏心乐事——海外实业家顾铁华的粉墨春秋》）

您曾经受香港政府委托办过戏曲节目？八十年代末的六大昆班演出，您也有出资吗？

那时候香港还没有康文署，是市政局。他们知道我从内地出来，又懂唱，又懂演，就委托我办一次亚洲艺术节的京昆合演（1983年），这是第一次。后来又跟我在香港业余京昆剧团的拍档杨明声一起，承办了一次中国戏曲汇演（1984年），请来内地京昆名家童芷苓、华文漪、李长春、汪正华等来港，和香港京昆票友合演三台折子戏。我跟华文漪唱了两出戏，一出是《长生殿》的《小

顾铁华、华文漪演出《小宴》（上图）、《百花赠剑》（下图）剧照，中国戏曲汇演，1984年8月21日—23日，香港大会堂音乐厅（《赏心乐事——海外实业家顾铁华的粉墨春秋》）

宴惊变》，一出是《百花赠剑》。

八十年代末我回香港定居了，环境好一点，就呼吁搞这些。那一次是1989年文化中心开幕。长城电影公司的老板沈鉴治先生，那时为政府活动担任顾问。他提议文化中心成立应该请昆剧团来演出。于是就组织了当时内地五个昆剧团，上海、江苏、苏州、杭州、南京，永嘉还没有。北京京剧方面就问我：你是俞老的弟子，这个场合你要支持一下，可不可以参加演出？所以那次演出我是唯一一个业余的。不过那时华文漪走了，所以我跟王英姿演，她演莺莺（《西厢记》）。另外，我觉得传字辈老师在昆曲传承方面功不可没，虽然那时他们的年纪没有办法演出，但我就向中国政府提出招待几位老先生来香港玩一次，由我出钱。

《西厢记·入梦》演出剧照（顾铁华、王英姿）（《赏心乐事——海外实业家顾铁华的粉墨春秋》）

来了三位老师，北昆的马老师（马祥麟）身体不好来不了，沈传芷身体也不是很好，由他太太陪着，还有姚传芗、郑传鉴。我又请周志刚师兄专门照顾他们三位老人家。那次演出的演员都是他们的学生，所以他们来香港也很高兴。

除了在香港进行昆曲推广工作，您也曾经在八十年代末到台湾演出？

当时在台湾文化大学有一位老先生徐炎之教昆曲。他是位业余曲友，也会吹笛，非常热心推广昆曲。后来我才知道原来他跟俞老师也认识。他去世后，他的学生希望为他举办纪念活动，本来希望邀请大陆演员，但由于当时海峡两岸关系比较紧张，于是就来找我。我答应了，演出《长生殿》。那是1989年。有些老年观众远从台南跑到台北去看，演出完毕后到后台等我卸妆，兴奋

顾铁华与台湾昆剧演员在排练身段(《赏心乐事——海外实业家顾铁华的粉墨春秋》)

地对我说:"我们终于又看到俞派啦!我们四十年没看过了!"

那次之后,台湾的文建会批了一些经费,让当时已经成立的水磨曲集昆剧团增加演出,并鼓励大学多进行昆曲推广及研究。后来曾永义教授和洪惟助教授等人就拿了一笔钱去推广昆曲、做讲座。后来,他们可以请大陆的老师去教。那时候正巧华文漪去了美国,我就鼓励台湾那边赶快请华文漪去任教。后来华文漪的确去了。我自己也曾经主讲过一两次文建会资助的昆曲讲座。

您提到曾经在台湾与华文漪老师演出,也曾与张继青老师合作演出,可以分享一些当中的细节吗?

我本来是跟华文漪合作。后来华文漪在美国,我就没拍档了。有一年,张继青来港,我请她来我家里吃饭。我太太很热心,她跟张老师说:张老师啊,铁华现在没有拍档,他想唱戏,你肯不肯拍档呢?她说可以,但有一个要求,就是首次合作要有一个新的旦角角色。我就跟俞振飞大弟子薛正康及周志刚商量。薛老师说,现在昆曲舞台上演"四大美人",杨贵妃最多,貂蝉、王昭君也

有，就是西施的戏很少。《浣纱记》是中国昆曲历史上第一个有曲谱的戏，但是现在关于西施的戏，几乎没有。我就跟张继青提议，不如在《浣纱记》中恢复一两折有西施的戏，她很赞成。薛正康老师懂得写剧本，我们翻来覆去，编了《合纱》、《泛舟》，然后我到南京江苏省昆剧院与张老师排戏，后来又不断加工、修改。

1994年，台湾几所大学邀请张继青去演出、讲学，因为她平时搭档的小生演员离开了，就邀请我同行。我受宠若惊，一口答应，并且说我是票友，不用酬劳，我的开支由我自己负责。不过我跟她说，希望演出《合纱·泛舟》这个戏，让台湾观众评鉴一下。在台北演出了四次，之后会议上，所有昆曲专家都盛赞这个戏把《浣纱记》的精华重现，但戏太短，应该恢复成两个钟头的大戏。于是我就回去与薛正康、周志刚老师研究，前后搞了半年，扩充为全本《范蠡与西施》。不过说到底，还是《合纱·泛舟》最好。作曲的顾兆琳

《浣纱记·合纱》演出剧照（顾铁华、张继青）(《赏心乐事——海外实业家顾铁华的粉墨春秋》)

《浣纱记·泛舟》演出剧照（顾铁华、张继青）(《赏心乐事——海外实业家顾铁华的粉墨春秋》)

赵朴初（右四）、阿甲（左一）等北京各界人士观看顾铁华、张继青的演出，1994年（《赏心乐事——海外实业家顾铁华的粉墨春秋》）

《顾曲周郎》演出剧照（《赏心乐事——海外实业家顾铁华的粉墨春秋》）

编得非常动听，而且是传统格局，有南北套、套曲。昆曲有规格，有格律，如果格律不对，就不行。所以现在内地说，这两出戏是我顾铁华的私房戏，戏曲学校亦编入了教材。

讲起私房戏，我要讲《顾曲周郎》，这也是我的私房戏。怎么来的呢？俞老师在1988年来中文大学拿荣誉博士，住在我家。有一天吃了晚饭，他说："周瑜在京剧中戏这么多，但是昆曲中没有，就一出《芦花荡》，一上台被打死了，就没了。我想来想去想不通，怎么昆曲没有周瑜呢？"他认为我们应该编一出讲周

《顾曲周郎》演出剧照（顾铁华饰周瑜、梁谷音饰小乔）(《赏心乐事——海外实业家顾铁华的粉墨春秋》)

瑜的戏，树立他的形象。他又说，这事如果叫蔡正仁、岳美缇做，他们两个要靠它吃饭的，如果做得不好，饭也没得吃。这是生计问题。但我是票友，就算我做不好，也不会影响我吃饭。我想想也对，于是跟薛正康一起想了一出《顾曲周郎》。这出是雉尾生戏，不容易，又要练唱、练做，非常辛苦。我后来在上海演了三次，并录了像。1996年以此剧到北京参加"全国昆曲新剧目观摩演出"，赵老赵朴初也来看，也说这出戏不错。他当时并提议我成立基金，致力推广昆曲的传承，所以我拿了两百万出来成立"顾铁华振兴昆曲基金"。

您成立"顾铁华振兴昆曲基金"，这个基金主要做什么工作？

主要工作就是制作录像。我自己算过，现在花在录像上的钱大概有一千多万。我希望一些传统戏能够传承下去。老实说，我看到现在内地有些新编昆剧非常离谱，担心以后传统戏会慢慢走样，这是很可惜的，所以想拿一些真正的传统资料，使昆曲的传统表演方式留下来。我自己最喜欢《琵琶记》的赵五娘，那个戏录得很好，我觉得可以传世，将来在昆曲里有它的一定地位。所以，如果你们问我为昆曲做了什么事？我觉得，有几出戏录了像，我希望将来人家知道真正的昆曲风格是怎样的。其中虽然《合纱·泛舟》(《范蠡与西施》)及《顾曲周郎》是新编的，但是我们真的遵守昆曲格律。

1996年顾铁华出资200万设立"顾铁华振兴昆曲基金"(《赏心乐事——海外实业家顾铁华的粉墨春秋》)

顾铁华出资编纂《粟庐曲谱外编》(《赏心乐事——海外实业家顾铁华的粉墨春秋》)

王正来先生的《九宫大成》工尺谱我也有资助。当时先是中文大学利希慎基金出钱,付印时张丽真他们来找我,我一看,怎么尺寸这么小!他们说不够钱,我说这是王正来先生的一生心血,剩下的钱我来给。所以后来重新改了,这才比较像样,可以传世。

还有《粟庐曲谱外编》,也与王正来先生有关。我们都觉得有点遗憾,由于篇幅关系,《粟庐曲谱》最初出版时有些曲子没有收录。王正来先生是曲家,会工尺,我就跟他一起研究,选些《粟庐曲谱》、甚至《振飞曲谱》也没有的曲子。这本书是我个人出资,由王老师负责辑校工作。完成后,全部出版社都不懂做,于是我们商量后，决定自己找一家印刷公司印刷。所以这书没有书号，没有在国内流通，只是用来送给朋友及曲社的曲友。

最近几年您开始在中文大学和声书院推广京昆艺术，这件事又是如何开展的？

2012年，正值中国京剧艺术基金会成立二十周年，我是董事，李和声先生是创会董事。由于它当初是在香港成立的，北京派了一批人来香港搞纪念活动。那次我也被邀请演出《贩马记》。我跟李和声先生认识很多年了，但他从来没有见过我在台上演戏，那次之后他大吃一惊，就说要拉着我一起做推广工作。我说，我对京剧兴趣不是很高，现在喜欢昆曲。他说没关系，可以在中大办一个京昆导赏，他负责京剧，我负责昆曲，我们一起推广。后来李和声先生和中大校长商量，决定成立通识课程。最初的时候，我提议先开一个四五堂的热身课程，看看学生的反应再决定是否继续。结果学生反应很好，也有些以前乐漪萍的学生来旁听。校方于是批准开办这个两学分的课程。这个课程至今开办了一年多了。

顾铁华、邢金沙在香港中文大学和声书院传授京昆艺术（《赏心乐事——海外实业家顾铁华的粉墨春秋》）

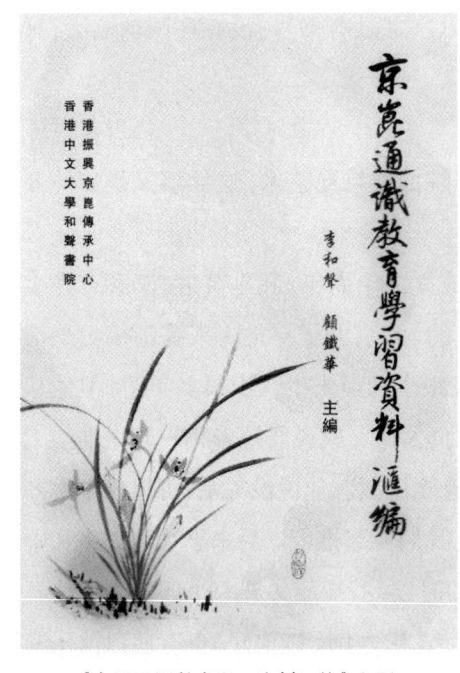

《京昆通识教育学习资料汇编》书影

现在分为三个班了，李和声主要是京剧。昆曲方面，由于我跟上海戏曲学校的关系比较好，所以现在每个学期他们都会派老师来任教。最初他们每个老师只来两三个星期，我说这样学生会不习惯，于是下学期只有两位老师来，集中些。有时我自己也会去教。如果我在香港，一定去看他们上课。另外，我们也为课程编了一本《京昆通识教育学习资料汇编》的教材。

由于在室内上课，太多人不行，所以我们最多只收二十五人，现在十几个学生已经很拥挤了。有选修的学生，有外面来旁听的，大陆或本地的都有。今年还有一个由内地来的香港大学博士生，他说我来香港四年，现在才找到地方学。

最近我们还在跟和声书院商量，说不能总是开初阶课程，下个学期要高阶一点，最好是一年班、两年班这样。如果每个学起来都从ABC教起，就不太好，我们自己教的人都感到没趣。不过这个矛盾现在还没有解决。

在中文大学推广昆曲，有几方面比较吃亏。第一，大部分学生讲广东话，念白也好，唱曲也好，纠正读音比较辛苦。第二，现在香港的年轻人接触戏曲太少，举手投足真的不习惯。他们到现在一伸手还是不对。我说，你们是小生，不是唱大花脸，怎么这样伸出来？他们没有熏陶，比较困难。

这么多年来您走遍香港、内地、台湾进行演出，您对各地的观众有没有特别的观察？

可以这么说，我觉得台湾的观众最好，他们肯投入、认识戏曲。内地这几年也改变了很多，"文革"那十年我没回过上海，那时候都在演样板戏。后来上海开始再演传统戏。我记得回去看了《杨门女将》,散场时观众站起来说:怎么演员的化妆那么难看?花脸的面孔画得像鬼一样!我听到真的想哭,这反映了他们不理解传统戏曲的化妆。

我来香港最初几年,先由京剧开始看。我跟我太太说,你看,台下观众都是老人家,没有青年观众接班,怎么行?这是我最担心的一点。这几年在内地有一个好现象,年轻的昆曲观众多了很多,因为昆曲剧团会去大学演出,让学生变成爱好者,香港也有类似情况。

雷竞璇

　　文化评论家。香港中文大学香港亚太研究所名誉研究员。二十世纪八十年代初次接触昆曲，多年来于香港《信报》撰写有关历史、戏曲等文化评论文章，并主编昆剧研究专书《昆剧蝴蝶梦》与《昆剧朱买臣休妻》。曾于"利希慎基金会"工作，推荐昆曲项目，如《新定九宫大成南北词宫谱译注》的出版，及香港中文大学与香港中华文化促进中心合办之"昆曲名家清唱艺术介绍与保存计划"，受邀参与者有北方昆曲剧院侯少奎与上海昆剧团梁谷音、计镇华等。

时间： 2016年8月23日下午4时
地点： 香港特区政府总部中央政策组会议室

雷博士，请问您是在什么时候开始接触昆曲？还记得当时的感觉吗？

其实是很迟的，但我想和很多人有相同经验：都是从小时候接触戏曲开始的。我是广东台山人，小时候主要看广东大戏，我妈妈是戏迷，经常陪她去看。但因为我们家很穷，她没钱买票看，通常是过年过节搭戏棚时去看神功戏。此外她也买票看粤剧电影，任剑辉、白雪仙都很喜欢，但最喜欢芳艳芬。那时候的电台收音机，下午多数放粤曲，有些人只唱不演出。我记得有个叫钟云山的，是个小生。红线女、任剑辉、白雪仙，小时候都会唱的，因为那时候没什么娱乐。我也不知道什么京剧、昆剧，说看戏就是指广东大戏，老一辈的白驹荣或者马师曾，都听过。

后来七几年从香港中文大学毕业，去欧洲留学，在法国住了七年多，才有两次机会知道有广东戏之外的戏曲。一次就是那边的中国电影节放上海越剧《红楼梦》，徐玉兰和王文娟演的，才发现原来那么好看！还有一次是云南省关肃霜京剧团来巴黎演出，我们和学生都买票看，觉得很好看。很有趣的是，如果你跟戏曲有某种接触后，再转去其他剧种，你也会觉得有很强的吸引力。

真的跟昆曲的接触，是回到香港之后。我是1984年回到香港的，应该是1989年文化中心开幕那年，六大昆班来演出。我记得我坐在查良镛（金庸）后面，但其他的我不记得了。唯一记得的是古兆申老师，我在巴黎认识他，他在巴黎留学，大家碰过面，他推动我去看。我当时还说：这是什么啊？完全没听过。第一次看昆曲，我想我当时不是很喜欢，因为声音不是很习惯，觉得它比较尖。我想戏曲对我的吸引，除了小时候的回忆，还因为我是读历史、文学的，一关了灯、开了幕、起了锣鼓，就好像回到了古代，感觉很微妙。但昆曲开始没这种感觉，我觉得它文绉绉，很慢。但听古老师解说，说昆曲文辞也好、音乐也好，是江南味道，又有男女爱情，很丰富，慢慢就喜欢了。

现在这四种戏曲我都会去看的。广东大戏耳熟能详，听懂那种音的话，韵味很强。上海越剧是近代形成的，节奏其实是很适合现代人。京剧多演帝王将相、忠孝节义，感觉很高昂、激烈。而昆曲，我会觉得它很全面，折子戏已经磨练到炉火纯青。尤其一些好戏，简直找不到任何漏洞，很细致，其他的戏总觉得粗糙一些。除了看舞台演出是一种享受，昆剧对我有两种吸引：第一是文辞，真的很高雅，很吸引我，有个时期我会很喜欢自己念。第二是我喜欢昆曲与历史的呼应，因为我自己是读历史的，很多故事都是以艺术形式呼应当时某些历史与社会情形。例如张世铮演的《鲛绡记·写状》，他演一个师爷，这位状师教人写状诬告他人，但只以言语教人，自己一辈子从未下过笔，以免被追究，这些阴险事在书中是看不到的。还有科场考试作弊的方法，或者明末将军周遇吉的戏。我写过文章，讲这些典故中的呼应，有真有假，加强了感情，将历史上一些很抽象的东西重现于眼前，是文学和历史上的呼应，是最吸引的。

你还看过哪些有印象的昆曲演出？在你的印象中，香港观众对昆曲的反应如何？

我想我真的开始迷上昆曲，是过了几年，特别是看了张继青的演出之后。她真是特别了不起，我想我海峡两岸和香港都看过，有一次是香港看过。为什么印象那么深呢，因为将她安排在荃湾的剧场，那剧场很远，相对来说不是香港很有分量的剧场。我觉得将一位一流的艺术家放那里，实在太过分了，心中忿忿不平，因此我肯定我看过。有一次她在台湾演出，我特地去看。另外不记得在南京还是苏州也看过，因为连续好几年香港中华文化促进中心办"游江南"活动，在清明节，当时我在大学教学，可以偷一下懒，于是跟中心去苏州、杭州、南京看戏。在南京可能看过张继青老师演出都说不定，现在过了太久，我不记得了。但我真是很迷她，家中有很多她的唱片或者是她的演出，所以后来做了《朱买臣休妻》，也有这渊源。

总之那时候就是跟中心回内地看戏，很享受的活动。因为日间游览，晚上看戏，很丰富。唯一我觉得略为不足的是，晚上很累，看戏的状态不是很好。我发现看戏状态很重要，要是晚上看戏，如果你那天下午有休息，精神状态好，那个戏你就特别享受，特别入戏。

当时观众的情况我忘记了。我只记得青春版之前，演昆剧的频率比较低，票也没卖得那么好，看的人也是上了年纪的——大概印象是这样。到拿到UNESCO〔联合国教科文组织〕的名衔，①再加上青春版《牡丹亭》之后，整个局面就改变了。人们对它的印象改变了，演出机会多了，观众也多了，观众的年纪也年轻了，印象中是这样的变化，但这是不太科学的观察。我算是看得很多了，我想当时在八九十年代，还有演出的昆剧，就算没有百分百，大概百分之八十我都看过了。苏州、杭州、上海，连郴州我也去过了。

您提到"游江南"这个活动，听说当时昆曲在内地不受重视，那么那些剧团是专门为参加"游江南"的人士表演的吗？

当时还没有像现在这样，有康文署等那么多人努力，因此你不回去是看不了昆曲的。另外那时昆曲还没得到UNESCO的名衔，基本上在内地已经很久没演出了，很难得有一群知音人士联络。这群朋友一早已经请张继青、王奉梅过来教唱，因此私下说：不如这样吧，我们过来看你们演出吧？因此是私人演出，无人干扰，非常难得。刚好他们有自己的小剧场，否则就要在外面租小剧院，开放给别人看。但多数都是在小剧院，我最喜欢小剧院，因为小，连麦克风都不需要用。

他们很开心，因为很久没演出了，自从"文革"之后到八几年，一直都没有恢复演出，所以有人来关注他们，他们很开心。对我来说也是很好的回忆。如果我们白天不游览的话，就会拜访他们，晚上则看演出。他们很感谢我们这些知音人来。

反而后来他们恢复正常演出后，我就开始少去剧场了。主要是内地有的观众素质太差，很吵，不规矩，所以他们要将麦克风、音乐的声音放到超级大来镇住。我试过好几次，隔壁吵来吵去，要不就是摄影声音"噼噼啪啪"地没完没了。有一次我们请他们演出，安排了某个剧院，我不知道那次他们有没有收钱，反正有各单位的人在，吵得不得了。古老师就上去和观众们很客气地说：在演出中我们要尊重艺术家，不能说话，要是有急事想说话，你就出去说，不要

---

① 编者按：指的是2001年中国昆曲艺术被宣布为"人类口述和非物质遗产代表作"。

在场内。之后就安静了。这些事真的需要教育。

这几年看昆曲，不知道您对于它的表演有没有什么不同的感受？你如何看待今日的昆曲传承工作？

第一，我觉得早期看的昆曲比较纯粹，没那么多后天的东西，或觉得自己想艺术化、于是人为地添靴戴帽。那时候还没有新编昆剧，加了很多灯光、背景，那时候基本上都是旧的东西。特别是文化部重视之后，就投了很大资金，或者要写很大的计划书，现在那些新戏我基本不看，的确对他们不公平，因为他们需要机会。但跟已经演了几百年、千锤百炼、完全纯熟的戏比较，完全不是那回事。新艺人也还需要磨练，在张继青退休后，我看戏的热情就大大下降了。

第二，虽然现在有国家重视、政府资助，剧团比较繁荣，但我想戏曲在现在那么多不同娱乐方式的冲击下，基础已经受到很大震动。这很可惜。我作为一个纯粹看戏的，也觉得黄金时代过去了，没法子的事。

《据我所知》书影

您出版了《昆剧蝴蝶梦》、《昆剧朱买臣休妻》两本研究专书。可以请您介绍这两本书的构想与内容吗？

好的。我真的说不上研究，但有相当大兴趣，因此很乐意在能力范围内做一些事罢了。其实编两本书之前，我有个时期在《信报》文化版写了不少文章。《信报》文化版的编辑梁冠丽当时跟我是很好的朋友，她退休离开了。一开始纯粹是编辑挺欣赏我，而且我本来是写其他东西的，语言、历史、考古，因为当时看戏看得很沉醉，所以也写戏曲。那时有两个作用：第一是推广，特别在演出之前，或者快要演出时,希望多些人注意到,增加入座率。虽然我想其实没什么帮助,但也引起了一些注意吧。第二是讲"戏"和历史之间的互动。其实不止昆剧,差不多任何戏曲演出,只要我感兴趣都会写的,写了一段时间,加起来也有点分量。主要是说戏本身,历史记载是这样的,在戏里却是那样的,为什么呢?有些是为了让戏出彩,有些则是无意中留下历史记载不了的东西,譬如考科举怎么作弊,是社会面貌的反映。我觉得反应也挺好,起码朋友看过都觉得颇有趣味。后来我就将之结集为一辑,叫《看戏》,收在《据我所知》一书中。那本书有四个部分,一部分是文字语言;一部分是历史相关;一部分是考古,从文物讲历史的事;还有一部分就是看戏。后来编辑离任,我就没写了。

　　两本书是这样的:《昆剧蝴蝶梦》是因为古老师,这个戏原本只有两折,他将它改编为完整故事,我想支持他,希望除演出外,可以留下一个纪录。当时昆曲没现在那么受人关注,很多戏演完一次后就没有下文,因此我觉得不行,要留个纪录。做的时候很粗糙,第一没有任何资助,我自己出钱;第二找不到什么专业的人。因此我跟陈春苗在香港租了一台录像机,跟上海昆剧团说:你们在剧场演出,我们录像,然后出版。去哪里租录像机我也不知道,还是问做舞台剧的朋友。说起来,戏曲录像相对比较简单,不需要有近镜,我们这种真的是幼儿园版,与杨凡《凤冠情事》那种镜头是没办法相比的。

　　这样的形式以前没人试过:就是以一套戏为中心。除演出外,还有剧本,再开了一个不公开的座谈会,访问演员、沈斌导演、负责音乐的周雪华等创作人员,讲一下创作情况,春苗做文字纪录,并请朋友写介绍、评论的文章。第一本书编出来,我不是很满意,因为不是很认真。但我能力有限,只是基于兴趣,希望推广,而且想一本书做得好,要有很大财力,你的摄影不会只是这样。我觉得不是很行,但没什么计划继续。

　　后来遇到了张继青老师,那时候她已经不演了,但她说有个很满意的戏,就是《朱买臣休妻》,她还有一个以前录像的版本,现在她演不出那个状态了。那个版本其实也不是很理想,因为以前的录像技术、器材不行,但那个状态她没法重现了。我就说:那也好,既然你都给了我这么一个版本,我就出一本书吧。所以第二本书已经有经验,无论是我自己写的还是朋友写的文章,都比较

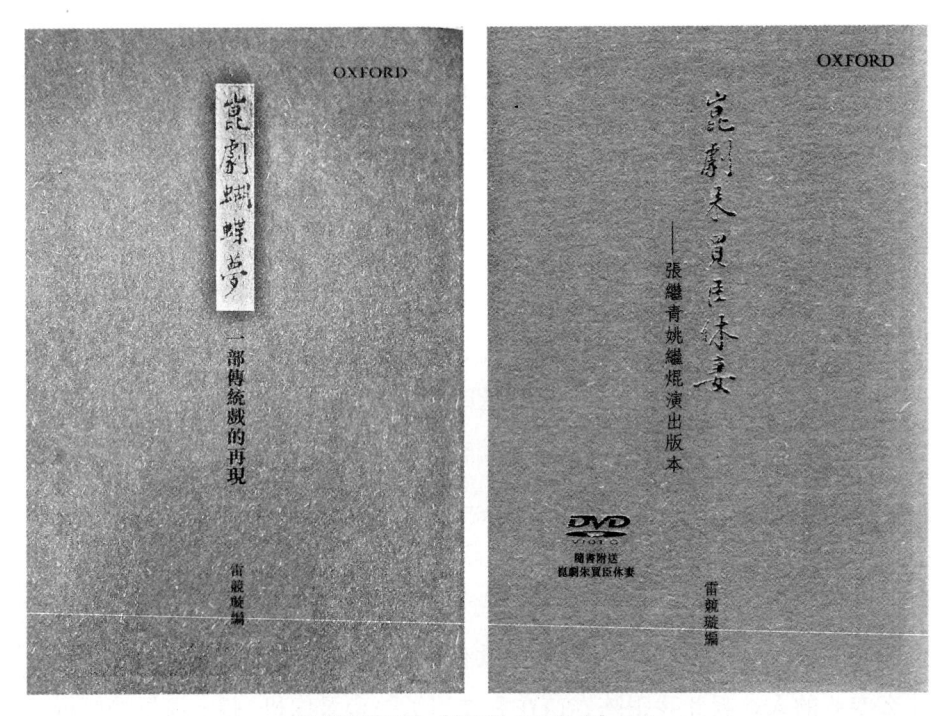

《昆剧蝴蝶梦》、《昆剧朱买臣休妻》书影

满意。以戏为中心,介绍戏和历史的关系、演出在昆曲史上的情况、访问张继青等等。

现在正在筹备第三本:《紫钗记》。这次我自己的钱多了一点,请了一些专业朋友,跟康文署说好了,在文化中心现场录像,质量好多了。可惜现在我没有时间认真去编,今年年末我会去台湾访问温宇航,在香港访问邢金沙,也联络了朋友,希望出本同样的书,有剧本、有古先生的说明、有演员的自白、有DVD。

听说您也在"利希慎基金会"工作过,曾帮助解决《新定九宫大成南北词宫谱译注》的出版资金问题?

这件事可以问刘国辉,我记得还有其他活动可以问问他。当时我在利希慎基金工作,这是利舞台家族基金。他们资助的范围也挺广泛,其中一个小部分就是文化艺术,我的职责就是推荐一些好的项目,由董事局决定是否资助。

这套《九宫大成》是张丽真向我推荐的，我后来问她借王正来老师的CD听过，我觉得很好听，当时王老师已经过世了。后来张丽真说，现在的人用现代音乐方式处理昆曲，根本读不了那些谱，弄得完全不是那个味道。我就在中大图书馆找出一套在内地出版、译成了五线谱的《九宫大成》，一听就知道乱七八糟，都不是昆曲。我说这样不行啊，你们得保存，不能只出曲谱，一定要有CD，能够示范正宗唱法，就由你们曲社去做吧。于是我就拿着预算，向董事局推荐，他们接受了。这个基金有个好处，一旦他们同意了，就不多加干涉，给了很大的自由度。后来找了中文大学出版社，算是完成了一件有意义的事。我也很开心，这个出版计划那么有价值，却又那么小众，得到资助不是一件容易的事，真的是机缘巧合。

基金还给了香港中华文化促进中心另一笔资助，中心的刘国辉跟余少华合作，请一些大师级的昆剧老师来香港，在中大利希慎音乐厅清唱一些曲目，应该录了音，好像请了三四位老师，梁谷音肯定是其中一位，还有计镇华、侯少奎。①我很喜欢利希慎音乐厅，一来是利家捐建的，兴建时是找了很好的建筑师调整过声音，是整个东南亚最好的。那里又小，完全不需要用麦克风，回音又好，是很理想的场地。我基本上是通过这个基金会去做这两件事，他们相信我。其实那个大师演出，如果我做下去会继续推荐的，但因为我离开了，继任

利希慎基金赞助"侯少奎昆曲演唱会"场刊（陈化玲老师提供）

---

① 编者按：此指"昆曲名家清唱艺术介绍与保存计划"，由利希慎基金赞助，香港中华文化促进中心与中文大学负责合办，2008年邀请侯少奎老师于利希慎音乐厅举行"侯少奎昆曲演唱会"，2009年邀请计镇华老师、梁谷音老师于利希慎音乐厅举行"计镇华·梁谷音昆曲演唱会"。

利希慎基金赞助"计镇华·梁谷音昆曲演唱会"场刊（陈化玲老师提供）

人未必很有兴趣，所以就没有再做。

香港早期都是由民间文化人推广昆曲，这几年特区政府才开始多做一点，您觉得这种组织形式有何优缺点？有没有什么途径可以结合政府和民间人士的力量？

我想已经算是有相当好的成绩了。毕竟我们要明白，戏曲虽然是中国文化的瑰宝，但它和现在整个生活面貌有点难以结合，始终比较小众。比如京昆在香港，除看戏外，要自己参与几乎没可能，你没有这个基础嘛。以前戏曲那么流行，除请戏班来演出，自己也可以参与。譬如今年我们乡丰收了，就请戏班来演出庆祝。演出时大家不用下田，大家一起唱戏、学戏，虽然不是很厉害，但也懂得唱一些片段，知道怎么鉴别。现在全部没有了。如果政府比较重视，多给点支持，就可以好一点。

您觉得若要在香港培养新观众，有哪些因素需要重视？你如何看待香港在昆曲推广中的作用？

可以培养，但很难期望它变成很广泛的事。譬如你到学校推广，如果康文署或者民政局提供资源给学校，保证每所中学每年看一次或两次京昆演出，就很不同了。但特区政府有那么多优先项目，他们会不会排戏曲上去？正如我不做利希慎基金，就不会有基金支持，有很多偶然因素控制不了，但总体来说不能期望太高。我觉得现在已经做得不错了，因为联合国教科文组织的认可，又有中心、古老师他们的推动，康文署成立了个戏曲小组，又有个戏曲节，其实特区政府用了很多公款赞助，已经很不错了。因此我觉得基础已经在了，如果有更多有心人，机缘好些，就能再发展一下。

香港是一个凝聚点，每年都有不同省的人来演出。下一步要怎么做多一点？譬如全世界对中国文化都比较注重，是不是可以做得国际化一点呢？这几年我观察到，进场看戏的外国人多了。但外国人很难看进去，我觉得差异太大了。早年字幕没有英文，现在有，但文字质量还是参差不齐，还可以再改进。我觉得外国人大概能看懂三成吧，看形式，实体应该看不了，但他们会很惊讶：哇，服装那么漂亮啊，东方特色啊！如何和旅游结合在一起呢？我真的不知道。而且不只是外国人，有很多内地大学生会趁假期过来香港看电影，电影便宜很多，戏曲比较贵。

其实香港有潜质成为一个文化中心，让人想起看戏就想起香港。但到底要怎么做？我还不知道。我觉得现在的基础不错，但始终有限制，是小众的。小众会维持高雅，不失传统，现在它面对的问题是，政府要推广，就一定要"搞大嘢"（大制作），搞很多舞美、服装等，结果失去原味，这是很大的问题。希望更多人看到，但又希望它不要失去自己的神韵和精神。

附录　香港昆曲史事编年

1922年

10月15日,梅兰芳应香港太平戏院邀请,首次率领独自组建的剧团"承华社"一百四十余人来港献演一个月。香港总督司徒拔爵士指派警察全程保护,大批市民往九龙码头迎接,造成香港、九龙之间的渡轮停运数小时。[1]

10月17日,梅兰芳与香港总督司徒拔爵士会面。[2]

10月24日至11月24日,梅兰芳"承华社"假香港太平戏院开始一个月的演出,除了京剧外,还演出不少昆曲剧目。10月28日演出《奇双会》(梅兰芳、姜妙香)。10月29日演出《艳阳楼》(沈华轩)。11月4日演出《游园惊梦》《春香闹学》(梅兰芳、姚玉芙)。11月10日演出《佳期》《拷红》(梅兰芳、姚玉芙)。11月18日演出《尼姑思凡》(梅兰芳)。11月24日演出《春香闹学》(梅兰芳、姚玉芙)。[3]

1948年

12月底,俞振飞抵港与马连良、张君秋演出,剧团名为"马连良、张君秋、俞振飞剧团",分别在娱乐戏院、高陞戏院、普庆戏院演出。演出剧目包括昆剧《贩马记》,惟以京剧为主,[4]演出结束后,马连良、张君秋、俞振飞

---

[1] 谢思进、孙利华编著:《梅兰芳艺术年谱》(北京:文化艺术出版社,2009年),页111。
[2] 同上。
[3] 谢思进、孙利华编著:《梅兰芳艺术年谱》(北京:文化艺术出版社,2009年),页111—115。
[4] 娱乐戏院演出日期为12月20日至24日。第一晚演出《龙凤呈祥》(俞振飞饰周瑜);第二晚演出《玉堂春》(张君秋、俞振飞)、《马义救主》;第三晚演出《梅龙镇》、《辕门射戟》(俞振飞)、《打渔杀家》;第四晚演出《群英会借东风》;第五晚演出《白门楼》(俞振飞)、《三娘教子》。
　　高陞戏院演出日期为12月27日至1949年1月2日。第一晚演出《龙凤呈祥》;第二晚《全部四进士》;第三晚《梅龙镇》、《三娘教子》;第四晚《全部群英会借东风》;第五晚《全部一捧雪、审头刺汤》;第六晚日戏《苏三起解》、《八大锤代说书》,夜戏《贩马记》(俞振飞、张君秋)、《清官册》;第七晚日戏《春秋配》(张君秋、俞振飞)、《九更天马义救主》,夜戏《六月雪》、《群英会、借东风》(马连良、俞振飞)。

(转第273页)

香港太平戏院内部，1909年（网络图片）

《马连良、张君秋、俞振飞旅港演出专集》封面（老吉：《马连良到香港》，《大成》第37期，1976年12月，页60）

1949年

1月,俞振飞收影星许可为弟子。与张君秋拍摄京剧电影《玉堂春》。②

2月,俞振飞离港到上海,后与梅兰芳一起在京、津、沪演出。③

1950年

12月,俞振飞再至香港,与马连良、张君秋联袂演出,夫人黄蔓耘同行。④

1951年

1月至4月,俞振飞于九龙与马连良、张君秋合演《群英会》、《龙凤呈祥》、《状元谱》、《法门寺》、《八大锤》等剧。⑤

3月16日,俞振飞收薛正康为弟子,张君秋为介绍人,马连良举香,沈苇窗致贺词。⑥

1952年

1月,俞振飞与金素琴在香港合演《凤还巢》。⑦

(接第271页)
　　普庆戏院演出日期为1月2日至9日。第一天演出《全部四进士》;第二天演出《梅龙镇》、《打渔杀家》;第三天演出《甘露寺》、《法门寺》;第四天《全部苏武牧羊》;第五天《长坂坡带汉津口》;第六天《全本御碑亭》;第七天《全体反串蜊蜡庙》。

① 老吉:《马连良到香港》,《大成》第37期(1976年12月),页58—64。
② 江沛毅编著:《俞振飞年谱》(上海文化出版社,2011年),页141;费三金:《俞振飞传》(上海文化出版社,2011年),页140。
③ 王家熙:《俞振飞九十传略　寿俞振飞先生》,《大成》第210期(1991年5月),页25。
④ 同上。
⑤ 唐葆祥:《俞振飞传》(上海:上海文艺出版社,1997年),页231。
⑥ 江沛毅编著:《俞振飞年谱》(上海:上海文化出版社,2011年),页148;薛正康:《顾铁华钻京昆》,《大成》第198期(1990年5月),页55。
　　编者按:沈苇窗,原名沈学孚,1918年出生,浙江省桐乡乌镇人。民国时期上海文化界人士,毕业于上海中国医学院。在上海期间曾替《海报》杂志撰写文章。1949年后,沈自上海迁居香港,并在1970年代担任《大人》及《大成》杂志总编辑。1995年病逝香港。见《我所知道的名人往事:〈大人〉杂志精选》(台北:酿出版,2017年)原编者简介。
⑦ 唐葆祥:《俞振飞传》(上海:上海文艺出版社,1997年),页231。

4月，俞振飞与章遏云在九龙合演《得意缘》、《贩马记》。①

8月，俞振飞单独成立"俞振飞剧团"，兼演京昆剧目，多与夫人黄蔓耘合作演出，演出昆剧如《思凡》、《断桥》、《太白醉写》等，直至1955年才返回大陆。

1953年

8月，俞振飞在新舞台演出《罗成叫关》和《太白醉写》。②

8月2日，俞振飞参与演出的电影《小凤仙》于香港上映。③

8月11日，青年会主办之中英学会中文戏剧组，举行暑期戏剧讲座，邀请俞振飞主讲"昆曲与皮簧"。④

12月27日，新亚书院举行第113次文化讲座，邀请俞振飞主讲"昆曲与戏剧之起源"。⑤

俞振飞整辑《粟庐曲谱》，在吴叔同、陆菊笙等人的资助下，分上下两集在港印行。

1954年

1月16日晚，俞振飞假新舞台重演京剧《人面桃花》，与葛兰、郑玉如、黄蔓耘合演。据报导，俞振飞于演出时即席书写崔护《题都城南庄》一诗。⑥

4月25日，俞振飞参与演出的电影《天堂美女》于香港上映。⑦

---

① 江沛毅编著：《俞振飞年谱》（上海：上海文化出版社，2011年），页148；唐葆祥：《俞振飞传》（上海：上海文艺出版社，1997年），页231。
② 青莲：《俞振飞与〈太白醉写〉》，《工商晚报》，1954年4月26日，页3。
③ 见香港电影资料馆官方网站"香港电影检索"系统。
④ 《俞振飞今讲昆曲与皮簧》，《华侨日报》，1953年8月11日，第2张页3；《暑期戏剧讲座第三讲　俞振飞讲昆曲与皮簧》，《华侨日报》，1953年8月12日，第2张页3。俞振飞提出四点昆曲的优点："（一）文字典雅，所谓集唐人的诗、宋人的词而成，而且所有创作家，都是对文学修养很有研究的；（二）格律严正，昆曲的唱曲，每一个牌子一定是多少句，每句都规定多少字，毫不糊混；（三）音调和平，因为昆曲的盛行在明清两代，国家最安定的时候，同时昆曲对调子的限制也很严，不能随便；（四）动作细致。"并解释皮簧是什么，以及为甚么昆曲会被皮簧取代之，最后指出改良昆曲的方针，认为昆曲仍然有它的艺术价值。
⑤ 《新亚书院请俞振飞讲"昆曲与戏剧之起源"》，《华侨日报》，1953年12月26日，第4张页1。
⑥ 英华：《〈人面桃花〉将重演　俞振飞即席题诗》，《工商晚报》，1954年1月10日，页2。
⑦ 见香港电影资料馆官方网站"香港电影检索"系统。

4月27日，俞振飞在娱乐戏院演出《太白醉写》，夫人黄蔓耘饰演杨贵妃。①

7月22日，香港首部阔银幕电影《新玉堂春》上映，片中《三司会审》一场以京剧形式演出，由俞振飞夫妇指导。②

1955年

春天，俞振飞在九龙普庆戏院演出，其中一场与黄蔓耘、沈苇窗、薛正康演出《贩马记》，名画家张大千和"冬皇"孟小冬女士到场观赏。③

3月，俞振飞偕夫人黄蔓耘离开香港，④于4月2日至17日，参加梅兰芳、周信芳舞台生活五十周年纪念活动。⑤

电影《杨贵妃》于香港上映，俞振飞夫妇担任顾问。⑥

俞振飞和黄蔓耘在香港联袂演出《贩马记》，1954年（吴新雷主编：《中国昆剧大辞典》，南京大学出版社，2002年）

---

① 青莲：《俞振飞与〈太白醉写〉》，《工商晚报》，1954年4月26日，页3。
② 江沛毅编著：《俞振飞年谱》（上海：上海文化出版社，2011年），页154；香港电影资料馆官方网站"香港电影检索"系统。
③ 当天演出第一出戏为粉菊花和名票刘伯华、李瑞亭等的《翠屏山》，第二出是《贩马记》，俞振飞饰赵宠，俞夫人黄蔓耘饰桂枝，沈苇窗饰李奇，薛正康饰保童、王德昆饰胡老爷、胡永芳饰丫环、刘金玉饰禁卒，司笛为冯鹤亭。见沈苇窗：《艺林广记：风流儒雅俞振飞》，《大成》第238期（1993年9月），页33。
④ 编者按：目前一般材料都以4月1日作为俞振飞离开香港的时间，惟按照《华侨日报》报导，俞振飞于3月6日已离开香港。按梅兰芳《我的电影生活》一书，俞振飞夫妇于1955年3月7日回到北京，梅兰芳亲往车站迎接。按《大公报》管重撰文，3月19日俞振飞夫妇及梅兰芳、许姬传等于北京聚餐；另《大公报》梧宁撰文亦指俞振飞于1955年3月返回内地。见《平剧小生俞振飞悄然离港》，《华侨日报》，1955年3月7日，第2张页3；梅兰芳：《我的电影生活》（北京：中国电影出版社，1962年），页93；管重：《夜宴俞振飞夫妇》，《大公报》，1955年3月29日，第1张第2版；梧宁：《豪情逸才　斗酒百篇　太白醉写清平调》，《大公报》，1962年1月18日，第3张第9版。
⑤ 江沛毅编著：《俞振飞年谱》（上海：上海文化出版社，2011年），页156。
⑥ 见香港电影资料馆官方网站"香港电影检索"。

1959年

4月3日，香港中文大学崇基学院中文系与国乐研究会假香港循道中学礼堂举办"中国古典音乐演奏会"，蔡德允于会上演唱《玉簪记·琴挑》选段。

1961年

9月，梅兰芳、俞振飞合演的七彩艺术片《游园惊梦》在港上映。①

12月21日至1962年1月，俞振飞、言慧珠带上海青年京剧团来港在九龙普庆戏院演出，②京昆剧目皆有，如京昆合演大戏《白蛇传》；俞振飞、言慧珠合演昆剧《惊变埋玉》和《太白醉写》，其中华文漪、蔡正仁、王芝泉、计镇华等参与了演出；还有折子戏《钟馗嫁妹》（方洋）、《游园惊梦》（张洵澎、蔡正仁）、《挡马》（王芝泉、张铭荣）等。③

1979年

7月，香港市政局假香港大会堂音乐厅举办"中国戏曲节"。7月23日演出昆剧《天官赐福》、《百花赠剑》（顾铁华、金慧苓、朱元菊）、《奇双会》（顾铁华、金慧苓），俞振飞赋诗为贺。

顾铁华、杨铭新成立"香港业余京昆剧团"，接受香港市政局委托，承办香港中国戏曲节和亚洲艺术节。④

1983年

11月1日至3日，俞振飞率领上海昆剧团应邀参加第八届亚洲艺术节，在香港大会堂音乐厅演出。11月1日演出折子戏《挡马》（王芝泉、陈同申）、《迎像哭像》（蔡正仁）、《双下山》（梁谷音、刘异龙）、《游园惊梦》（华文漪、岳美

---

① 《梅兰芳遗作〈游园惊梦〉下月上映》，《华侨日报》，1961年8月27日，第4张页3。
② 司马不平：《"样板戏"葬送了言慧珠》，《大成》第36期（1976年11月），页62。
③ 吴新雷编著：《插图本昆曲史事编年》，页228。
④ 费三金著、薛正康校：《赏心乐事——海外实业家顾铁华的粉墨春秋》（上海：上海三联书店，2014年），页138。

缇)。11月2日演出《十五贯》(计镇华、刘异龙)。11月3日演出折子戏《时迁偷鸡》(张铭荣)、《跪池》(华文漪、岳美缇、计镇华)、《盗仙草》(王芝泉)、《太白醉写》(俞振飞)。配合演出,10月31日,杨世彭假太空馆演讲厅作"昆曲艺术欣赏讲座"。

11月5日至11日,剧团继续留港在新光戏院演出7天8场,其后又往百丽殿舞台演出4场,[①]俞振飞与李蔷华合演了《写状》,其他青年演员演出剧目包括:《墙头马上》(岳美缇、华文漪)、《十五贯》(计镇华、刘异龙)、《牡丹亭》(华文漪、岳美缇)、《画皮》(梁谷音、蔡正仁、刘异龙)、《贩马记》(蔡正仁、华文漪)、《烂柯山》(梁谷音、计镇华)、《惊变埋玉》(蔡正仁、华文漪)、《诱叔别兄》(梁谷音、计镇华、张铭荣)、《偷诗》(岳美缇、华文漪)、《扈家庄》(王芝泉)、《惊丑》(刘异龙、蔡正仁、张静娴)、《絮阁》(张静娴、蔡正仁、刘异龙)、《借扇》(陈同申、史洁华)、《盗库银》(王芝泉)、《山亭》(方洋、张铭荣)、《弹词》(计镇华)等。

11月9日,俞振飞应香港中文大学之邀,作"我与昆剧六十年"演讲,由饶宗颐教授主持。俞振飞于演讲提到:"今天的题目是'我与昆剧六十年',这个题目应该改,因为我六岁就会唱曲子。我三岁丧母,其时我父已五十六岁,老年得子,十分宠爱,亲自抚养。每晚睡前,我父便以昆曲《三醉》中的一支【红绣鞋】作为催眠曲,我听得多了自然会唱,六岁那

俞振飞在香港中文大学演讲(文广生:《天南地北:俞振飞在中大谈昆曲》,《大成》第121期,1983年12月,页25)

---

① 《上海昆剧团先头部队抵港　俞振飞精神饱满　谈话时语带幽默》,《华侨日报》,1983年10月29日,第6张页2,"娱乐圈"。

年，便由父亲吹笛，我便能唱《三醉》的曲子，所以这个题目应该是'我与昆剧七十六年'。"①

11月13日，香港中文大学新亚书院东方艺术学会邀请上海昆剧团作交流演出，并由中大京剧社、中大邵逸夫堂、中大学生会协办；香港联艺娱乐有限公司、幽兰雅集社支持赞助。演出剧目包括：《挡马》（王芝泉、陈同申）、《游园惊梦》（邓宛霞、蔡正仁、金采琴）、《十五贯》（计镇华、刘异龙）、《贩马记》（李蔷华、顾铁华）。

1984年

8月21日至23日，香港市政局举办"中国戏曲汇演：京剧与昆曲"，邀请香港业余京昆剧团及上海京剧院演出。21日演出《挡马》（王小玲、周元武）、《百花赠剑》（华文漪、顾铁华、朱元菊）。22日演出《长生殿·小宴惊变》（华文漪、顾铁华）。

1986年

12月15日，俞振飞与夫人李蔷华来港，在香港中文大学作"昆曲源流及其变革"演讲。②

邓宛霞创办"香港京昆剧场"，工作范围包括演出制作、普及推广、教育培训、文化交流等。

1987年

2月2日至7日，上海京剧团应邀参加第15届香港艺术节，在香港大会堂音乐厅演出，并特邀蔡正仁、邓宛霞参与。2月2日邓宛霞与孙正阳、奚培民演出《蝴蝶梦·说亲回话》，2月5日蔡正仁与邓宛霞演出《白蛇传》（京昆合演）。

---

① 文广生：《天南地北：俞振飞在中大谈昆曲》，《大成》第121期（1983年12月），页25。
② 吴新雷编著：《插图本昆曲史事编年》，页259。

俞振飞示范《琴挑》开扇式,"京昆表演艺术"演讲,1987年9月9日,香港文化中心(《大成》第167期,1987年10月,封面内页)

俞振飞示范"笑","京昆表演艺术"演讲,1987年9月9日,香港文化中心(宜修:《从俞振飞演讲谈起》,《大成》第167期,1987年10月,页58)

2月9日至15日,香港联艺娱乐有限公司邀请上海京剧团继续留港在新光戏院演出,2月10日蔡正仁与邓宛霞演出《贩马记·写状》,2月11日邓宛霞与张承斌演出《挡马》,并与蔡正仁演出京剧《起解·会审》,2月12日蔡正仁与邓宛霞演出京剧《凤还巢》。①

9月,俞振飞来港应香港中文大学及香港中华文化促进中心邀请作两次演讲。俞振飞9月9日在香港文化中心演讲,讲题为"京昆表演艺术"。②

11月,香港艺术中心在其演奏厅主办"经典戏曲电影钩沉"。其中,11月10日、18日及24日的场次放映昆剧电影《游园惊梦》。③

1988年

3月至12月,香港中华文化促进中心合计举行了十次"京昆雅叙"系列讲

---

① 《大成》第160期(1987年3月),封底内页。
② 宜修:《从俞振飞演讲谈起》,《大成》第167期(1987年10月),页56—58。
③ 文广生:《天南地北:艺术中心演戏曲电影》,《大成》第168期(1987年11月),页17;"经典戏曲电影钩沉"广告,《大成》第168期(1987年11月),封底。

座,分别邀请了本港及途经香港的京、昆艺术家介绍及示范京昆艺术中各种角色、不同流派的特点和贡献,借此提高大众的欣赏水平、推广京昆艺术。

5月,乐漪萍于香港中华文化促进中心作"昆剧旦角表演艺术与欣赏"演讲。乐氏早于八十年代便于港传授昆曲。

6月22日、26日、27日,上海昆剧团的王芝泉、陈同申应邀来港参与在香港演艺学院歌剧院举行的"京剧荟萃耀香江"演出,演出昆剧折子戏《挡马》。①

10月5日,俞振飞与夫人李蔷华赴港,应香港中华文化促进中心邀请作"戏曲与文学"讲座,并放映其所录影的京昆剧片段。②

10月6日,俞振飞获香港中文大学荣誉文学博士,由港督卫奕信爵士颁授。③

10月23日,顾铁华为祝贺俞振飞荣获荣誉博士筹备晚会,由香港传统戏曲艺术研究院与香港中文大学中文系、《大成》杂志联合主办。晚会假香港中文大学邵逸夫堂举行,由梁沛锦博士致祝词,俞振飞夫人李蔷华主演京剧《武家坡》(谢景莘合演)、《春闺梦》(顾铁华合演)。并由乐漪萍的七名粤剧女学员以顾兆琪之吹笛录音伴奏合唱《思凡》。是晚嘉宾云集,出席者近七八百人,包括刘海粟、佘雪曼等。④

香港联艺娱乐有限公司主办的"中国地方戏曲展(八八)"假新光戏院演出。梁谷音应邀于10月30日演出昆剧《西厢记·佳期》,11月5日演出昆剧《烂柯山·痴梦》。邓宛霞、蔡正仁于11月7日演出昆剧《牡丹亭·游园惊梦》;由顾兆琪司笛。⑤

---

① "京剧荟萃耀香江"广告,《大成》第175期(1988年6月),页57;陆采微:《笑语大成:王芝泉一月四挡马、"拿桥"和"救场"》,《大成》第176期(1988年7月),页52。
② 沈苇窗:《艺林广记:繁忙十月》,《大成》第180期(1988年11月),页48;吴新雷编著:《插图本昆曲史事编年》,页263。
③ 文广生:《天南地北:昆曲名家十月会香港》,《大成》第178期(1988年9月),页22;文广生:《天南地北:俞振飞获港督颁博士》,《大成》第179期(1988年10月),页11;王家熙:《俞振飞九十传略寿俞振飞先生》,《大成》第210期(1991年5月),页26。
④ 沈苇窗:《艺林广记:繁忙十月》,《大成》第180期(1988年11月),页48;陆采微:《笑语大成:京昆二功臣》,《大成》第180期(1988年11月),页49;文广生:《天南地北:中大晚会祝贺俞振飞》,《大成》第180期(1988年11月),页14。
⑤ 文广生:《天南地北:昆曲名家十月会香港》,《大成》第178期(1988年9月),页22;"中国地方戏曲展八八"广告,《大成》第178期(1988年9月),封底;文广生:《天南地北:邓宛霞义演昆双出》,《大成》第179期(1988年10月),页11;"中国地方戏曲展八八"之"梅兰芳艺术名作汇演"广告,《大成》第179期(1988年10月),封底;沈苇窗:《艺林广记:繁忙十月》,《大成》第180期(1988年11月),页48。

12月13日至17日，名作家白先勇的《游园惊梦》假高山剧场演出。节目由联艺娱乐有限公司主办，白先勇、杨世彭编剧，胡伟民导演，广州话剧团用普通话演出。上海昆剧团的华文漪饰演剧中女主角钱夫人，朱晓瑜饰演昆曲名票徐夫人，顾兆琳饰演江南老笛师顾传信。①

1989年

5月，上海戏曲学校青少年京剧团来港演出，包括一出昆剧折子戏《问探》。②

11月，香港文化中心开幕，15日至19日举行"南北昆剧汇香江"，由全国六大昆剧团（上海昆剧团、北方昆曲剧院、江苏省昆剧院、江苏省苏州昆剧团、浙江昆剧团和湖南省昆剧团）组成的中国昆剧艺术团来港参加开幕献演，一共五天七场。③

11月15日晚上演出折子戏《界牌关》（林为林、吴振伟）、《浣纱记·寄子》（计镇华、石小梅、张世铮）、《水浒记·活捉》（梁谷音、刘异龙）、《千里送京娘》（侯少奎、洪雪飞）。

11月16日晚上演出折子戏《雅观楼》（王芝泉、刘国庆）、《长生殿·小宴》（洪雪飞、马玉森）、《玉簪记·琴挑》（汪世瑜、王奉梅）、《玉簪记·问病、偷诗、催试》（岳美缇、张静娴）、《玉簪记·秋江》（岳美缇、张洵澎）。

11月17日下午演出学生日场及折子戏《义侠记·游街》（张寄蝶、林为林）、《窦娥冤·辩冤》（蔡瑶铣、周万江）、《祥麟现·天罡阵》（杨凤一、张敦

---

① 文广生：《天南地北：白先勇小说成舞台剧》，《大成》第181期（1988年12月），页15；陆采微：《笑语大成：三位昆剧人》，《大成》第182期（1989年1月），页63。
② 沈苇窗：《艺林广记：香港京剧观众第一流》，《大成》187期（1989年6月），页42。
③ 沈苇窗：《艺林广记：六班昆剧大会演》，《大成》第186期（1989年5月），页53；沈苇窗：《艺林广记：六班昆剧大会演续闻》，《大成》第187期（1989年6月），页42—43；万宝全：《昆剧艺人在美出走前后　传河南杂技团五十人在美大逃亡——香港演出改人不改戏》，《大成》第190期（1989年9月），页6；陆采微：《笑语大成：顾铁华敬老》，《大成》第192期（1989年11月），页53；沈苇窗：《艺林广记：南北昆剧会演我见》，《大成》第193期（1989年12月），页53；陆采微：《笑语大成：武松打猫、大翻行头、二老迟到、矮子扫地、地毯累人》，《大成》第193期（1989年12月），页54；宜修：《好戏与好演员》，《大成》第202期（1990年9月），页49；吴新雷编著：《插图本昆曲史事编年》，页264。

义），演出前由顾铁华介绍昆剧与演出的折子戏。晚上演出"《牡丹亭》选场"：《闹学》（王芳、陶红珍、黄小午）、《游园》（胡锦芳、陶红珍）、《惊梦》（张继青、岳美缇）、《寻梦》（张继青、陶红珍）、《离魂》（张继青、龚继香）、《拾画叫画》（汪世瑜）、《幽会、还魂》（张洵澎、蔡正仁）。

11月18日下午演出折子戏《西厢记·游殿》（林继凡、石小梅）、《百花记·赠剑》（张静娴、蔡正仁）、《风筝误·前亲》（刘异龙、龚世葵）、《西厢记·入梦》（顾铁华、王英姿、梁谷音）、《盗库银》（王芝泉、周启明）；晚上演出折子戏《货郎旦·女弹》（蔡瑶铣、曹颖）、《朱买臣休妻·砍柴逼休》（计镇华、梁谷音）、《朱买臣休妻·痴梦、泼水》（张继青、姚继焜）。

11月19日晚上演出《义侠记》：《打虎游街》（侯少奎、张寄蝶）、《戏叔别兄》（侯少奎、梁谷音、张寄蝶）、《挑帘裁衣》（梁谷音、刘异龙、成志雄）、《显魂杀嫂》（唐湘音、王静）。

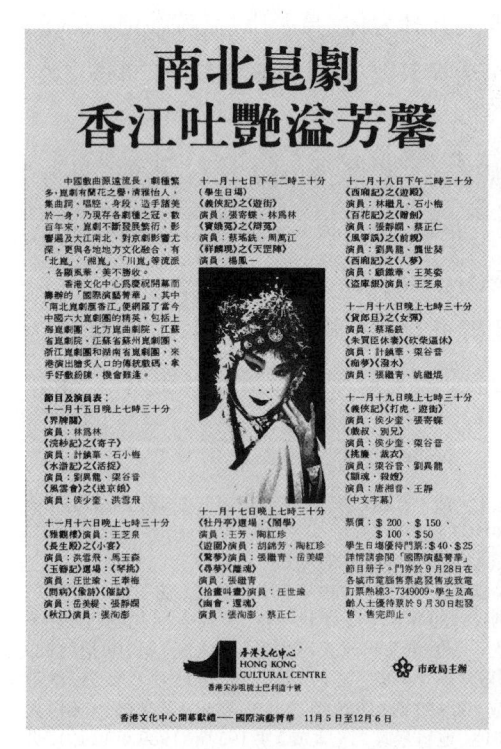

"南北昆剧汇香江"广告（《大成》第192期，1989年11月，页55）　　"上海昆剧团在香港"（《大成》第193期，1989年12月，封底）

1990年

3月上旬，梁谷音应香港中文大学常宗豪教授邀请，来港演讲。①

8月3日始，香港中华传统戏曲学院、珠海信托贸易发展总公司、上海文化录像中心联合录制上海昆剧团优秀传统折子戏，至次年结束。②

8月30日至9月4日，邓宛霞京昆剧团假新光戏院举行建团公演，以大连京剧团作为班底，特邀蔡正仁演出，韩宝康司笛。③演出昆剧包括：9月1日，《贩马记》（邓宛霞、蔡正仁）；9月3日，《长生殿·小宴》（邓宛霞、蔡正仁）；9月4日，京昆合演《白蛇传》，《水斗》一折为昆剧，邓宛霞、蔡正仁合演。④

1991年

第八届（1990年度）"中国戏剧梅花奖"评选揭晓，邓宛霞获奖。⑤

香港中华文化促进中心昆剧研究及推广小组（下称：昆剧小组）成立，成员有姚德怀、古兆申等人，积极做了大量的昆剧推广工作，如艺术家讲座，剧团演出等。小组其后易名为"昆剧研究及推广委员会"。

2月26日，香港中华文化促进中心昆剧小组举行讲座"昆剧行当表演的特色——巾生、闺门旦及武生"，邀请了汪世瑜、王奉梅、林为林作示范讲者。⑥

2月27日、28日，浙江昆剧团在香港中文大学邵逸夫堂作示范演出，为邵逸夫堂成立十周年特备节目。27日演出《牡丹亭·惊梦、拾画叫画》（汪世瑜、王奉梅）、《夜奔》（林为林）、《跪池》（汪世瑜、王奉梅、林为林）、昆笛独奏（韩建林）。28日演出《界牌关》（林为林）、《题曲》（王奉梅）、《拾柴》（汪世瑜、

---

① 陆采微：《笑语大成：谷音来港》，《大成》第198期（1990年5月），页72。
② 吴新雷编著：《插图本昆曲史事编年》，页265。
③ 陆采微：《笑语大成：又要看好戏》，《大成》第200期（1990年7月），页45。
④ 文广生：《天南地北：邓宛霞剧团建团演出》，《大成》第201期（1990年8月），页22；宜修：《蔡正仁、邓宛霞、于魁智》，《大成》第203期（1990年10月），页50；吴新雷编著：《插图本昆曲史事编年》，页265。
⑤ 吴新雷编著：《插图本昆曲史事编年》，页268。
⑥ 吴宜修：《赏心乐观昆剧——记乐漪萍师生昆剧晚会》，《大成》第239期（1993年10月），页33；吴新雷编著：《插图本昆曲史事编年》，页267。

《琴挑》(汪世瑜、王奉梅)、昆笛独奏(韩建林)。①

6月10日,香港中华文化促进中心举行讲座"昆曲小生的演唱艺术",邀请岳美缇作示范讲者,乐漪萍主持。②

10月5日,香港中华文化促进中心举行讲座"昆剧的演唱及其乐队的伴奏",邀请顾兆琪作示范讲者,乐漪萍主持。③

10月至11月,香港市政局举办"中国剧艺节"。11月8日至10日,邀请河北省京剧团假香港文化中心大剧院演出,并特邀蔡正仁、邓宛霞参与。11月10日演出《挡马》(年金鹏、苑瑞芳)、京剧《西厢记·赖婚、哭宴》(邓宛霞、蔡正仁)。

12月,香港中华文化促进中心举行了两场讲座,由江苏省昆剧院张继青、姚继焜主讲并示范,江苏省昆剧院笛师钱洪明作示范伴奏。20日下午,乐漪萍主持讲座"南昆旦角演唱特色和正旦表演艺术"。21日下午,沈苇窗主持讲座"南昆老生老外老末的舞台表演艺术"。④

1992年

1月26日至29日,第20届香港艺术节邀请上海昆剧团假香港大会堂音乐厅演出。⑤ 26日演出《长生记·请神降妖》(王芝泉、刘异龙)、《狮吼记·跪池》(岳美缇、张静娴、计镇华)、《蝴蝶梦·说亲回话》(梁谷音、刘异龙)、《铁冠图·撞钟分宫》(蔡正仁、沈晓明)。27日演出《孙悟空三打白骨精》(张铭荣、王芝泉、蔡正仁、刘异龙)。28日演出《梁红玉》(王芝泉)、《金雀记·乔醋》(蔡正仁、张静娴)、《千忠戮·搜山打车》(计镇华、沈晓明)、《水浒记·借茶、活捉》(梁谷音、刘异龙)。29日演出《八仙过海》(王芝泉)、《玉簪记·琴

---

① 陆采微:《笑语大成:浙昆团来港》,《大成》第208期(1991年3月),页66。
② 吴宜修:《赏心乐事观昆剧——记乐漪萍师生昆剧晚会》,《大成》第239期(1993年10月),页33。
③ 同上。
④ 同上;文广生:《天南地北:张继青姚继焜将来港》,《大成》第217期(1991年12月),页9;沈苇窗:《艺林广记:编辑后记》,《大成》第218期(1992年1月),页65。
⑤ 文广生:《天南地北:上海昆剧团演出剧目》,《大成》第216期(1991年11月),页20;沈苇窗:《艺林广记:编辑后记》,《大成》第218期(1992年1月),页65。

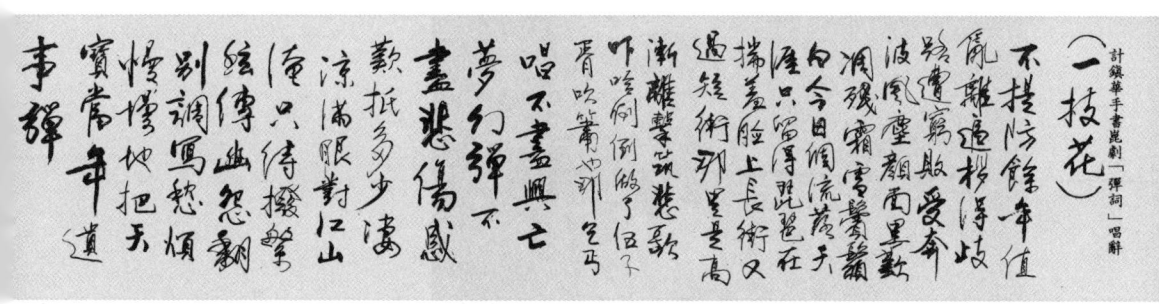

计镇华手书《弹词》唱词(吴宜修:《昆剧表演艺术家计镇华座谈会摘记——香港文化促进中心昆剧小组主办》,《大成》第226期,1992年9月,页52—53)

挑、问病、偷诗、催试、秋江》(岳美缇、张静娴)。[1]

7月3日、4日,香港中华文化促进中心昆剧小组策划"传字辈昆剧艺术系列讲座",在香港中华文化促进中心演讲厅举行,[2]乐漪萍主持,顾兆琪伴奏。3日,计镇华主讲"老生行当几类人物的表演——向传字辈老师学艺的体会和心得"。[3] 4日,郑传鉴主讲"传字辈艺人对昆剧艺术的传承和发展"。座上客计有梅派教师包幼蝶、信报总编辑沈鉴治、俞振飞弟子杨世彭等数十位。[4]

10月起,乐漪萍老师的学生每月第二个星期六下午三时至五时在香港中华文化促进中心聚唱昆曲。[5]

12月至1993年1月,香港中华文化促进中心组织港台文化界人士前往南京,观看江苏省昆剧院演出,团中包括台湾的樊曼侬、蒋勋等人。

香港中华文化促进中心赞助浙江昆剧团排演昆剧《牡丹亭》,并作录像保存。

---

[1] 李兆淦:《目迷神醉的演出:看岳美缇〈玉簪记〉》,《大成》第220期(1992年3月),页74。沈苇窗:《艺林广记:连看了四场昆剧》,《大成》第220期(1992年3月),页75。
[2] 文广生:《天南地北:郑传鉴计镇华顾兆琪来港为昆剧艺术讲座揭幕》,《大成》第224期(1992年7月),页8。吴宜修:《赏心乐事观昆剧——记乐漪萍师生昆剧晚会》,《大成》第239期(1993年10月),页33。
[3] 陆采微:《笑语大成:计镇华写字》,《大成》第225期(1992年8月),页63。
[4] 沈苇窗:《艺林广记:郑传鉴续鸾之喜》,《大成》第225期(1992年8月),页62。
[5] 吴宜修:《赏心乐事观昆剧——记乐漪萍师生昆剧晚会》,《大成》第239期(1993年10月),页33。昆曲聚唱的持续时间仅依据《大成》1993年10月的记录而言。

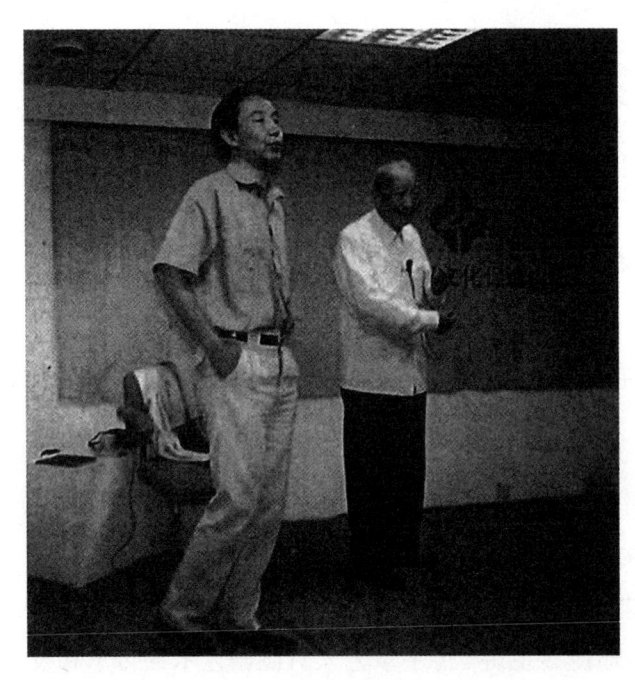

演讲照片：计镇华（左）、郑传鉴（右）（吴宜修：《昆剧表演艺术家计镇华座谈会摘记——香港文化促进中心昆剧小组主办》，《大成》第226期，1992年9月，页52—53）

1993年

1月9日，香港中华文化促进中心昆剧小组放映姚传芗、王奉梅名剧《疗妒羹·题曲、浇墓》及《牡丹亭·寻梦》录像。①

1月30日，香港中华文化促进中心昆剧小组与香港京剧研习社合办新春京昆聚唱，清唱京剧及昆曲。除包幼蝶及乐漪萍的学生外，还邀请本港著名曲友、票友参加。②

2月13日，香港中华文化促进中心昆剧小组在其演讲室放映俞振飞、张娴的《玉簪记·琴挑》、《长生殿·小宴惊变》、《占花魁·湖楼、受吐》录像，由吴宜修女士主持介绍。③

---

① 文广生：《天南地北：香港中华文化促进中心昆剧组九三年活动》，《大成》第230期（1993年1月），页19。
② 吴宜修：《赏心乐事观昆剧——记乐漪萍师生昆剧晚会》，《大成》第239期（1993年10月），页33。
③ 文广生：《天南地北：香港中华文化促进中心昆剧组九三年活动》，《大成》第230期（1993年1月），页19；文广生：《天南地北：俞振飞张娴名剧欣赏　中华文化中心特介绍》，《大成》第231期（1993年2月），页17；吴宜修：《赏心乐事观昆剧——记乐漪萍师生昆剧晚会》，《大成》第239期（1993年10月），页33。

2月17日至24日，姚传芗、张娴、王奉梅等应邀至香港中文大学讲学。①

2月19日，香港中华文化促进中心昆剧小组策划的"传字辈昆剧艺术系列讲座（之三、四）"举行，由张娴、王奉梅主讲"与周传瑛老师排演生、旦戏的体会"，她们并且示范表演了《惊变》【泣颜回】、《刺虎》【滚绣球】、《思凡》【山坡羊】、《斩杨》【江儿水】以及《亭会》【园林好】，笛师为韩建林。②

2月20日，姚传芗主讲"闺门旦、贴旦的几类人物表演"，示范了《惊梦》【山坡羊】和《佳期》【十二红】，笛师为韩建林。③

4月8日至13日，香港中华文化促进中心昆剧小组又组团（四十人）到上海昆剧团和浙江昆剧团看了四台折子戏。④

5月29日晚及30日下午，香港中国传统戏曲艺术院院长顾铁华，与张继青在省昆剧院兰苑剧场演出了《游园惊梦》和《浣纱记·合纱、泛舟》。⑤

年中，香港中华文化促进中心出资，赞助苏州昆剧传习所录制传字辈演员的舞台艺术。

7月31日，香港中华文化促进中心昆剧小组在其演讲室举办俞振飞先生纪念会，由乐漪萍主持，沈苇窗、顾铁华、吴宜修任嘉宾。纪念会中放映录像《千忠戮·八阳》（俞振飞、郑传鉴）及《惊鸿记·太白醉写》（俞振飞、蔡正仁、张洵澎、刘异龙、王君惠等）。⑥

8月14日，香港中华文化促进中心昆剧小组举办乐漪萍"向张传芳老师学艺的体会"讲座。⑦

9月7日、8日，香港中华文化促进中心昆剧小组假香港西湾河文娱中心

---

① 吴新雷编著：《插图本昆曲史事编年》，页277。
② 吴宜修：《赏心乐事观昆剧——记乐漪萍师生昆剧晚会》，《大成》第239期（1993年10月），页33；沈苇窗：《艺林广记：出台先露一只脚》，《大成》第232期（1993年3月），页54—55；吴新雷编著：《插图本昆曲史事编年》，页277—278。
③ 沈苇窗：《艺林广记：出台先露一只脚》，《大成》第232期（1993年3月），页54—55；吴新雷编著：《插图本昆曲史事编年》，页278。
④ 吴新雷编著：《插图本昆曲史事编年》，页278。
⑤ 同上。
⑥ 吴宜修：《赏心乐事观昆剧——记乐漪萍师生昆剧晚会》，《大成》第239期（1993年10月），页33；沈苇窗：《艺林广记：风流儒雅俞振飞》，《大成》第238期（1993年9月），页33。
⑦ 吴宜修：《赏心乐事观昆剧——记乐漪萍师生昆剧晚会》，《大成》第239期（1993年10月），页33。

剧场举办"乐漪萍师生昆剧晚会",顾兆琪、李小平、屠利生、陈美英伴奏、刘楚华司仪,并由香港艺术发展局资助部分演出经费。①7日演出《牡丹亭·游园》(苏赐兰、邓洁莲)、《牡丹亭·惊梦》(乐漪萍、顾铁华)、《雷峰塔·断桥》(张静娴、岳美缇、乐漪萍),清唱间幕(李卫娜、韩家鳌、张丽真等)。8日演出《红梨记·亭会》(乐漪萍、岳美缇)、《贩马记·写状》(张静娴、顾铁华)、《西厢记·佳期》(乐漪萍、岳美缇、张静娴),清唱间幕(苏赐兰、张丽真、李卫娜、杨薇、洪朝丰等)。②

11月2日,由香港文化艺术委员会、香港联艺机构有限公司联合举办"《红楼梦》文化艺术展",最后一折戏为江苏省昆剧院张继青演出的昆剧《牡丹亭·寻梦》。③

1994年

3月,中国戏曲学会颁发第一个"金兰奖"予顾铁华。④

3月,香港中华文化促进中心邀请侯少奎演讲"从红净表演谈北方昆剧的特点",由昆剧小组姚德怀主席介绍。⑤

3月18日至20日,北方昆曲剧院应香港市政局邀请,在香港大会堂音乐厅演出折子戏。⑥18日演出《孙悟空三借芭蕉扇》(张敦义)、《女弹》(蔡瑶铣)、《千里送京娘》(侯少奎、洪雪飞)、《天罡阵》(刘静)。19日演出《闹天宫》(张敦义)、《辩冤》(蔡瑶铣、周万江)、《钟馗嫁妹》(侯少奎)、《水斗》(洪雪飞、刘静)。20日演出《吕布试马》(刘国庆)、《费贞娥刺虎》(洪雪飞)、《单刀会》(侯少奎)、《十八罗汉斗悟空》(张敦义)。⑦

---

① 吴宜修:《赏心乐事观昆剧——记乐漪萍师生昆剧晚会》,《大成》第239期(1993年10月),页30—32。
② 陆采薇:《笑语大成:来去太匆匆》,《大成》第239期(1993年10月),页53。
③ 沈苇窗:《艺林广记:看好戏》,《大成》第241期(1993年12月),页54。
④ 文广生:《天南地北:顾铁华荣获得金兰奖 张继青在北京演昆曲》,《大成》第245期(1994年4月),页17。
⑤ 陆采薇:《笑语大成:此昆不是那昆》,《大成》第245期(1994年4月)页31。
⑥ 同上。
⑦ 陆采薇:《笑语大成:北昆来香港》,《大成》第243期(1994年2月),页58;吴新雷编著:《插图本昆曲史事编年》,页281。

7月8日至9月23日，香港中华文化促进中心和香港浸会大学校外进修学院合办"诸剧之母：昆剧艺术的欣赏与学习"，每逢星期五晚上在文化中心举行，由韩家鳌、王亨恺、周纯一、刘楚华、古兆申等讲授，内容有《昆剧的唱腔与念白》、《昆剧的表演艺术》、《昆剧的音乐》等12题。修毕课程颁发证书。①

1995年

5月，曲家殷菊侬于香港中华文化促进中心作讲座，讲述昆曲艺术。

5月15日至17日，邓宛霞举办"京昆名家演唱演奏会"，邀请上海昆剧团团长蔡正仁来港表演。蔡正仁与邓宛霞先后在15日于上环文娱中心合演《贩马记·写状》；②16日于西湾河文娱中心剧院合演昆剧《玉簪记·偷诗》。③17日，邓宛霞清唱昆曲《牡丹亭·游园惊梦》，蔡正仁清唱昆曲《长生殿·迎像哭像》。④

1996年

1月，香港中华文化促进中心分别邀请蔡正仁、蔡瑶铣谈昆剧官生及正旦表演艺术。

4月4日至9日，由香港中华文化促进中心组织的"游江南·看昆剧"小组一行三十人，于4月4日、5日到江苏省昆剧院看了两台折子戏，7日至9日到浙江昆剧团看了三台折子戏。⑤

9月至11月，香港中华文化促进中心参与香港市政局艺团驻场计划，于西湾河文娱中心剧场举办"诸剧之母——昆剧艺术欣赏课程"。由多位本港文化、艺术界人士，黄继持、陈辉扬、刘楚华、顾铁华、古兆申、张丽真等主持讲座、

---

① 文广生：《天南地北：文化中心与浸会学校合办的昆剧艺术讲座》，《大成》第247期（1994年6月），页15。
② 陆采微：《笑语大成：家院康万生》，《大成》第259期（1995年6月），页51；吴新雷编著：《插图本昆曲史事编年》，页286。
③ 文广生：《天南地北：上海昆剧团又远征台湾　蔡正仁分兵来香港演出》，《大成》第258期（1995年5月），页11；吴新雷编著：《插图本昆曲史事编年》，页286。
④ 沈苇窗：《艺林广记：京昆名家演唱》，《大成》第259期（1995年6月），页19。
⑤ 吴新雷编著：《插图本昆曲史事编年》，页290。

录像欣赏、清唱工作坊，并于1997年1月假西湾河文娱中心剧院，举办"昆曲清唱会"，是次清唱会并邀得岳美缇、褚德荣参与。

11月，香港中华文化促进中心邀请汪世瑜谈昆剧小生表演艺术。

12月至1997年1月，香港中华文化促进中心邀得岳美缇、张静娴主持昆曲清唱坊，并作《玉簪记》讲座。

1997年

2月28日至3月2日，第25届香港艺术节邀请由江苏省昆剧院、上海昆剧团及北方昆曲剧院组成的"中国昆剧艺术团"演出。2月28日于荃湾大会堂演出《牡丹亭》（张继青、詹国治）。3月1日于香港大会堂音乐厅演出《长生殿·酒楼》（黄小午、林继凡）、《南西厢·佳期》（董瑶琴）、《跃鲤记·芦林》（张继青、范继信）、《琵琶记·吃糠遗嘱》（计镇华、张静娴、张铭荣）。3月2日于香港大会堂音乐厅演出《义侠记·游街》（张寄蝶）、《狮吼记·跪池》（吴继静、詹国治）、《玉簪记·琴挑》（石小梅、胡锦芳）、《琵琶记·扫松》（计镇华、张铭荣）、《烂柯山·痴梦》（张继青）。

4月4日、5日，香港中华文化促进中心组织"游江南·看昆剧"旅游团到江苏省昆剧院看了两台折子戏。①

7月2日、3日，为庆祝香港回归，香港京昆艺术协会邀请上海昆剧团蔡正仁、岳美缇，北方昆曲剧院王大元（笛师）举行"庆祝回归京昆艺术家演出团　菊兰芳袭满香江"，在香港大会堂音乐厅演出《白蛇传》和《玉簪记·偷诗》。②

8月30日《新民晚报》报导，香港中华文化促进中心致力抢救昆剧艺术，自1993年起与苏州重建的昆剧传习所合作，邀请一批老艺术家摄制演剧声像，经过剪辑和配制字幕，已制作完成了四十五出昆剧折子戏音像带。③

10月24日至26日，临时市政局主办"中国戏曲节1997"，香港邓宛霞京

---

① 吴新雷编著：《插图本昆曲史事编年》，页296。
② 吴新雷编著：《插图本昆曲史事编年》，页297。
③ 吴新雷编著：《插图本昆曲史事编年》，页297—298。

昆剧团联合北京京剧院、上海昆剧团、山东省京剧院、重庆市川剧团及浙江婺剧团假香港文化中心大剧院演出。24日、25日演出"四演（京、昆、川、婺）《白蛇传》"，其中《游湖》（邓宛霞、蔡正仁）一折是昆剧。26日演出折子戏《长生殿·惊变埋玉》（邓宛霞、蔡正仁）。10月22日，假太空馆演讲厅举行讲座"京剧《坐楼杀惜》及昆曲《长生殿》的表演欣赏"，由邓宛霞、杨柳青、蔡正仁、安云武主讲。

1998年

4月，香港中华文化促进中心组织"游江南·看昆曲"活动，到南京、杭州参观访问江苏省昆剧院和浙江京昆艺术剧院，观看了多场演出。[①]

6月11日，北昆王大元等三位演奏人员应邀赴港参加香港回归一周年庆典演出。[②]

6月12日至13日，香港京昆艺术协会假西湾河文娱中心剧院举办"京昆名剧名曲欣赏"，邓宛霞与岳美缇在两天先后演出折子戏《琴挑》、《偷诗》。

7月，香港城市大学中国文化中心成立，由郑培凯担任中心主任。该中心积极推广昆剧艺术，于大学里多次举办昆曲讲座、演出。

12月2日至6日，临时市政局假香港文化中心大剧院主办"南戏北剧显光华"，邀请裴艳玲与阮兆辉演出。12月2日至4日京、粤、昆合演《龙凤呈祥·三气周瑜》，裴艳玲于粤剧《三气周瑜》中以昆腔唱出《芦花荡》整曲牌子。12月5日演出昆剧折子戏《林冲夜奔》（裴艳玲）及移植昆剧的粤剧折子戏《十五贯·访鼠测字》（尤声普、阮兆辉）。12月6日裴艳玲与阮兆辉演出京剧《钟馗》。

1999年

4月22日，香港城市大学中国文化中心"1998—1999春季班访校艺术家计

[①] 吴新雷编著：《插图本昆曲史事编年》，页300—301。
[②] 吴新雷编著：《插图本昆曲史事编年》，页301—302。

划"邀请了中华文化促进中心昆剧小组假惠卿剧院举办"宋词昆曲演唱会"。

5月，湖南省昆剧团应香港联艺演艺公司之邀，在香港文化中心演出《抢棍》、《藏舟》。①

5月5日，香港城市大学中国文化中心邀请浙江昆剧团假惠卿剧院举行"浙江昆剧团昆剧生旦净末丑"示范讲座。

5月7日至9日，香港中华文化促进中心策划浙江昆剧团来港，于香港文化中心大剧院演出。7日演出《试马》（林为林）、《藏舟》（张富光）、《写状》（王世瑶、张世铮）、《教歌》（陶波、李公律）、《跪池》（汪世瑜）。8日演出《问探》（翁国生）、《抢棍》（张富光）、《见都》（陶伟明、张世铮）、《百花赠剑》（李公律、张志红）、《界牌关》（林为林）。9日演出《长生殿》（王奉梅、陶铁斧）。

12月30日至2000年1月2日，上海昆剧团应香港临时区域市政局之邀赴港，于葵青剧院演艺厅演出。12月30日演出《牡丹亭》（上本）（张军、沈昳丽、陈莉）。12月31日演出《牡丹亭》（中本）（岳美缇、李雪梅、黎安、陈莉）。1月1日演出《牡丹亭》（下本）（蔡正仁、张静娴、张军、余彬）。1月2日演出《挑滑车》（侯永强）、《痴梦》（梁谷音）、《受吐》（岳美缇、张静娴、张铭荣）、《昭君出塞》（谷好好、江志雄、侯哲）、《太白醉写》（蔡正仁、刘异龙）。

2000年

1月至3月，香港中华文化促进中心在香港艺术发展局资助下，举办"中国戏曲之母——昆剧"系列推广活动，由汪世瑜、王奉梅、何炳泉等人担任导师，教导基础身段班、清唱工作坊；并设昆剧赏析课程及到大专、中学作巡回示范讲座。

2月至3月，香港城市大学中国文化中心邀请汪世瑜、王奉梅、何炳泉，谈昆剧表演艺术，并于3月4日假惠卿剧院作"昆剧名家示范演出"，剧目有《牡丹亭·寻梦》、《玉簪记·琴挑》、《牡丹亭·惊梦》。

4月至5月，香港城市大学中国文化中心邀请蔡正仁来港，讲解昆剧表演

---

① 吴新雷编著：《插图本昆曲史事编年》，页307。

艺术与《牡丹亭》。

6月,香港城市大学中国文化中心邀请计镇华来港,讲解昆剧老生的唱腔与表演。

10月7日至8日,香港中华文化促进中心策划举办"昆曲名家清唱晚会",邀请汪世瑜、计镇华、王奉梅、陶铁斧假香港文化中心剧院演唱昆曲名段。

2001年

1月14日至19日,浙江昆剧团昆小班应邀赴香港城市大学演出《游园惊梦》、《拾画叫画》、《三岔口》、《天女散花》、《游街》等。①

2月至3月,汪世瑜于香港城市大学中国文化中心作讲座,谈昆剧艺术特色及演《牡丹亭》中柳梦梅的体会。

2月3日,上海昆剧团协助顾铁华与华文漪合演《浣纱记》。②

2月8日至11日,第29届香港艺术节举办"京昆粤红伶荟萃",邀请北方昆曲剧院来港,于香港演艺学院歌剧院演出。9日演出《活捉》(马宝旺、魏春荣)。10日演出《千里送京娘》(侯少奎、董萍)。11日演出《单刀会》(侯少奎)。

3月,香港中国艺术推广中心成立,经常策划昆曲院团到港演出,邢金沙于该中心任曲唱、身段班导师。

4月,梁谷音、张世铮于香港城市大学中国文化中心谈正旦和老生的表演特色。

4月23日,江苏省昆剧院演员柯军应香港"进念·二十面体"胡恩威之邀,赴港作昆曲讲座,探讨有关未来昆曲走向及二十一世纪中国戏曲与艺术教育的新趋势。③

7月,浙江京昆艺术剧院青年团获邀,于香港城市大学中国文化中心作昆曲演出,剧目包括《三岔口》、《哪吒闹海》、《天女散花》、《挡马》、《游街》、

---

① 吴新雷编著:《插图本昆曲史事编年》,页316。
② 同上。
③ 吴新雷编著:《插图本昆曲史事编年》,页317。

《火凤凰》、《拾画叫画》等，并由林为林作昆曲艺术介绍讲座。

10月11日至13日，香港中文大学邵逸夫堂二十周年庆典，邀请浙江京昆艺术剧院青年团演出《牡丹亭》。①

11月，汪世瑜、王奉梅于香港城市大学中国文化中心，讲述昆剧的才子佳人戏。

9月至12月，康乐及文化事务署主办首届大型艺术节"中国传奇"。在艺术节开始前，以"昆剧：世界人文遗产杰作"为题，进行多角度系列讲座：9月6日，尘纾、王韦民主讲"昆剧何以是诸剧之母"；9月20日，古兆申主讲"昆曲与中国传统演唱艺术"；10月4日，刘楚华主讲"昆剧文学之美"；10月18日及11月1日，张丽真及古兆申主讲了两次"《游园惊梦》昆曲试唱——昆曲清唱工作坊"；11月15日，郑培凯主讲"汤显祖与《牡丹亭》"。并在11月1日至13日，于香港文化中心大堂设"昆剧：世界人文遗产杰作"展览。11月29日至12月2日，香港中华文化促进中心在是次艺术节中以"三代传国宝　西园牡丹开"为主题，邀请浙江京昆艺术剧院，假香港文化中心大剧院演出。11月29日演出《西园记》(汪世瑜、王奉梅、陶铁斧)。11月30日，"浙江一条腿：武生林为林专场"，演出《钟馗嫁妹》(林为林)、《弹词》(程伟兵)、《三岔口》(林为林、陶波)、《张三借靴》(王世瑶、陶波)、《界牌关》(林为林)。12月1日演出《牡丹亭》上本(张志红、李公律)。12月2日演出《牡丹亭》下本(汪世瑜、王奉梅)。

12月，由香港中华文化促进中心策划，艺术发展局资助，韩家鳌编著的《昆曲字音》在港印行。

2002年

2月1日至3日，"进念·二十面体"邀请石小梅假香港大会堂剧院参与《佛洛伊德寻找中国情与事》演出。

3月，石小梅到香港城市大学中国文化中心演讲，谈昆剧中的《牡丹亭》、《桃花扇》、《浣纱记》。

---

① 吴新雷编著：《插图本昆曲史事编年》，页320。

6月至8月,汪世瑜到香港城市大学中国文化中心演讲,介绍昆剧及其舞台艺术。

6月13日至16日,"进念·二十面体"邀请石小梅、田蔓莎、吴兴国、周龙、马兰、赵志刚假上环文娱中心演讲厅参与《独脚戏——实验中国传统戏曲》演出。

9月25日至27日,香港中华文化促进中心策划苏州昆剧院来港,假香港大会堂剧院举行"吴门雅韵"演出。这是苏州昆剧院首次单独组团到港演出。①25日演出《荆钗记·绣房、送亲、参相、改书、投江、见娘、男祭、开眼、上路》(王弘芳、赵承林、吕弘海、朱承蕾、汤承天、朱承璋、朱承泓、杜承康)。26日演出《琵琶记·盘夫》(尹承明、王弘韵)、《燕子笺·狗洞》(朱承泓、周继翔)、《紫钗记·折柳阳关》(王弘芳、赵承林)、《钗钏记·相约、讲书、落园、讨钗》(龚继香、陶弘红、杨弘昇、王弘韵)。27日演出《天官赐福》(杨弘昇)、《满床笏·龚寿、纳妾、跪门、求子、后纳》(周继翔、柳继雁)。

10月,张静娴到香港城市大学中国文化中心演讲,介绍昆剧艺术。

11月,杨凤一到香港城市大学中国文化中心演讲,介绍北方昆曲及刀马旦艺术。

11月9日至15日,香港著名电影导演杨凡到苏州昆剧院拍摄电影《凤冠情事》,其中有张继青主演的《痴梦》和王芳、赵文林主演的《折柳阳关》。②

11月19日至21日,香港京昆艺术协会邀请北方昆曲剧院侯少奎、上海昆剧团岳美缇来港,假香港大会堂剧院举行纪念俞振飞百年诞辰的"南北昆曲名家汇演"。③19日演出《林冲夜奔》(杨帆)、《华容道》(侯少奎)、《游园惊梦》(邓宛霞、岳美缇)。20日演出《玉簪记》(岳美缇、邓宛霞、成志雄、王小瑞)。21日演出《胖姑学舌》(王瑾、王怡、曹文振)、《钟馗嫁妹》(董红钢)、《湖楼》(岳美缇、成志雄)、《千里送京娘》(侯少奎、邓宛霞)。

12月4日至13日,苏州昆剧院应白先勇先生和香港中华文化促进中心

---

① 吴新雷编著:《插图本昆曲史事编年》,页325。
② 吴新雷编著:《插图本昆曲史事编年》,页326。
③ 同上注。

邀请，派出青年演员赴港参与昆曲艺术公开讲座。8日，由香港大学中文系主办，假香港大学陆佑堂举行，白先勇主讲"昆剧里的'男欢女爱'——以《佳期》及《惊梦》为例"。9日至11日，沙田大会堂演奏厅有三场白先勇演讲，前两场是学校文化日的学生专场，讲题为"昆剧《游园惊梦》给我的创作灵感"、"昆曲中的爱情表演方式"。第三场是公开售票场，讲题是"昆曲：世界性的艺术"。几次演讲示范的剧目计有《惊梦》、《佳期》、《弹词》、《秋江》、《下山》等折子，赴港演员包括杨晓勇、沈志明、俞玖林、吕佳、俞红梅，这次活动直接促成青春版《牡丹亭》的制作面世。①

顾铁华为纪念俞振飞百岁诞辰，编印《粟庐曲谱外编》，王正来辑校、薛正康副编。

2003年

正月，白先勇与古兆申、樊曼侬、辛意云，还有汪世瑜、张继青等人聚集在苏州商谈，并开始了青春版《牡丹亭》的筹划及其后的排演工作。

3月，柯军于香港城市大学中国文化中心演讲，谈昆曲文武老生表演艺术。

3月7日，浙江永嘉昆曲剧团应邀参与第31届香港艺术节，假香港大会堂音乐厅演出《张协状元》。

6月至7月，汪世瑜来港，与刘楚华、郑培凯、古兆申等人，于香港文化中心作"世界人文遗产杰作——昆曲专题探讨系列讲座"。6月29日，刘楚华主讲题为"戏文与杂剧"。7月6日，郑培凯主讲"汤显祖被冷落的名作——《邯郸记》"。7月20日，汪世瑜主讲"昆剧中'独脚戏'、'对子戏'和'三脚凳'"。7月27日，古兆申主讲"南曲与北曲"。

7月，林为林于香港城市大学中国文化中心演讲，介绍昆曲艺术。

7月17日至20日，"进念·二十面体"邀请石小梅假香港大会堂剧院参与《我爱宋词之好风如水》演出。

7月28日至8月5日，应香港中华文化促进中心之邀，江苏省昆剧院一行

---

① 吴新雷编著：《插图本昆曲史事编年》，页326。

(浙昆汪世瑜、北昆侯少奎、蔡瑶铣、张毓文加盟合作)赴港参加"南戏北剧名作展",在香港文化中心举办了三场演出前座谈会及三场共十四出折子戏演出。①
7月29日,汪世瑜、石小梅主讲"'迎像哭像'与'看状诘父'的新演绎"。7月30日,侯少奎、蔡瑶铣主讲"元杂剧'刀会'与'女弹'的唱演特色"。7月31日,柯军、胡锦芳主讲"独脚戏的表演心得:以南昆'夜奔'及'题曲'为例"。8月1日演出《单刀会·刀会》(侯少奎、黄小午)、《疗妒羹·题曲》(胡锦芳)、《玉簪记·偷诗》(汪世瑜、蔡瑶铣)、《白罗衫·看状诘父》(石小梅、黄小午、赵坚)。8月2日演出《绣襦记·卖兴》(张寄蝶)、《邯郸记·云阳法场》(柯军、徐云秀)、《货郎旦·女弹》(蔡瑶铣)、《水浒记·借茶》(林继凡、胡锦芳)、《长生殿·迎像哭像》(汪世瑜、李鸿良)。8月3日演出《宝剑记·夜奔》(柯军)、《桃花扇·题画》(石小梅)、《幽闺记·踏伞》(钱振荣、孔爱萍)、《义侠记·显魂杀嫂》(侯少奎、张毓文、李鸿良、张寄蝶)、《牧羊记·望乡》(汪世瑜、黄小午)。

8月6日至11月9日,香港中国艺术推广中心开办"昆剧表演身段班",每周三晚上7点半至9点由原浙昆名旦邢金沙授课,共讲了15堂次。②

9月,侯少奎于香港城市大学中国文化中心演讲,讲述侯派艺术的几个代表性剧目:《刀会》《夜奔》《千里送京娘》。

9月至10月,浙江昆剧团于香港城市大学中国文化中心演出昆曲,剧目有《游园惊梦》《寻梦》《写真》《告雁》《佳期》《拾画叫画》《幽欢》等。并由陶伟明、毛文霞、张侃侃、王明强、丁尧安等人作了昆曲艺术讲座,介绍行当艺术、伴奏乐器等。

9月26日,白先勇率领台湾、香港的十多位主创人员到苏州昆剧院看小兰花班的排演,并于27日参加"两岸三地合作打造青春版《牡丹亭》"的签约仪式。③

10月,王芝泉于香港城市大学中国文化中心演讲,介绍昆曲武旦、刀马旦艺术。

10月30日至11月1日,"中国传奇"艺术节假荃湾大会堂举行"江浙戏曲

---

① 吴新雷编著:《插图本昆曲史事编年》,页329。
② 同上。
③ 吴新雷编著:《插图本昆曲史事编年》,页330。

展演"，邀请上海昆剧团演出《白蛇传·盗仙草》（丁芸、侯永强、季云峰）、《昭君出塞》（谷好好、胡刚、朱俊）。

12月25日至27日，香港京昆艺术协会邀请北方昆曲剧院侯少奎、上海昆剧团蔡正仁来港，于香港大会堂剧院进行"南北昆曲名家汇演"。25日演出《小放牛》（刘巍、王瑾）、《梳妆掷戟》（王振义、董萍、侯宝江）、《跪池》（蔡正仁、邓宛霞、耿天元）、《别母乱箭》（侯少奎、王小瑞）。26日演出《出猎》（刘巍、董萍）、《扫松》（张卫东、田信国）、《闹龙宫》（谷峰、侯宝江）、《写状、三拉、团圆》（蔡正仁、邓宛霞）。27日演出《武松与潘金莲》（侯少奎、邓宛霞、耿天元）。

2004年

1月28日，"进念·二十面体"应新加坡滨海艺术中心邀请参与"华艺节2004"，假新加坡滨海艺术中心剧院演出《佛洛伊德寻找中国情与事》，特邀石小梅参与演出。

2月，梁谷音在香港城市大学中国文化中心演讲，介绍昆曲旦角艺术。

3月12日至14日，台湾当代传奇剧场主办、"进念·二十面体"协办《独当一面——实验中国传统剧场交流计划》，邀请柯军、田蔓莎（川剧）、李小锋（秦腔）、吴兴国（京剧）、赵志刚（越剧）、黄香莲（歌仔戏）、红虹（粤剧）共同参与，假台北新舞台演出。

3月25日至27日，香港中国艺术推广中心策划浙江昆剧团来港，与香港的龙飞粤剧团合作，假葵青剧院演艺厅演出"昆粤双雄展星辉"，其中昆剧剧目有：3月25日《吕布试马》（林为林）、《教歌》（陶铁斧、陶波）、昆粤同演《一箭仇》（林为林、李龙、阮兆辉）；3月26日《界牌关》（林为林、项卫东）;《百花赠剑》（张志红、李公律）、昆粤同演《武松与西门庆》（李龙、林为林）；3月27日《暗箭记》（林为林、张志红）。

4月16日，苏州昆剧院参加第二十八届"香港国际电影节"，昆曲电影《凤冠情事》特别放映，王芳等作了示范表演。[1]

---

[1] 吴新雷编著：《插图本昆曲史事编年》，页332。

5月21日至23日，由香港中华文化促进中心策划，白先勇带苏州昆剧院来港，假沙田大会堂演奏厅，演出三本青春版《牡丹亭》。为配合演出，5月17日至19日晚上假沙田大会堂文娱厅举行以普通话主讲的座谈会。5月17日的座谈会由白先勇主持，讲者是张继青及汪世瑜，主题为"两代杜丽娘与柳梦梅——昆剧表演艺术的传承"。5月18日的座谈会主题是"我梦想的《牡丹亭》"，由白先勇主讲，郑培凯主持。5月19日的座谈会主题是"谈《牡丹亭》的舞台构思"，讲者汪世瑜，由古兆申任主持。

6月24日至27日，"进念·二十面体"假香港大会堂高座演奏厅演出《浮士德VS浮士德》。演出邀请柯军、松岛诚参与导演及演出，并邀请李鸿良、四川省青年川剧团刘磊参与创作及演出。

7月，张寄蝶于香港城市大学中国文化中心作昆曲丑行艺术讲座。

7月21日、22日，香港城市大学中国文化中心邀请浙江昆剧团举办两场

"两代杜丽娘与柳梦梅——昆剧表演艺术的传承"座谈会，2004年5月17日，沙田大会堂文娱厅（刘国辉先生提供）

折子戏演出，并由林为林等作昆曲艺术介绍讲座，演出剧目包括《三岔口》（薛鹏、陈克宇）、《牡丹亭·惊梦》（胡娉、毛文霞）、《牡丹亭·拾画叫画》（毛文霞）、《吕布试马》（薛鹏、陈克宇）。

9月25日，为庆祝中国挪威建交五十周年，挪威奥斯陆音乐厅举办"中国文化周"，邀请"进念·二十面体"假挪威奥斯陆音乐厅演出《荣念曾实验剧场——夜奔》。演出由荣念曾导演，并邀请柯军参与创作及演出，以及孙晶参与演出。

10月，蔡瑶铣于香港城市大学中国文化中心演讲，介绍昆曲艺术及其演艺体会。

10月20日、21日，香港京昆艺术协会联合北方昆曲剧院，在香港大会堂剧院演出《武松与潘金莲》，由邓宛霞、柯军主演。

2005年

1月至2月，杨晓勇于香港城市大学中国文化中心演讲，介绍昆曲老生艺术。

1月7日晚，上海昆剧团梁谷音、计镇华、刘异龙、侯哲在兰心大戏院上演香港曲家古兆申整理改编的昆剧《蝴蝶梦》。[1]

2月23日至25日，香港城市大学中国文化中心举办"白先勇谈昆曲"讲座，并邀得青春版《牡丹亭》的主演，苏州昆剧院小兰花班示范演出三场昆剧折子戏：第一场演出《思凡》（施远梅）、《相约讨钗》（沈国芳、陈玲玲）、《说亲》（沈丰英、吕福海）、《小宴》（周雪峰、顾卫英）；第二场演出《思凡下山》（施远梅、柳春林）、《哭魁》（周雪峰）、《亭会》（俞玖林、吕佳）；第三场演出《山亭》（唐荣、柳春林）、《游园》（沈丰英、沈国芳）、《惊梦》（沈丰英、俞玖林）、《幽媾》（俞玖林、沈丰英）。

3月，张志红于香港城市大学中国文化中心演讲，介绍昆曲闺门旦艺术。

3月17日至20日，苏州昆剧院应第33届香港艺术节邀请，于香港演艺学院歌剧院演出三晚本《长生殿》（赵文林、王芳、汤迟荪），顾笃璜任戏剧总监及

---

[1] 吴新雷编著：《插图本昆曲史事编年》，页337。

总导演。

6月2日至4日，由香港中国艺术推广中心策划"丑中美——昆丑名家汇演"，以浙江昆剧团为班底，邀请其他院团名家来港献演，纪念王传淞百年诞辰。6月2日至3日假香港大会堂音乐厅，6月4日假荃湾大会堂演奏厅演出。2日演出《雁翎甲·盗甲》（赵磊、胡刚）、《风筝误·前亲》（王世瑶、刘异龙）、《南西厢·游殿》（林继凡、李公律）、《金锁记·羊肚》（张铭荣）、《跃鲤记·芦林》（范继信、王奉梅）。3日演出《孽海记·下山》（侯哲、唐蕴岚）、《红梨记·醉皂》（林继凡、陶铁斧）、《荆钗记·绣房》（王世瑶、王奉梅）、《东窗事犯·疯僧扫秦》（陶波、俞志青、陶伟明）、《水浒记·活捉》（刘异龙、梁谷音）。4日演出《十五贯》（刘异龙、王世瑶、林继凡、陶伟明、张世铮）。

7月12日至15日，刘异龙应香港城市大学中国文化中心之邀演讲，介绍昆曲丑角艺术，讲题为"戏看昆剧""丑趣""我爱演的丑角"。①

8月11日至14日，香港中华文化促进中心策划上海昆剧团来港，于香港大会堂音乐厅演出，包括：8月11日《长生殿》（蔡正仁、张静娴）；8月12日《请神降妖》（谷好好、方洋）、《望乡》（岳美缇、缪斌）、《评雪辩踪》（蔡正仁、张静娴）、《戏叔别兄》（梁谷音、计镇华、侯哲）；8月13日《蝴蝶梦》（梁谷音、计镇华、刘异龙、侯哲）；8月14日《占花魁》（岳美缇、张静娴、张铭荣）。

9月，汪世瑜、王奉梅应香港城市大学中国文化中心之邀演讲，介绍昆曲表演艺术。②

11月，"进念·二十面体"主办"诸神会——实验传统艺术节2005"，邀请多位戏曲艺术家，包括石小梅、周龙和刘鑫（京剧）、李小峰和张宁（秦腔），及彭蕙蘅（河北梆子）合作创作和演出三个剧目《群英会》、《杂种实验》及《挑滑车》，进行传统表演艺术与多媒体的实验。石小梅参与了11月18日、21日、22日《群英会》的演出。

雷竞璇编《昆剧蝴蝶梦：一部传统戏的再现》由牛津大学出版社出版。

---

① 吴新雷编著：《插图本昆曲史事编年》，页342。
② 同上。

2006年

1月，香港浸会大学中文系邀请张丽真讲授昆曲，有关课程列入大学学分课程。

3月，黄小午于香港城市大学中国文化中心演讲，介绍昆曲老生表演艺术。

3月16日至19日，康文署主办、香港中国艺术推广中心策划"全武生"演出，邀请林为林、周龙、王立军、王平、张幼麟五位京昆武生联合天津京剧院，假香港文化中心演出多出京昆武戏。16日演出《挡马》（胡小毛、阎虹羽）、《嘉兴府》（黄齐峰、司鸣）、《夜奔》（王立军）、"四演《挑滑车》"（王平、林为林、周龙、张幼麟）。17日演出《打酒馆》（张幼麟）、"四演《长坂坡》"（王平、王立军、林为林、周龙）、《汉津口》（王立军）。18日演出《雅观楼》（周龙）、"四演《走麦城》"（王平、王立军、林为林、张幼麟）。19日演出《蜈蚣岭》（张幼麟）、"二演《八大锤》"（王立军、周龙）、《别母乱箭》（林为林）、《艳阳楼》（王平）。配合演出，3月14日、15日假香港文化中心举行"武戏招式逐个讲"、"武生主要流派的表演特点"讲座，王韦民主持，王平、王立军、林为林、周龙、张幼麟担任讲者。

5月5日至14日，"进念·二十面体"假香港文化中心剧场演出《大历史话剧——万历十五年》，特邀石小梅、孔爱萍、单晓明参与演出。

6月5日至7日，香港中华文化促进中心策划苏州昆剧院的青春版《牡丹亭》再次来港，假香港文化中心大剧院公演。共分上本"梦中情"、中本"人鬼情"及下本"世间情"，节目设有演出前座谈会，由白先勇主持，分别于6月2日晚上及3日下午在香港艺术馆演讲厅以普通话举行，讲演者分别为汪世瑜、张继青，与俞玖林、沈丰英。

6月7日、8日，"进念·二十面体"假香港文化中心剧场演出《荣念曾实验剧场——挑滑车·洁本》，邀请石小梅担任艺术顾问并参与演唱。

7月，张世铮到香港城市大学中国文化中心演讲，介绍其昆曲艺术表演心得。

7月，张寄蝶到香港城市大学中国文化中心，作昆丑艺术演讲。

7月5日至13日，由文化部和江苏省政府共同主办的三年一次的第三届中国昆剧艺术节5日晚在昆山大戏院开幕。6日至13日在苏州人民大会堂、开明大戏院等剧场轮流演出。来自香港的京昆剧场展演了《武松与潘金莲》。①

8月10日、11日，蔡正仁来港，参与京昆剧场、山东省京剧院于葵青剧院演艺厅的演出，剧目有京昆合演《白蛇传》、《打侄上坟》等。

9月15日至10月8日，"进念·二十面体"假香港艺术中心寿臣剧院重演《大历史话剧——万历十五年》，特邀石小梅、胡锦芳、单晓明、蔡晨成、孙伊君参与演出。

10月，侯少奎于香港城市大学中国文化中心讲学，谈《义侠记》、《四平山》及侯派脸谱艺术。

11月28日至30日晚上6时45分，香港城市大学中国文化中心邀请浙江昆剧团假惠卿剧院举办三场"昆曲艺粹"演出。剧目包括《双下山》、《三岔口》、《游街》、《吕布试马》。演员包括薛鹏、陈克宇、朱斌、黄可群、陈红明、唐蕴岚、孙晓燕、韩建林。

11月中下旬，香港中华文化促进中心得到香港艺术发展局资助，策划学校昆曲推广计划，由香港大学中文系昆曲项目研究员古兆申主持，举办专题讲座，开办昆曲清唱研习班。②

古兆申与余丹合作研究翻译的《昆曲演唱理论丛书》出版，将魏良辅《曲律》全书、王骥德《方诸馆曲律》、沈宠绥《度曲须知》、徐大椿《乐府传声》有关演唱部分文献，加以批注及翻译成英文。

邢金沙成立"邢金沙戏曲传习社"，积极进行昆曲曲唱、身段教学与文化交流等活动。

2007年

1月、2月，岳美缇于香港城市大学中国文化中心演讲，介绍昆曲艺术及巾

---

① 吴新雷编著：《插图本昆曲史事编年》，页347。
② 吴新雷编著：《插图本昆曲史事编年》，页349。

生表演艺术。

2月24日、25日,江苏省昆剧院应邀参加第35届香港艺术节,假香港文化中心大剧院演出豪华版《1699·桃花扇》。①

4月2日、3日,香港城市大学中国文化中心邀请江苏省昆剧院假惠卿剧院举办两场"古典戏剧进校园——昆曲精品折子戏展演"。3日,由龚隐雷主讲"昆剧旦行唱腔及表演艺术",4日由李鸿良主讲"昆剧丑行表演艺术"。

4月9日,邢金沙戏曲传习社于沙田大会堂演奏厅举行"戏乐薪传"师生展演,香港中国艺术推广中心戏曲培训班学员、澳门青年古筝艺术团、粤剧名伶邓美玲参与演出,节目包括中乐演奏、昆剧曲唱及身段展演、折子戏《春香闹学》(杨葵)、《思凡》(邢金沙、邓美玲)、《下山》(邢金沙、侯哲)等。

5月,"香港大学昆曲研究发展中心筹备计划"举行启动仪式。白先勇在青春版《牡丹亭》演毕一百场后,希望在学院里做"昆曲学术研究、资料汇集和整理及教育推广","达致中国艺术文化在国际上继续传承及发扬"。②白先勇并于香港大学作"青春版《牡丹亭》的文化现象——美西巡演的文化反响"讲座。

8月,庆祝香港特别行政区成立十周年,由香港中华文化促进中心策划,以苏州昆剧院为班底,各大昆曲院团联合来港参与"戏以人传——昆剧四代承传大汇演"。节目包括两晚清唱会及三台折子戏演出。

8月25日,香港城市大学中国文化中心与香港中华文化促进中心合办"昆剧的现状与前瞻座谈会"。③

8月26日、27日,"檀板清歌——昆曲名家清唱会"假新光戏院举行,演唱阵容包括侯少奎、张继青、汪世瑜、蔡正仁、王奉梅及计镇华等。

8月28日至30日,"名剧展演"于香港大会堂音乐厅举办。28日演出《偷诗》(俞玖林、沈丰英)、《写状》(王世瑶、张世铮)、《看状》(石小梅、黄小午)、《说亲回话》(梁谷音、刘异龙)、《惊变》(汪世瑜、翁育贤)。29日演出《胖姑学

---

① 吴新雷编著:《插图本昆曲史事编年》,页350。
② 引自2007年5月22日香港大学新闻稿《"香港大学昆曲研究发展中心筹备计划"启航》。
③ 吴新雷编著:《插图本昆曲史事编年》,页354。

舌》(马婧、张卫东、王琳琳)、《拾柴》(张富光、李忠良、鄢安宏)、《断桥》(胡锦芳、程敏)、《琴挑》(岳美缇、王奉梅)、《刀会》(侯少奎、董红钢、陶伟明)。30日演出《梳妆》(周雪峰、顾卫英)、《养子》(王芳、吕福海)、《开眼上路》(计镇华、李鸿良、杨晓勇)、《夜奔》(柯军)、《乔醋》(蔡正仁、张静娴)。

8月28日至30日,香港城市大学中国文化中心举办"昆曲与非实物文化传承国际研讨会",与会者宣讲的论文由郑培凯、赵天为结集为《袅晴丝吹来闲庭院》专书,后由广西师范大学出版社于2012年出版。[1]

10月8日至11日,为配合青春版《牡丹亭》在国家大剧院公演,由香港大学昆曲研究发展中心发起,在北京京伦饭店举行"面对世界——昆曲与《牡丹亭》国际学术研讨会",与会者宣讲的论文由华玮结集为《昆曲·春三二月天:面对世界的昆曲与〈牡丹亭〉》,后由上海古籍出版社于2009年出版。[2]

10月至11月,汪世瑜应香港城市大学中国文化中心之邀,以"青春版《牡丹亭》细说从头"为题,做了十五次讲座。其中三讲邀请了青春版《牡丹亭》主要演员沈丰英、俞玖林作现场表演。[3]

10月25日下午3时半,香港城市大学中国文化中心邀请上海青年京昆剧团、上海戏曲学校假惠卿剧院举办"昆曲之美——昆曲精点剧目汇粹"演出。剧目有《扈家庄》(钱瑜婷)、《牡丹亭·游园》(李沁、陶思妤)、《草芦记·花荡》(阚鑫)、《玉簪记·偷诗》(袁佳、翁佳慧)。并由顾兆琳作昆曲艺术介绍讲座。这次演出属于香港联艺机构有限公司策划的"国粹香江校园行"活动之一,活动同时包括于香港大学和香港中文大学示范演出《牡丹亭》折子戏,并由顾兆琳作讲座。

11月5日至23日,香港中华文化促进中心策划江苏省昆剧院来港,举行一系列学校巡回示范演出"昆曲赏析会",由王斌主持,徐云秀领衔示范演出,到访了27间中学和4间大学,近万位师生参与了欣赏活动。[4]

---

[1] 吴新雷编著:《插图本昆曲史事编年》,页355。
[2] 同上。
[3] 吴新雷编著:《插图本昆曲史事编年》,页356。
[4] 吴新雷编著:《插图本昆曲史事编年》,页357。

11月8日、9日,"进念·二十面体"主办、江苏省昆剧院联合制作的《临川四梦汤显祖》,于江苏省昆剧院兰苑剧场进行预演。

雷竞璇编之《昆剧朱买臣休妻——张继青姚继焜演出版本》由牛津大学出版社出版。

2008年

1月9日,"邢金沙师生友昆粤大汇演"假香港大会堂音乐厅举行,演出昆剧《游园》(邓美玲)、《惊梦》(邢金沙)、《逼休》(邢金沙、邢岷山)等。

2月29日至3月1日,香港艺术节邀请"进念·二十面体"假香港文化中心剧场演出《西游——荒山泪》,特邀石小梅、蓝天、董洪参与演出。

3月21日下午,香港中华文化促进中心的古兆申、张丽真、苏思棣、刘楚华、张健美一行十多人访问南京昆曲社,与南京曲友汪小丹等一起唱曲,当晚到江苏省昆剧院观看《闻铃》、《迎哭》、《弹词》三折戏。①

4月,香港中华文化促进中心举办"学校昆曲推广计划",邀请江苏省昆剧院程敏及钱冬霞来港作示范讲座,于本港校园巡回演讲。并出版《昆曲欣赏手册》,以推广昆曲艺术。

4月,计镇华于香港城市大学中国文化中心演讲,介绍昆曲老生艺术。

4月14日至16日,拔萃男书院举行"北京皇家粮仓厅堂版昆曲《牡丹亭》演出",由中国艺术推广中心策划统筹。

4月24日至27日,"进念·二十面体"主办、江苏省昆剧院联合制作的《临川四梦汤显祖》,于香港文化中心剧场演出。

4月26日至5月4日,"进念·二十面体"假香港文化中心剧场三度重演《大历史话剧——万历十五年》,特邀石小梅、孔爱萍、单晓明参与演出。

7月,香港城市大学中国文化中心启动"昆曲传承计划"。计划由余志明赞助、郑培凯主持,邀请多位昆曲大师来港作系列演讲,并出版其艺术传承记录,包括侯少奎、张继青、岳美缇、计镇华、梁谷音、王芝泉、刘异龙、张铭荣、黄

---

① 吴新雷编著:《插图本昆曲史事编年》,页358。

余志明(左)与汪世瑜(右)于"昆曲传承计划"启动仪式主持点睛仪式,2008年7月2日(城市大学中国文化中心网站)

小午及王维艰等,对他们作深入访谈,梳理每个戏的传承过程,追溯其师辈,到自己,再如何传授弟子的脉络。

7月,吕福海于香港城市大学中国文化中心演讲,谈昆曲丑行之美。

9月至11月,香港城市大学中国文化中心"昆曲传承计划"请侯少奎进行系列讲座,谈侯派艺术及代表剧目的表演。同时亦接受详尽访问,作为出版其艺术记录的资料。

10月,上海昆剧团于香港城市大学中国文化中心演出,剧目包括七夕版《长生殿》(张军、沈昳丽、侯哲);俞言版《牡丹亭》(张军、沈昳丽);《佳期》(倪泓)、《下山》(侯哲)、《莲花》(张军)、《说亲》(沈昳丽、侯哲)、《扈家庄》(谷好好)。

10月3日至5日,京昆剧场与上海青年京昆剧团假香港文化中心剧场合作演出"菊兰清芬扑鼻香——京昆艺术之近觑与细品"系列。4日演出昆剧《挡马》(杨亚男、谭笑)、《昭君出塞》(巩雪、康晓虎、乔宇)、《牡丹亭·寻梦》(邓宛霞)。5日演出昆剧《玉簪记》折子戏(翁佳慧、邓宛霞)。

11月,香港大学主办"雅致玲珑——走进昆曲世界"活动,由白先勇策划,何鸿毅家族基金赞助。整个活动包括由岳美缇、张继青、姚继焜、汪世瑜、梁谷音、蔡正仁、张静娴等昆曲艺术家,到各大专院校作示范讲座:4日,岳美缇于香港大学讲《玉簪记》;5日,岳美缇于香港理工大学讲《花魁记》;10日,张继青、姚继焜于香港城市大学讲《烂柯山》;12日,汪世瑜、梁谷音于岭南大

"雅致玲珑——走进昆曲世界"讲座（左起：岳美缇、白先勇、翁国生），2008年11月4日，香港大学黄丽松讲堂（香港大学网站）

学讲《西厢记》；13日，蔡正仁、张静娴于香港浸会大学讲《长生殿》；15日，由白先勇主持，郑培凯、华玮、古兆申、张丽真于香港城市大学做公开讲座《昆曲之美》。

11月14日，香港中华文化促进中心举办"昆曲清唱艺术介绍与保存计划"，首先邀请侯少奎于香港中文大学作昆曲演唱会，并举行讲座及曲唱研习班。

11月18日至23日，香港大学主办"雅致玲珑——走进昆曲世界"活动，假香港理工大学赛马会综艺馆连续演六台戏，每场演出都是免费赠票给大学生及公众人士。这六场演出剧目分别为：18日，《玉簪记》（俞玖林、沈丰英）；19日，《华容道》（唐荣、方建国）、《西厢记》（吕佳、周雪峰、沈丰英、陈玲玲）；20日，《铁冠图·别母》（陈玲玲、唐荣）、《烂柯山》（陶红珍、屈斌斌）；21日，《长生殿》（周雪峰、余彬）；22日，《占花魁》（黎安、沈昳丽）；23日，折子戏专场：《钟馗嫁妹》（吴双）、《望乡》（黎安、袁国良）、《下山》（侯哲、倪泓）、《请神降妖》（谷好好）。

"雅致玲珑——走进昆曲世界"活动（吕佳女士提供）

12月，中国文学艺术界联合会、中国戏剧家协会主办，香港演艺学院协办"中国戏剧家协会梅花奖艺术团香港行"，演出昆剧《牡丹亭·惊梦》选段（沈丰英、俞玖林）、《牡丹亭·寻梦》选段（邓宛霞）、《吕布试马》片段（林为林）、《扈家庄》选段（谷好好）、《林冲夜奔》【折桂令】选段（裴艳玲）。

2009年

2月3日至5日，"进念·二十面体"应邀参与"新加坡2009华艺节"，假新加坡滨海艺术中心小剧场演出《荣念曾实验剧场——荒山泪》，特邀石小梅、蓝天、董洪参与演出。

2月12日至15日，"进念·二十面体"假香港演艺学院戏剧院演出《荣念曾实验剧场——录鬼簿》，邀请柯军、李宝春等参与创作及演出。

2月25日、26日，香港城市大学中国文化中心邀请浙江昆剧团假惠卿剧院演出，并由程伟兵、朱为总、杨昆等人作昆曲艺术介绍讲座。25日下午演出《牡丹亭》；晚上演出《西园记》。26日晚上举行折子戏专场，演出《烂柯山·痴梦》、《牡丹亭·拾画叫画》、《孽海记·双下山》、《浣纱记·寄子》。

2月，京昆剧场举办"从文本到舞台表演"系列讲座，2月于香港教育学院和岭南大学，6月于演艺学院，以《寻梦》为例作示范演讲。

3月、4月，"昆曲传承计划"邀请张继青到香港城市大学中国文化中心作系列演讲，讲述其演艺生涯代表作品及表演体会。与此同时，姚继焜亦于香港城市大学作了四个讲座，介绍昆曲老生艺术。

5月23日，鹿特丹国际歌剧节邀请"进念·二十面体"假荷兰鹿特丹Schouburg Theatre演出《荣念曾实验剧场——荒山泪》，特邀石小梅、蓝天、董洪参与演出。

6月，香港中文大学授予白先勇荣誉文学博士学位，表彰他在文学领域及推广昆曲艺术的非凡成就。

6月，京昆剧场假香港文化中心行政大楼举办"圆满的舞台艺术"京昆艺术讲座，并邀得周雪华讲解昆曲音乐与唱腔。

6月、7月，梁谷音作为香港城市大学中国文化中心"昆曲传承计划"第三位受邀艺术家，于城大作系列演讲，介绍昆曲旦角艺术。

6月18日至26日，第四届中国昆剧艺术节于18日晚在昆山市体育中心体育馆举行开幕式，由苏州昆剧院演出七场本子戏《长生殿》。19日上午，在苏州南林饭店园中楼三楼会议厅举行"国家昆曲艺术抢救、保护和扶持工程表彰大会"，一批对昆曲艺术有特殊贡献的个人和集体受到文化部的表彰。著名美籍华裔作家白先勇获得唯一的"昆曲传承与推广特别贡献奖"。自19日至26日，各昆剧院团在苏州人民大会堂、独墅湖影剧院等剧场轮流演出。江苏省昆剧院演了豪华版《1699·桃花扇》和《绿牡丹》，并与香港"进念·二十面体"的艺术家联合展演了新编的《临川四梦汤显祖》。①

8月23日，康乐及文化事署邀请京昆剧场演出"菊兰清芬扑鼻香——京昆艺术之近觑与细品"，演出京昆折子戏，包括昆剧《牡丹亭·寻梦、写真》（邓宛

---

① 吴新雷编著：《插图本昆曲史事编年》，页366—367。

霞、邱秀娟)。

9月8日、9日，香港城市大学中国文化中心邀请江苏省昆剧院假惠卿剧院演出。8日下午2时半，李鸿良主讲"江苏省演艺集团昆剧院第三代演员——生、旦、净、丑"，讲座同时邀请第三代演员孔爱萍、徐云秀、钱振荣、计韶清、孙海蛟作示范讲解。同日晚上7时半演出折子戏《水浒记·借茶》(李鸿良、郑懿)、《牡丹亭·写真》(孔爱萍)、《鲛绡记·写状》(计韶清、孙海蛟)、《占花魁·湖楼》(钱振荣、李鸿良)。9日下午2时半演出折子戏《钗钏记·相约、讨钗》(丛海燕、裘彩萍)、《牡丹亭·问路》(计韶清、孙海蛟)、《荆钗记·绣房》(徐云秀、李鸿良)、《荆钗记·见娘》(钱振荣、裘彩萍、孙海蛟)；晚上7时半演出折子戏《牡丹亭·幽媾》(孔爱萍、钱振荣)、《风筝误·前亲》(计韶清、郑懿)、《疗妒羹·题曲》(徐云秀)、《西厢记·游殿》(李鸿良、钱振荣)。并由李鸿良、顾聆森、张寄蝶等人作昆曲艺术介绍讲座。

9月15日至17日，香港中华文化促进中心主办的"昆曲清唱艺术介绍与保存计划"，邀请计镇华、梁谷音于香港中文大学作昆曲演唱会。并安排了讲座及曲唱研习班。

9月25日至27日，"大野一雄艺术节2009"邀请"进念·二十面体"假日本横滨BankART Studio NYK 3C演出《荣念曾实验剧场——荒山泪》，特邀石小梅、柯军、蓝天、孙晶参与演出。

10月，香港中华文化促进中心策划，中国昆曲博物馆昆剧演出团来港献演，参与拔萃男书院140周年校庆活动，演出《玉簪记》、《双下山》、《湖楼》、《惊梦》；于城市大学演出《看状》、《借茶》、《见娘》及《玉簪记》；于中文大学演出《狗洞》、《佳期》、《幽媾》、《断桥》、《访测》、《题画》等剧。

10月，王正来《新定九宫大成南北词宫谱译注》出版。

10月8日至11日，"进念·二十面体"假香港文化中心剧场演出《多媒体建筑音乐剧场——紫禁城游记》，特邀张弘创作昆曲剧本、石小梅及李鸿良演出、戴培德设计音乐。

10月27日，香港城市大学中国文化中心邀请中国昆曲博物馆昆剧演出团假惠卿剧院演出。下午演出折子戏《白罗衫·看状》、《水浒记·借茶》、

《荆钗记·见娘》。晚上演出《玉簪记》折子戏《琴挑》、《问病》、《偷诗》、《秋江》。

12月5日、6日,"进念·二十面体"主办、江苏省演艺集团昆剧院联合制作的《临川四梦汤显祖》,应邀参与"欧罗巴利亚·中国"展演,于比利时布鲁塞尔Bozar Theatre演出。

2010年

1月27日至31日,上海昆剧团在香港文化中心大剧院演出了一台折子戏和四台大戏:《长生殿》、《狮吼记》、《雷峰塔》、《牡丹亭》上下本,由蔡正仁、岳美缇、张静娴、计镇华、梁谷音等前辈老艺术家挂帅,带动以"昆三班"为主的青年演员一齐上阵。①

2月2日至4日,香港城市大学中国文化中心邀请江苏省苏州昆剧院假惠卿剧院举行艺术示范讲座。2日演出《孽海记·思凡下山》、《西楼记·楼会》。3日演出《牡丹亭·游园惊梦》、《西厢记·游殿》。4日演出《水浒传·借茶活捉》、《贩马记·写状》。

"昆曲传承计划"邀请岳美缇演讲海报

2月至3月,6月至7月,香港城市大学中国文化中心"昆曲传承计划"邀请岳美缇于香港城市大学作系列演讲,介绍昆曲生行艺术。

3月5日至7日,第38届香港艺术节邀请苏州昆剧院来港献演。白先勇制作的《玉簪记》连演两场,另外两场演出分别为《钗钏记》及四出汤显祖作品折子戏。

3月25日至27日,第38届香港艺术节邀请"进念·二十面体"假香港文

---

① 吴新雷编著:《插图本昆曲史事编年》,页371—372。

化中心剧场演出《荣念曾实验剧场——夜奔》,并邀请柯军、杨阳参与演出。

5月27日至29日,"进念·二十面体"假新加坡滨海艺术中心演出《荣念曾实验剧场——夜奔》,邀请柯军、杨阳参与演出。

自2010年起,康乐及文化事务署为进一步推广传统中国戏曲及让市民了解其中蕴含的优美中华文化,每年均举办"中国戏曲节"。"戏曲节"精选不同地方剧种演出,同时亦主办专题艺术讲座、座谈会、戏曲电影欣赏、导览活动、艺人谈以及展览等延伸活动,希望借此弘扬中国传统戏曲、促进文化交流和鼓励创新,更借此发展香港成为对外展示中国戏曲艺术的平台窗口。相关活动有:

5月、6月,京昆剧场的邓宛霞、耿天元举行"京昆聊天室""艺术·人生"讲座系列。5月28日、30日,讲题分别为"'口传心授'与师生关系"及"天人合一"。6月5日、6日特邀裴艳玲作嘉宾,讲题为"艺术·人生"。讲座地点为香港文化中心。

6月10日、26日、7月11日,香港中文大学音乐系策划了"中国传统戏曲的国际认同与自我求存"研讨会,假香港文化中心举行。①

6月21日下午五时半至六时半,香港文化中心安排了一场免费的大堂表演节目,演出昆剧折子戏。②

6月22日至24日,"全国优秀青年昆剧演员艺术展演"于香港大会堂音乐厅演出。这次演出获国家文化部特别支持,汇集了全国各大昆剧团年轻一辈精英。22日,由袁国良、倪泓、刘娜、龚隐雷、魏春荣、王振义、罗晨雪、沈昳丽演出《牡丹亭》(上本)。23日,由施夏明、吴双、余彬、袁国良、毛文霞、黎安、俞

---

① 6月20日:刘楚华主持,讲演者包括阮兆辉(资深粤剧工作者)、郭宇(上海昆剧团)、陈泽蕾(香港中文大学文化及宗教研究系讲师)、郑培凯(香港城市大学中国文化中心主任及教授)、苏思棣(琴人)。6月26日:郑培凯主持,讲演者包括余少华(香港中文大学音乐系中国音乐资料馆馆长)、容世诚(新加坡国立大学中文系副教授)、华玮(香港中文大学中国语言及文学系教授)、雷音(成都川剧院)、郑怀兴(福建省鲤声剧团)、刘楚华(香港浸会大学中文系教授)。7月11日:余少华主持,讲演者包括王韦民(香港中国艺术推广中心艺术总监)、毛俊辉(亚洲演艺研究总监)、李小良(岭南大学文化研究系副教授)、张敏慧(剧评人)、梁汉威(汉风粤剧研究院院长)、邓宛霞(京昆剧场艺术总监)。

② 香港文化中心经常在大堂或露天广场举办各种免费文化节目,以培养公众对艺术的兴趣。

玖林、沈丰英、单雯演出《牡丹亭》(下本)。24日演出折子戏《虎囊弹·山门》(曹志威)、《昭君出塞》(张媛媛)、《长生殿·小宴》(周雪峰、余彬)、《吕布试马》(朱振莹)、《铁冠图·刺虎》(魏春荣、吴双)、《扈家庄》(谷好好)。①

7月5日至21日,"洪昇与《长生殿》——人生舞台三百年"展览于葵青剧院大堂及高山剧场大堂展出。

7月5日至9日,香港中文大学"昆曲、粤剧教育推广计划"到七所中学举行了多场校园戏曲示范讲座,让本地中学生有机会近距离观赏昆曲《牡丹亭》(翁佳慧、袁佳)和粤剧《帝女花》(陈泽蕾、郑雅琪)等经典剧目。香港中文大学中国语言及文学系华玮教授及香港教育学院退休高级讲师张敏慧老师分别从文学及表演调度方面,带领学生欣赏戏曲之美。此外,香港中文大学音乐系余少华教授更率领本地优秀器乐专家,为折子戏演出作现场伴奏,并深入浅出地介绍昆曲及粤剧常用之乐器。现场亦播放粤剧前辈白雪仙女士早前为本计划录制的专访片段,与学生分享她当年如何从京昆等戏曲剧种汲取经验,精进其粤剧之唱念做表。最后一天的讲座则于中大校园举行,吸引约六百名中学及中大的师生和公众到场欣赏。②

7月20日至22日,香港城市大学中国文化中心邀请永嘉昆剧团假惠卿剧院举行艺术示范讲座。20日演出折子戏《东窗事犯·疯僧扫秦》、《钗钏记·相约相骂》、《荆钗记·拷婢》、《单刀赴会》。21日演出折子戏《连环记·大宴》、《玉簪记·秋江赶船》、《琵琶记·吃饭吃糠》、《琵琶记·描容别坟》。22日演出折子戏《西厢记·佳期》、《八义记·抱孤出宫》、《折桂记·见儿》、《折桂记·牲祭》。演员包括:刘文华、张玲弟、由腾腾、张胜建、冯诚彦、刘汉光、黄苗苗、南显娟、金海雷、胡曼曼、孙永会、邹伟光。

10月4日至8日,香港中文大学明清研究中心获迪志文化出版和博学堂赞

---

① 演出记录详见于香港特区政府新闻网新闻公报:《全国各大昆剧团汇聚香江 优秀青年昆剧演员艺术展演》(http://www.info.gov.hk/gia/general/201005/20/P201005170172.htm) 及中国戏曲节2010节目册。

② "中文大学『送戏到校园』 向本地中学推广昆曲及粤剧",传讯及公共关系处(2010年7月18日)(http://www.cuhk.edu.hk/cpr/pressrelease/100718.htm);"昆曲、粤剧教育推广计划"网志(http://cukunyue.blogspot.hk/2011/03/blog-post_1951.html)。

助,在本港四所大学进行"昆剧《琵琶记》大学校园演出"活动,特别邀请上海昆剧团国家一级演员梁谷音、计镇华、张铭荣担纲演出古典名剧《琵琶记》,先后在香港城市大学惠卿剧院、香港大学黄丽松讲堂、香港理工大学蒋震剧院及香港中文大学利希慎音乐厅演出,总共吸引逾千名大学师生及社会上的昆剧爱好者前来观赏。[1]

10月4日至17日,"进念·二十面体"假香港文化中心剧场四度重演《大历史话剧——万历十五年》,特邀石小梅、孔爱萍、单晓明参与演出。

10月9日至12日,"进念·二十面体"假香港文化中心剧场演出《崇祯祭游紫禁城——紫禁城游记》,特邀张弘创作剧本、石小梅及赵坚演出、戴培德设计音乐、迟凌云谱曲。

10月16日至18日,"进念·二十面体"假上海端钧剧场演出《荣念曾实验剧场——夜奔》,邀请柯军、杨阳参与演出。

10月25日至27日,香港城市大学中国文化中心邀请中国昆曲博物馆假惠卿剧院举行艺术示范讲座。25日演出折子戏《牡丹亭·拾画叫画》(肖向平)、《琵琶记·扫松》(罗贝贝、康晓虎)、《琵琶记·书馆》(肖向平、朱璎媛、邹美玲、罗贝贝)。26日演出折子戏《绣襦记·打子》(罗贝贝、肖向平、康晓虎)、《绣襦记·教歌》(康晓虎、罗贝贝、肖向平)、《绣襦记·莲花》(邹美玲、肖向平、朱璎媛)。27日演出折子戏《疗妒羹·题曲》(朱璎媛)、《长生殿·闻铃》(肖向平、罗贝贝)、《水浒记·借茶》(张晓虎、朱璎媛)。

11月16日、17日,拔萃男书院统筹、中国艺术推广中心承办"青出于兰——张继青之艺术人生"活动,邀请张继青、姚继焜作讲座,江苏省苏州昆剧院示范演出。16日讲题为《烂柯山之梦》,演出《烂柯山·逼休、泼水》(陶红珍、屈斌斌);17日讲题为《牡丹亭之梦》,演出《牡丹亭·游园、惊梦、寻梦》(刘煜、周雪峰)。

11月18日至20日,"进念·二十面体"假香港文化中心大剧院演出《荣念

---

[1] "中大明清研究中心推广昆剧艺术　于本港四大学巡回演出昆剧《琵琶记》",传讯及公共关系处(2010年10月11日)(https://www.cpr.cuhk.edu.hk/tc/press_detail.php?id=885&t=中大明清研究中心推广昆剧艺术——于本港四大学巡回演出昆剧《琵琶记》)。

"昆剧《琵琶记》大学校园演出"活动

曾实验剧场——舞台姊妹》,特邀石小梅、胡锦芳、孔爱萍、李雪梅、孙伊君参与演出。

11月19日、20日,新视野艺术节2010闭幕节目"坂东玉三郎中日版昆剧《牡丹亭》"于葵青剧院演艺厅举行,由日本歌舞伎大师坂东玉三郎及江苏省苏州昆剧院共同演出。

12月3日、4日,"进念·二十面体"假日本横滨BankART 1929 Studio NYK演出《荣念曾实验剧场——夜奔》,邀请柯军、杨阳参与演出。

2011年

1月6日至8日,香港中国艺术推广中心邀请上海昆剧团岳美缇、张静娴、刘异龙、张洵澎、谷好好等和曲友们在西湾河文娱中心剧院和南莲园池香海轩连续举办昆曲演唱会。陈春苗清唱《亭会》【风入松】、汪小丹清唱《藏舟》【山坡羊】、邢岷山和谷好好联唱《寄子》【胜如花】、刘异龙清唱《醉皂》【粉蝶儿】、张洵澎清唱《痴梦》【渔灯儿】等。又演出折子戏《说亲》(刘异龙、邢金沙)、《琴挑》(岳美缇、张静娴)等。①

---

① 吴新雷编著:《插图本昆曲史事编年》,页381。

1月9日，香港中文大学"昆曲、粤剧教育推广计划"邀请岳美缇、梅雪诗、古兆申、余少华、张敏慧，假香港文化中心举办"律吕传神——昆曲、粤剧《西楼记》艺术讲座"。

2月，香港中文大学崇基书院邀请白先勇担任黄林秀莲访问学人，并作两场与昆曲有关的讲演。16日演讲"昆曲与大学的人文教育"，19日演讲"二十一世纪中国文艺复兴——香港的角色"。

3月11日、12日，上海昆剧团于香岛中学演出《玉簪记》，并于圣士提反小学礼堂演出《牡丹亭》。演出前进行导赏，演出后开座谈会。

3月25日至27日，"进念·二十面体"应2011台湾国际艺术节邀请，假台湾国家戏剧院实验剧场演出《荣念曾实验剧场——夜奔》，柯军、杨阳参与演出。

3月29日至31日，香港城市大学中国文化中心邀请江苏省演艺集团昆剧院赴港于香港城市大学惠卿剧院演出。29日下午演出折子戏《钗钏记·讲书》（计韶清、钱振荣）、《钗钏记·落园》（丛海燕、周向红、计韶清）、《琵琶记·汤药遗嘱》（徐云秀、顾骏）、《紫钗记·折柳阳关》（龚隐雷、钱振荣、周向红、丛海燕、计韶清、顾骏、孙海蛟）。30日下午，李鸿良假康乐楼6楼视听教室举行"江苏省演艺集团昆剧院的传承方向——介绍省昆第三代艺术家的生、旦、净、丑"讲座，钱振荣、徐云秀、龚隐雷、计韶清、顾骏、孙海蛟示范演出；晚上演出折子戏《长生殿·密誓》（徐云秀、钱振荣、计韶清）、《绣襦记·乐驿》（李鸿良、孙海蛟）、《儿孙福·势僧》（计韶清、顾骏）、《牡丹亭·冥誓》（龚隐雷、钱振荣）。31日晚上演出折子戏《牡丹亭·春香闹学》（丛海燕、顾骏、周向红）、《金不换·守岁》（钱振荣、计韶清）、《琵琶记·描容别坟》（徐云秀、顾骏）、《水浒记·活捉》（李鸿良、龚隐雷）。

4月至6月，中国戏曲节2011安排了"昆曲欣赏"讲座系列，讲座假香港文化中心举行。4月11日，张丽真主讲"昆剧曲唱审美"。4月15日，古兆申主讲"释'字正腔圆'——曲唱发声理论初探"。4月18日，苏思棣主讲"昆剧伴奏音乐"。4月29日，古兆申主讲"传字辈艺术家的香港足迹"。5月6日，张丽真主讲"家门表演艺术"。5月8日、15日，刘楚华先后主讲"昆剧的产生与戏剧表演体系"及"昆剧的文学价值"。6月10日晚上举行研讨会,议题为"近十年昆剧的发展与传承",由张丽真主持,讲者包括蔡正仁、柯军、陶红珍、郑培凯、古兆申。另外,"昆剧艺术"展览于4月8日至19日、6月1日至12日在香港文化中心大堂展览场地举行。

6月1日至19日,由江苏省昆剧院院长柯军、香港"进念·二十面体"的艺术总监荣念曾和日本东京"座·高円寺"剧场艺术总监佐藤信联合举办的"国际昆剧能剧研究论坛"分别在香港、南京和东京三个城市推出系列活动。1日至3日在香港举行了开幕式,4日至7日在南京召开了"昆剧考察及交流会议",17日至19日到东京考察能剧艺术。①

6月11日、12日,中国戏曲节2011邀请上海昆剧团、江苏省昆剧院、江苏省苏州昆剧院、中国昆曲博物馆的演员假香港文化中心大剧院参与"戏以人传——昆曲经典折子戏展演"。11日演出《长生殿·絮阁》(徐云秀、钱振荣、李鸿良、钱冬霞、蒋佩珍、孔爱萍、陈明、袁伟、赵荣家、顾骏)、《还金镯·哭魁》(周雪峰、顾骏、周志毅、计韶清)、《琵琶记·南浦》(孔爱萍、钱振荣)、《疗妒羹·题曲》(胡锦芳)、《浣纱记·寄子》(计镇华、汤泼泼、袁国良、侯哲)。12日演出《桃花扇·题画》(萧向平、罗贝贝)、《烂柯山·痴梦》(陶红珍、计韶清、袁国良、裘彩萍、钱振荣、周雪峰、周志毅、赵荣家)、《十五贯·访鼠测字》(袁国良、侯哲)、《铁冠图·刺虎》(龚隐雷、赵坚)、《彩楼记·评雪辨踪》(蔡正仁、张静娴、袁国良、汤泼泼)。

6月25日,中国戏曲节2011邀请裴艳玲、邓宛霞、耿天元在葵青剧院演艺厅"京昆艺术座谈会"上担任讲演者。晚上7时半,京昆剧场与河北省京剧院假葵青剧院演艺厅演出京昆折子戏,由邓宛霞演出昆剧《蝴蝶梦·说亲回话》。

7月7日,中国戏曲节2011邀请侯少奎、杨凤一、王振义、史红梅、魏春荣在商务印书馆尖沙咀图书中心参与座谈会"北方昆曲的艺术特色"。

7月8日、9日,中国戏曲节2011邀请北方昆曲剧院参与学校文化日演出系

---

① 吴新雷编著:《插图本昆曲史事编年》,页389。

列活动,8日下午在葵青剧院演艺厅举行了"北方昆曲艺术欣赏"节目,介绍北方昆曲的特点;闺门旦的台步示范;《秋江》、《下山》、《单刀会》的表演技巧;以及《三岔口》示范演出。9日下午安排了一场对象为学生的"后台之旅"导览。

7月8日至10日,中国戏曲节2011邀请北方昆曲剧院假葵青剧院演艺厅演出。8日演出新版《西厢记》(王振义、魏春荣、王瑾、白晓君)。9日演出折子戏《铁冠图·别母乱箭》(丁晨元、白晓君、白春香、张丽萱)、《窦娥冤·辩冤》(魏春荣、海军)、《长生殿·絮阁》(史红梅、邵峥、马宝旺)、《白蛇传·断桥》(杨凤一、王振义、白春香)、《单刀会》(侯少奎、海军、许乃强、董红钢)。10日演出折子戏《渔家乐·相梁刺梁》(谭志涛、王丽媛、张鹏)、《金不换》(邵峥、魏春荣、张媛媛、海军)、《百花记·百花赠剑》(杨凤一、王振义、白春香)、《千里送京娘》(侯少奎、史红梅、杨帆)。

7月12日至14日,香港城市大学中国文化中心邀请浙江昆剧团赴港于香港城市大学惠卿剧院演出。12日演出《三岔口》(程会会、朱振莹)、《牡丹亭·游园惊梦》(耿绿洁、唐蕴岚、李公律)、《牡丹亭·寻梦》(张志红)、《吕布试马》(朱振莹、程会会)。13日演出《三岔口》、《玉簪记·琴挑》(徐延芬、李公律)、《红梨记·醉皂》(汤建华)、《吕布试马》。14日演出《三岔口》、《红梨记·醉皂》、《牡丹亭·游园惊梦》、《吕布试马》。

8月31日,"凤仪红剧社"假新光戏院举行"昆粤折子戏专场",演出《孽海记·思凡》(邢金沙)、《吕布试马》(林为林、程会会)、《琵琶记·扫松》(张铭荣、邢岷山)、《白蛇传·水斗》(邢金沙、白云),并邀请邢金沙担任粤剧折子戏《百花公主之赠剑》(李龙、赵凤仪、李凤、元武)、《王魁负桂英之上路》(赵凤仪、温玉瑜、黄汉钦)之艺术指导。

9月16日、17日,"进念·二十面体"假香港文化中心大剧院演出《百年之孤寂10.0——文化大革命》,特邀肖向平参与演出。

10月25日至27日,香港城市大学中国文化中心邀请上海戏剧学院附属戏曲学校假惠卿剧院演出。25日演出《虎囊弹·山门》(阚鑫)、《西厢记·佳期》(雷斯琪)、《寻亲记·府场》(周喆、沈欣婕、张前仓)、《玉簪记·偷诗》(倪徐浩、蒋诗佳)、《青冢记·出塞》(钱瑜婷、张前仓、马一栋)。26日演出《草庐记·花荡》(阚鑫、周喆、马一栋)、《占花魁·湖楼》(倪徐浩、张前仓)、《孽海记·思凡》(雷斯琪)、《长生殿·酒楼》(周喆、张前仓)、《扈家庄》(钱瑜婷、马一栋、雷斯琪)。27日演出《浣纱记·寄子》(周喆、钱瑜婷)、《牡丹亭·寻梦》(蒋诗佳)、《艳云亭·痴诉》(雷斯琪、张前仓)、《玉簪记·秋江》(倪徐浩、蒋诗佳)、《铁冠图·刺虎》(沈欣婕、阚鑫)。

11月25日,纪录影片《昆曲百种·大师说戏》主体工程竣工会在上海大剧院举办,该项工程由香港叶肇鑫投资六百多万元,录制张继青、姚继荪、石小梅、汪世瑜、岳美缇、蔡正仁、张静娴等29位昆剧艺术家演示讲解经典好戏110出。[1]

11月28日,"进念·二十面体"假香港文化中心剧场演出《灵戏》,邀请柯军、杨阳、孙晶、徐思佳、唐沁参与演出。

2012年

1月至4月,香港中文大学文学院开设有学分的选修课程"昆曲之美",逢周四下午4时半至6时15分上课,共举行了七次讲座,讲演者包括白先勇、周秦、岳美缇、华玮。除专家学者主讲外,更邀请江苏省苏州昆剧院青年演员赴港演出作为课程的配套活动,3月16日、17日假利希慎音乐厅举办"昆曲如何表'情'——经典折子戏演出"。16日演出《牡丹亭·游园惊梦》(沈丰英、俞玖林、沈国芳)、《水浒记·情勾》(吕佳、柳春林)、《牡丹亭·幽媾》(沈丰英、俞玖林)。17日演出《西楼记·楼会》(周雪峰、朱璎

"昆曲之美"课程海报

---

[1] 吴新雷编著:《插图本昆曲史事编年》,页393。

媛)、《孽海记·下山》(柳春林、沈国芳)、《渔家乐·藏舟》(周雪峰、吕佳)、《玉簪记·偷诗》(俞玖林、沈丰英)。

1月19日,"凤仪红剧社"假新光戏院举行"凤仪红戏曲推广夜",邀请邢金沙演出《西游记·借扇》,并担任粤剧折子戏《小宴》(李龙、赵凤仪)之艺术指导。

2月1日,"进念·二十面体"应新加坡滨海艺术中心邀请参与"华艺节2012",假新加坡滨海艺术中心演出《百年之孤寂10.0——文化大革命》,特邀肖向平参与演出。

2月15日至17日,香港城市大学中国文化中心邀请江苏省昆剧院假惠卿剧院演出。15日下午演出折子戏《九莲灯·火判》(孙晶、张争耀)、《虎囊弹·山门》(曹志威、钱伟)、《雷峰塔·断桥》(徐思佳、周鑫、陶一春)、《岳飞传·小商河》(杨阳、赵于涛、孙晶、钱伟)。晚上演出《牡丹亭·游园、惊梦、寻梦、写真、离魂》(单雯、周鑫、陶一春、张静芝)。16日下午演出《玉簪记·琴挑、问病、偷诗、秋江》(罗晨雪、张争耀、钱伟、张静芝、赵于涛)。17日上午,李鸿良假康乐楼视听教室举行"薪火传递——介绍江苏省演艺集团昆剧院和第四代青年艺术家"讲座,张争耀、单雯、罗晨雪、曹志威、赵于涛、孙晶、杨阳、钱伟示范演出;晚上演

俞玖林和沈丰英于香港中文大学"昆曲研究推广计划启动仪式暨捐款鸣谢典礼"现场示范《牡丹亭·惊梦》

出《白罗衫・井遇、庵会、看状、诘父》（施夏明、周鑫、张静芝、杨阳、赵于涛）。

3月14日、19日，香港理工大学庆祝建校75周年，邀请白先勇作昆曲讲座，讲题分别为"昆曲之美"及"昆曲中的爱情"。

3月20日，香港中文大学举行"昆曲研究推广计划启动仪式暨捐款鸣谢典礼"，由校长沈祖尧主持，并由青春版《牡丹亭》主演者俞玖林和沈丰英现场示范《牡丹亭・惊梦》。"昆曲研究推广计划"由宜高科技创业集团主席余志明伉俪慷慨捐助，白先勇担任荣誉主任，华玮任计划主任。

5月5日，香港和韵曲社正式成立，假赛马会创意艺术中心举行"'香港中华文化促进中心昆剧研究及推广委员会'二十周年志庆暨'香港和韵曲社'成立典礼"，以及"立社庆典曲会"。

6月2日至19日，中国戏曲节2012"师徒相授——昆剧的传承"展览先后在高山剧场大堂及香港文化中心展览场地展出。

6月13日至17日，中国戏曲节2012安排了三场昆剧艺术讲座。13日晚上假香港文化中心大剧院举行，讲题为"千锤百炼出昆曲"，由郑培凯主持，白先勇、蔡正仁、汪世瑜主讲。14日晚上，由康文署及亚洲协会香港中心合办，假亚洲协会香港中心麦礼贤剧场举行，讲题为"昆剧经典的传承与再现——从《南西厢》谈起"，刘楚华主持，汪世瑜、梁谷音主讲。17日下午，假香港太空馆演讲厅举行，讲题为"《长生殿》的表演艺术与传承"，由张丽真主持，蔡正仁、张静娴主讲。

6月15日，中国戏曲节2012举行开幕酒会。6月15日至17日，中国戏曲节2012的开幕节目由江苏省苏州昆剧院假香港文化中心大剧院演出。演出由白先勇担任总顾问，是次演出亦为白先勇主导的昆曲传承计划的成果。15日演出《南西厢》折子《惊艳》、《寺警》、《悔婚》、《听琴》、《传柬》、《赖柬》、《佳期》、《拷红》、《长亭》，俞玖林、吕佳、朱璎媛主演，汪世瑜担任总导演，梁谷音担任艺术指导；16日演出《长生殿》折子《定情》、《絮阁》、《惊变》、《埋玉》、《冥追》、《哭像》，沈丰英、周雪峰主演，蔡正仁担任艺术总监，张静娴担任艺术指导；17日演出折子戏《吟风阁・罢宴》（陈玲玲、屈斌斌）、《风筝误・惊丑》（柳春林、周雪峰）、《烂柯山・逼休》（陶红珍、屈斌斌）、《千里送京娘》（唐荣、沈国芳）和《狮吼记·跪池》（汪世瑜、王芳、张世铮）。① 江苏省苏州昆剧院在6月16日下午假香港文化中心大堂进行"大堂表演节目"，由徐栋寅、周晓玥、唐荣、徐超、陆雪刚演出折子戏《孽海记·下山》、《虎囊弹·山门》、《牡丹亭·惊梦》。

6月26日、27日，香港京昆剧场以"俞门风采"为题，邀请上海昆剧团、上海戏剧学院附属戏曲学校、江苏省苏州昆剧院赴港，合作参与中国戏曲节2012的演出。演出地点在香港大会堂剧院。26日演出《小放牛》（娄云啸、赵文英）、《连环记·问探》（谭笑、周雪峰）、《奇双会·写状、三拉团圆》（蔡正仁、邓宛霞、陆永昌、周雪峰）。27日演出《打花鼓》（赵文英、谭笑、孙敬华）、《牧羊记·望乡》（陆永昌、周雪峰）、《牡丹亭·写真、拾画、叫画、幽媾、婚走》（邓宛霞、蔡正仁、赵文英）。

6月26日至28日，香港城市大学中国文化中心邀请湖南省昆剧团假惠卿剧院演出。26日演出《虎囊弹·山门》（刘瑶轩、刘荻）、《渔家乐·藏舟》（刘娜、刘嘉）、《荆钗记·见娘》（王福文、左娟、卢虹凯）、《义侠记·武松杀嫂》（刘娜、唐珲、唐湘雄、曹文强）。27日演出《白兔记·出猎》（雷玲、余映、曹文强）、《白兔记·诉猎》（余映、唐珲、胡艳婷）、《货郎旦·女弹》（罗艳）、《烂柯山·痴梦》（傅艺萍）。28日演出《白兔记·抢棍》（唐珲、雷玲）、《红梅记·折梅》（胡艳婷、刘嘉）、《荆钗记·雕窗》（傅艺萍）、《青冢记·出塞》（罗艳、王福文、曹文强）。

6月29日，文化部和江苏省人民政府主办"第五届中国昆剧艺术节"于昆山市体育馆举行开幕式。6月30日至7月7日在苏州开明大戏院、文化艺术中心等剧场轮值演出，其中香港"进念·二十面体"演出《紫禁城游记——宫祭》。②

7月6日，"进念·二十面体"假苏州滑稽戏团剧院演出《紫禁城游记——宫祭》，石小梅及李鸿良演出、戴培德及许建敏现场演奏。

7月23日，香港中文大学"昆曲研究推广计划"举行第一次工作会议，与

---

① 新闻公报：《中国戏曲节今揭幕　白先勇亲自督导昆剧演出》（2012年6月15日）http://www.info.gov.hk/gia/general/201206/15/P201206150517.htm。
② 吴新雷编著：《插图本昆曲史事编年》，页399。

香港中文大学"昆曲研究推广计划"工作会议

会者包括白先勇、华玮、古兆申、丛兆桓、江巨荣、吴新雷、余志明、岳美缇。

7月28日至30日,江苏省昆剧院在兰苑剧场举办"经典传统与实验再造——优秀昆曲青年演员'一桌两椅'实验短剧工作坊汇报演出",其中有杨阳编演的《319·回首紫禁城》。这是香港"进念·二十面体"艺术总监荣念曾主持的"2012年朱鹮实验计划——艺术保存和发展项目"。①

9月28日至10月7日,"进念·二十面体"假香港文化中心剧场五度重演《大历史话剧——万历十五年》,特邀孔爱萍、单晓明参与演出。

10月11日至14日,"进念·二十面体"假日本东京座。高圆寺公共剧场演出《灵戏》,邀请杨阳、孙晶、徐思佳、唐沁参与演出。

10月25日至28日,"进念·二十面体"假新加坡欣艺坊演出《灵戏》,邀请杨阳、孙晶、徐思佳、唐沁参与演出。

11月6日至8日,香港城市大学中国文化中心邀请江苏省演艺集团昆剧院假惠卿剧院演出。6日演出新编昆剧《红楼梦》专场——《红楼梦·别父、胡

---

① 吴新雷编著:《插图本昆曲史事编年》,页400—401。

判、识锁、弄权、读曲》（单雯、周鑫、陈睿、陶一春、赵于涛、杨阳、钱伟、徐思佳、张争耀、张静芝）；7日演出折子戏《风云会·千里送京娘》（曹志威、徐思佳）、《狮吼记·跪池》（单雯、周鑫、陈睿、张静芝）、《牡丹亭·拾画叫画》（张争耀）、《牡丹亭·冥判》（赵于涛、徐思佳、周鑫）；8日演出新编昆剧《3·19》（杨阳、钱伟、孙晶、曹志威、徐思佳、陶一春、赵于涛）。

11月7日，香港中文大学昆曲研究推广计划邀请江苏省演艺集团昆剧院假香港中文大学润昌堂举行"大雅清音"示范讲座。

11月23日至25日，"进念·二十面体"假香港文化中心剧场演出《大历史话剧——万历十五年》，特邀单晓明、顾预参与演出。

11月30日，"进念·二十面体"假香港文化中心大剧院演出《荣念曾实验剧场——夜奔》，邀请柯军、杨阳参与演出。

12月1日、2日，"进念·二十面体"假香港文化中心大剧院演出《荣念曾实验剧场——舞台姊妹》，特邀石小梅、胡锦芳、孔爱萍、李雪梅、孙伊君参与演出。

2013年

1月至4月，香港中文大学文学院开设通识课程"昆曲之美"，逢周四下午4时半至6时15分上课，讲者包括王安祈、郑培凯、周秦、张丽真、华玮、岳美缇、蔡正仁、张继青、姚继焜、侯少奎、梁谷音、刘异龙、白先勇。为配合课程，昆曲研究推广计划于4月12日、13日假利希慎音乐厅举办"昆曲面面观——经典折子戏演出"，邀请白先勇导赏，江苏省苏州昆剧院演出。12日演出《水浒记·情勾》（吕佳、柳春林）、《牡丹亭·幽媾》

"昆曲面面观——经典折子戏演出"演出海报

（沈丰英、俞玖林）、《风云会·千里送京娘》（唐荣、沈国芳）、《长生殿·絮阁》（沈丰英、周雪峰、柳春林）。13日演出《义侠记·戏叔别兄》（吕佳、屈斌斌、柳春林）、《钗钏记·相约讨钗》（沈国芳、陈玲玲）、《长生殿·闻铃》（周雪峰、柳春林、屈斌斌）、《玉簪记·偷诗》（俞玖林、沈丰英）。

2月6日，"凤仪红剧社"假新光戏院举行"昆粤折子戏专场"，演出《牡丹亭·寻梦》（邢金沙、张侃侃）、《界牌关》（林为林、吴振伟）、《浣纱记·寄子》（邢岷山、李琼瑶、鲍晨）、《扈家庄》（邢金沙、朱斌），并邀请邢金沙担任粤剧折子戏《红鸾喜》（赵凤仪）、《胡不归·慰妻》（罗家英、赵凤仪、吕洪广）之艺术指导。

2月25日至27日，香港城市大学中国文化中心邀请江苏省演艺集团昆剧院假惠卿剧院演出。25日演出《西游记·认子》（龚隐雷、钱振荣）、《绣襦记·教歌》（李鸿良、计韶清、钱振荣）、《玉簪记·偷诗》（钱振荣、龚隐雷）、《蝴蝶梦·说亲回话》（徐云秀、计韶清、李鸿良）。26日演出《风筝误·前亲》（计韶清、孔爱萍、裘彩萍）、《疗妒羹·题曲》（徐云秀）、《跃鲤记·芦林》（李鸿良、龚隐雷）、《白罗衫·井遇》（钱振荣、裘彩萍、计韶清）。27日演出《红梨记·花婆》（裘彩萍、钱振荣）、《望湖亭·照镜》（计韶清、徐云秀、李鸿良）、《牡丹亭·幽媾》（孔爱萍、钱振荣）、《牡丹亭·冥誓》（孔爱萍、钱振荣）。

2月26日，香港中文大学昆曲研究推广计划邀请江苏省演艺集团昆剧院假香港中文大学利希慎音乐厅举行"兰苑清音——江苏省昆剧院名家示范演出"。

4月18日，白先勇应邀担任香港中文大学五十周年杰出学人讲座系列的主讲嘉宾，主持"昆曲新美学：传统与现代"讲座。

5月19日、26日，中国戏曲节2013假香港文化中心安排了两场"昆剧表演艺术讲座"，由张丽真主持，乐漪萍主讲"向传字辈老师学习的经历与心得"及"昆剧的唱念和严谨的表演艺术"。

5月19日，中国戏曲节2013假香港太空馆演讲厅举行戏曲电影欣赏，播放由王传淞、周传瑛、周传铮、朱国梁、包传铎、李倩影主演的昆剧电影《十五贯》。

5月31日，中国戏曲节2013假香港文化中心由郑培凯导赏讲座"南戏四大声腔与花部乱弹"。

6月23日，中国戏曲节2013邀请梁谷音、张铭荣、缪斌在香港太空馆演讲厅主讲艺人谈："昆剧《琵琶记》——情与悲，话凄凉"。

6月24日至26日，中国戏曲节2013邀请香港中华文化促进中心统筹，上海昆剧团假香港文化中心大剧院演出。24日演出折子戏《扈家庄》（谷好好、丁晓春、孙敬华）、《荆钗记·开眼上路》（袁国良、张铭荣、缪斌）、《渔家乐·藏舟》（岳美缇、梁谷音）、《铁冠图·撞钟分宫》（蔡正仁、陈莉、缪斌）。25日演出《琵琶记》折子：《吃糠》、《遗嘱》、《盘夫》、《描容》、《别坟》，（梁谷音、张铭荣、缪斌、黎安、余彬、袁国良）。26日演出折子戏《西游记·借扇》（谷好好、赵磊）、《渔家乐·卖书纳姻》（袁国良、余彬）、《风云会·访普》（吴双、缪斌）、《玉簪记·问病》（岳美缇、侯哲、陈莉）、《惊鸿记·太白醉写》（蔡正仁、胡刚、袁国良、余彬）。

"昆曲新美学：传统与现代"讲座（白先勇、梁元生），2013年4月18日，香港中文大学李兆基楼六号演讲厅

7月1日，中国戏曲节2013在油麻地戏院剧院举行"探索明代南戏四大声腔之今存"研讨会，郑培凯主持，讲演者包括吴新雷、万叶、潘兆民、顾希佳、张松岩，嘉宾讲演者包括阮兆辉、罗家英。

7月8日至12日，中国戏曲节2013假香港文化中心举行了五场昆剧专题讲座。8日，张弘主讲"《桃花扇》、《红楼梦》的创作意图"。9日，顾聆森主讲"论魏良辅的声腔改革"。10日，石小梅、龚隐雷主讲"昆曲生旦家门表演艺术"。11日，李鸿良主讲"至美的昆丑"。12日假香港文化中心剧场，迟凌云主讲"昆曲的曲腔关系与音乐美"，由江苏省昆剧院乐队示范演奏。

7月12日至14日，中国戏曲节2013邀请江苏省昆剧院假香港文化中心剧场呈现"戏曲小剧场"。12日至14日晚上演出《桃花扇》（石小梅、龚隐雷、赵坚、徐云秀、顾骏）。13日至14日下午演出《红楼梦》折子选段，包括《别父》（单雯、周鑫、陈睿）、《胡判》（杨阳、钱伟）、《识锁》（徐思佳、张争耀、单雯）、《弄权》（张静芝、徐思佳）、《读曲》（施夏明、单雯），演出后举行艺人谈，讲题为"《红楼梦》的雅·致·趣——昆剧青年演员分享会"。

11月1日，香港城市大学中国文化中心假康乐楼6楼视听教室举行"戏以人传——昆曲传承研讨暨新书发布会"，发布由北京大学出版社出版的《春心无处不飞悬——张继青艺术传承记录》、《普天下有情谁似咱——汪世瑜艺术传承记录》、《依旧是水涌山叠——侯少奎艺术传承记录》。出席者计有郑培凯、余志明、毛俊辉、古兆申、童祁、李孝悌、汪世瑜、侯少奎、张继青、姚继焜。

11月至12月，"进念·二十面体"主办"建筑是艺术节2013"，11月15日至30日假香港文化中心剧场演出实验作品《拍案惊奇》，包括《大梦》、《无边》及《坐井》，邀请石小梅、柯军、曹志威、刘啸赟、钱伟、孙晶、孙伊君、徐思佳、杨阳、赵于涛、朱虹参与演出；12月6日、7日，假香港文化中心大剧院三度重演《紫禁城游记——宫祭》，石小梅及李鸿良演出、戴培德及许建敏现场演奏。

12月27日至29日，"进念·二十面体"联合江苏省昆剧院、东南大学、国际交流基金会假南京江南剧场、兰苑剧场主办《朱鹮国际艺术节2013：〈一桌二椅〉舞台实验》，杨阳、朱虹、赵于涛、钱伟、孙晶、徐思佳、曹志威、孙伊君、刘啸赟演出《坐井》。

2014年

1月1日至4日,"进念·二十面体"联合江苏省演艺集团昆剧院、上海当代艺术博物馆、国际交流基金会假上海当代艺术博物馆小剧场主办《朱鹮国际艺术节〈一桌二椅〉2014》,杨阳、朱虹、赵于涛、钱伟、孙晶、徐思佳、曹志威、孙伊君、刘啸赟演出《坐井》。

1月至4月,香港中文大学文学院开设通识课程"昆曲之美",逢周三下午4时半至6时15分上课,讲授者包括白先勇、王安祈、周秦、华玮、王芝泉、张静娴、岳美缇、计镇华、张铭荣、梁谷音、侯少奎。为配合课程,香港中文大学昆曲研究推广计划于3月21日、22日分别假香港中文大学邵逸夫堂及利希慎音乐厅举办"牡丹精华——昆曲经典折子戏演出",邀请白先勇导赏,江苏省苏州昆剧院演出。21日演出青春版《牡丹亭》(精华版):《游园惊梦》、《寻梦》、《写真》、《拾画》、《幽媾》(沈丰英、俞玖林、沈国芳、柳春林)。22日演出折子戏《八义记·闹朝扑犬》(唐荣、闻益)、《义侠记·挑帘裁衣》(吕佳、柳春林、陈玲玲)、《牧羊记·望乡》(周雪峰、闻益)、《狮吼记·跪池》(俞玖林、沈丰英、屈斌斌)。

1月20日,岭南大学艺术节2014邀请北方昆曲剧院,假岭南大学陈德泰大会堂演出昆剧《续琵琶》(魏春荣、邵峥、海军、许乃强、王丽媛)。

2月至3月,香港城市大学中国文化中心为配合香港城市大学三十周年校庆文化艺术

"牡丹精华——昆曲经典折子戏演出"演出海报

节主题"中国戏曲：中国戏曲的昨日与今天"，邀请江苏省演艺集团昆剧院假香港城市大学惠卿剧院演出折子戏。11日演出《绣襦记·莲花》（王斌、孔爱萍、丛海燕）、《绣襦记·剔目》（王斌、孔爱萍）、《金雀记·觅花》（钱冬霞、计韶清）、《金雀记·庵会》（徐云秀、钱冬霞）。12日演出《艳云亭·痴诉》（钱冬霞、计韶清、李鸿良、王斌）、《艳云亭·点香》（钱冬霞、计韶清）、《玉簪记·偷诗》（龚隐雷、钱振荣）、《彩楼记·拾柴》（王斌、计韶清、李鸿良）。13日演出《红梨记·亭会》（王斌、钱冬霞）、《牡丹亭·寻梦》（龚隐雷）、《玉簪记·琴挑》（钱振荣、孔爱萍）、《长生殿·絮阁》（徐云秀、钱振荣、李鸿良、孔爱萍、丛海燕、钱冬霞）。并邀请张洵澎主持三场昆剧闺门旦表演艺术讲座，并即席作昆曲示范。4日主讲"宝钻生辉"。5日主讲"洵美且异"。6日主讲"好一个昆曲闺门旦"。

3月24日、25日，香港理工大学假香港理工大学赛马会综艺馆举办"昆曲中的'情'"演出，邀请江苏省苏州昆剧院演出。24日演出新版《玉簪记》折子选段：《琴挑》、《问病》、《偷诗》、《秋江》（俞玖林、沈丰英、柳春林、陈玲玲、吕佳），25日演出折子戏《浣纱记·寄子》（屈斌斌、吕佳）、《跃鲤记·芦林》（沈国芳、柳春林）、《吟风阁·罢宴》（陈玲玲、屈斌斌）、《长生殿·迎像哭像》（周雪峰、柳春林）。

香港理工大学"昆曲中的'情'"演出海报

5月16日，中国戏曲节2014邀请郑培凯假香港文化中心作"从温州杂剧到永嘉昆曲——永嘉戏文的生命历程"导赏讲座。

5月21日，"凤仪红剧社"假新光戏院举行"凤仪红戏曲推广夜"，邀请邢金沙演出《疗妒羹·题曲》，并担任粤剧折子戏《洛水梦会》(李龙、赵凤仪)之艺术指导。

5月25日及6月1日,中国戏曲节2014在香港文化中心举行了两场昆曲艺术讲座,由张丽真主讲,讲题分别为"昆曲审美浅谈"(陈春苗曲唱示范、苏思棣伴奏)及"昆曲剧唱与行当"。

5月26日,香港中文大学中国文化研究所及昆曲研究推广计划邀请台湾戏曲学者曾永义教授假中文大学冯景禧楼主讲"戏曲史视野下的昆曲研究"。

5月27日至8月13日,中国戏曲节2014"还淳返朴——永嘉昆剧"展览于香港文化中心展览场地、高山剧场大堂、元朗剧院大堂展览场地展出。

6月21日、22日,中国戏曲节2014邀请河北省京剧艺术研究院假香港文化中心大剧院演出。20日演出昆剧《界牌关》(张欣、张雅斌)、《浣纱记·寄子》(裴艳玲、杨汗如)。21日演出昆剧《乾元山》(谢涵、张立芳)。22日裴艳玲主讲"寻源问道",并示范《夜奔》、《探庄》、《乾元山》、《蜈蚣岭》中的【新水令】。

7月11日、12日,中国戏曲节2014假油麻地戏院剧院举行昆曲清唱艺术系列:昆曲清唱会。第一晚由甘纹轩、欧阳启名、汪小丹、陈安娜、陈彬、赵卫、赵一凡、孙燕虹、何嘉砚、张丽真、陈春苗演唱。第二晚由蔡正仁、张继青、汪世瑜、梁谷音、姚继焜、黄小午、王维艰、李鸿良、龚隐雷、吴双演唱。伴奏为江苏省昆剧院乐队。

7月13日,中国戏曲节2014假饶宗颐文化馆演艺厅举行三节昆曲论坛。第一节由苏思棣主持,王建农、戴培德主讲,讲题为"昆曲伴奏特色"。第二节由张丽真主持,甘纹轩、欧阳启名、汪小丹、陈安娜、陈彬主讲,讲题为"清曲艺术之承传"。第三节由郑培凯主持,蔡正仁、张继青、汪世瑜、梁谷音、姚继焜、黄小午主讲,讲题为"名家谈曲"。

7月16日,中国戏曲节2014邀请浙江永嘉昆剧团假香港文化中心举行艺人谈,讲题是"永嘉昆剧表演艺术特色",张慧主持,黄光利、林媚媚、刘文华、张玲弟主讲。

7月17日至19日,中国戏曲节2014邀请浙江永嘉昆剧团假油麻地戏院剧院演出。17日演出《张协状元》(林媚媚、由腾腾、王成虎、吕德明、张胜建、刘汉光)。18日演出折子戏《琵琶记·吃饭吃糠》(刘文华、张胜建、冯诚彦、张玲弟)、《西厢记·佳期》(由腾腾、南显娟、杜晓伟)、《琵琶记·描容别坟》(刘文华、张玲弟)、《孽海记·思凡》(由腾腾)、《玉簪记·秋江》(黄苗苗、杜晓伟、刘汉光、吕德明、李文义)。19日演出折子戏《荆钗记·拷婢》(南显娟、由腾腾、冯诚彦)、《荆钗记·见娘》(林媚媚、黄宗生、吕德明)、《折桂记·牲祭》(刘文华、黄苗苗、由腾腾、张胜建、李文义)、《单刀赴会》(张玲弟、刘汉光、冯诚彦)。

8月29日、30日,中国戏曲节2014邀请香港京昆剧场与北方昆曲剧院假荃湾大会堂演奏厅演出。29日演出《武松与潘金莲》(侯少奎、邓宛霞、耿天元、范辉、王锋)。30日演出折子戏《昭君出塞》(王丽媛)、《浣纱记·寄子》(陆永昌)、《长生殿·惊变埋玉》(蔡正仁、邓宛霞、陆永昌)。

9月至11月,香港中文大学戏曲资料中心举办"昆曲研习班",由张丽真担任导师,学习曲目为《琵琶记·南浦》【尾犯序】。

9月26日、27日,"进念·二十面体"联合江苏省演艺集团昆剧院假香港文化中心大剧院演出《观天》,由曹志威、刘啸赟、钱伟、孙晶、孙伊君、徐思佳、杨阳、赵于涛、朱虹集体创作及演出。

11月1日、2日,"进念·二十面体"应邀请参与"乌镇戏剧节",假乌镇大剧院演出《大历史话剧——万历十五年》,特邀石小梅、赵坚、孔爱萍、单晓明参与演出。

"武动青春——昆剧经典武戏演出"(导赏:王芝泉),2014年11月3日,香港中文大学邵逸夫堂

"昆曲与越剧之美"戏曲示范讲座（主讲人：汪世瑜、郑雪萍），2014年11月7日，香港中文大学利希慎音乐厅

11月3日，香港中文大学中国文化研究所及昆曲研究推广计划邀请王芝泉率领上海戏曲学院青年演员，假香港中文大学利希慎音乐厅举行"武动青春——昆剧经典武戏演出"，演出剧目包括《挡马》、《借扇》、《扈家庄》。

11月7日，香港中文大学昆曲研究推广计划邀请汪世瑜，以及嵊州越剧艺术学校副校长郑雪萍及学生，假香港中文大学利希慎音乐厅举行"昆曲与越剧之美"戏曲示范讲座。

11月21日至23日，"进念·二十面体"假香港文化中心剧场演出《备忘录》，邀请杨阳、朱虹参与演出。

12月23日，"凤仪红剧社"假新光戏院举行"昆粤折子戏专场"，演出《玉簪记·偷诗、催试、秋江》（温宇航、邢金沙、张雪崴、汤建华、田漾、郭鉴英）、《打店》（林为林、谷好好），并邀请邢金沙担任粤剧折子戏《夜送京娘》（李龙、赵凤仪）、《一把存忠剑之斩经堂》（欧凯明、赵凤仪、李沂洛）之艺术指导。

2015年

1月至4月，香港中文大学文学院开设通识课程"昆曲之美"，逢周三下午4

"玉簪情缘"演出海报

时半至6时15分上课,共举行了十三节课,讲授者包括白先勇、华文漪、岳美缇、周秦、王安祈、梁谷音、华玮、李林德、张继青、姚继焜、侯少奎、张铭荣、蔡正仁。

为配合课程,文学院及昆曲研究推广计划于4月10日、11日举办"玉簪情缘——昆曲经典折子戏演出",邀请白先勇导赏,江苏省苏州昆剧院演出。10日假香港中文大学邵逸夫堂演出《水浒记·情勾》(吕佳、柳春林)[1]、新版《玉簪记·琴挑、问病、偷诗》(俞玖林、沈丰英、陈玲玲、柳春林)。11日假香港中文大学利希慎音乐厅演出折子戏《孽海记·下山》(柳春林、吕佳)、《烂柯山·逼休》(陶红珍、屈斌斌)、《风云会·千里送京娘》(唐荣、沈国芳)、《牡丹亭·幽媾》(沈丰英、俞玖林)。[2]

1月至4月,香港中文大学戏曲资料中心举办"昆曲研习班",由张丽真担任导师,学习曲目为《琵琶记·南浦》【尾犯序】、【鹧鸪天】。

4月28日至30日,江苏省昆剧院假香港城市大学惠卿剧院演出。28日演出《幽闺记·拜月》(周向红、丛海燕)、《燕子笺·狗洞》(计韶清、孙海蛟、裘彩萍)、《水浒记·借茶》(李鸿良、郑懿)、《玉簪记·偷诗》(钱振荣、孔爱萍)。29日演出《孽海记·思凡》(钱冬霞)、《鲛绡记·写状》(计韶清、孙海蛟)、《牡丹亭·冥誓》(孔爱萍、钱振荣)、《孽海记·双下山》(李鸿良、郑懿)。30日演出《钗钏记·相约、讨钗》(丛海燕、裘彩萍)、《疗妒羹·题曲》(徐云秀)、《西

---

[1] 原定演出《玉簪记·秋江》,邹建梁与吕福海临时未能赴港,故改《水浒记·情勾》。
[2] 原定演出《贩马记·写状》,周雪峰临时未能赴港,故改《牡丹亭·幽媾》。

厢记·游殿》（李鸿良、钱振荣、周向红、丛海燕）。

5月至6月，中国戏曲节2015假香港文化中心举行昆曲唱腔与表演赏析系列讲座，由张丽真主讲。5月17日，"小生唱腔与表演艺术"。5月24日，"正旦唱腔与表演艺术"。5月25日，"老生唱腔与表演艺术"。6月7日，"闺门旦唱腔与表演艺术"。6月14日，"大官生唱腔与表演艺术"。

5月30日，"进念·二十面体"应邀请参与"汉诺威艺术节"演出《夜奔》，柯军、杨阳参与演出。

6月29日至7月26日，中国戏曲节2015"昆剧与苏剧艺术渊源"展览于香港文化中心展览场地、葵青剧院大堂、元朗剧院大堂展览场地展出。

6月30日，中国戏曲节2015邀请香港京昆剧场与山东省京剧院假高山剧场新翼演艺厅演出折子戏，由邓宛霞及陆永昌演出昆剧《琵琶记·描容别坟》。

7月31日，中国戏曲节2015假香港文化中心举行艺人谈"谈昆剧、苏剧的表演与传承"，由陈春苗主持，王芳、赵文林、范继信主讲。

8月1日、2日，中国戏曲节2015邀请江苏省苏州昆剧院与苏剧院假香港文化中心大剧院演出。1日晚演出昆剧《满床笏》（王芳、赵文林、汤迟荪、翁育贤、沈国芳、唐荣）。2日下午演出苏剧及昆剧折子戏，其中周雪峰与屈斌斌演出《绣襦记·打子》、吕佳与柳春林演出《水浒记·借茶》。

10月9日至11日，"进念·二十面体"假香港文化中心剧场演出《夜奔》，柯军、杨阳参与演出。

10月17日至20日，香港振兴与京昆传承中心携手香港中文大学和声书院、香港城市大学中国文化中心及香港理工大学文化推广委员会，举办"姹紫嫣红——中国传统戏曲曲艺校园巡演"。17日假香港中文大学邵逸夫堂演出，19日假香港城市大学惠卿剧院演出，20日假香港理工大学蒋震剧院演出。演出的昆曲包括由香港中文大学京昆通识课程学生及校外旁听生演唱昆曲《浣纱记·打围》【醉太平】及团扇组合、折扇组合——昆曲《牡丹亭·游园》【步步娇】【皂罗袍】，顾铁华、邢金沙演出的昆剧《长生殿·小宴》（精简版）。

11月5日、6日，"进念·二十面体"假柏林Akademie der Künste演出《夜奔》，柯军、杨阳参与演出。

12月9日，"凤仪红剧社"假新光戏院举行"凤仪红戏曲推广夜"，邀请邢金沙担任粤剧折子戏《莺莺踏月过西厢》（赵凤仪）、《夜送京娘》（李龙、赵凤仪）之艺术指导。

2016年

1月至4月，香港中文大学戏曲资料中心举办"昆曲研习班"，由张丽真担任导师，学习曲目为《玉簪记·琴挑》【懒画眉】。

3月14日至19日，香港中文大学昆曲研究推广计划特邀白先勇荣誉主任主讲系列文化讲座，并举办影片放映会及昆曲演出。14日，"《孽子》从小说到舞台"讲座。18日，"十部传奇九相思——昆曲中之男欢女爱"示范讲座，白先勇教授主讲，江苏省苏州昆剧院现场示范《牡丹亭·惊梦》（沈丰英、俞玖林）、《孽海记·下山》（柳春林、吕佳）、《长生殿·小宴》（周雪峰、沈丰英）、《风云会·千里送京娘》（唐荣、沈国芳）、《玉簪记·秋江》（俞玖林、沈丰英）、《水浒记·情勾》（吕佳、柳春林）。19日，假香港中文大学崇基学院利希慎音乐厅举行"昆曲经典折子戏演出"，由白先勇教授导赏，江苏省苏州昆剧院演出《王簪记·偷诗》（俞玖林、沈丰英）、《风云会·千里送京娘》（唐荣、沈国芳）、《长生殿·絮阁》（沈丰英、周雪峰、柳春林）、《义侠记·戏叔别兄》（吕佳、屈斌斌、柳春林）、《牡丹亭·幽媾》（沈丰英、俞玖林）。

3月21日，香港浸会大学成立六十周年，香港浸会大学中国传统文化研究中心邀请江苏省苏州昆剧院，假香港浸会大学曾陈式如会堂举行"昆曲经典折子戏"演出，剧目包括：《玉簪记·偷诗》（俞玖林、沈丰英）、《风云会·千里送京娘》（唐荣、沈国芳）、《长生殿·絮阁》（周雪峰、沈丰英、柳春林）、《义侠记·戏叔别兄》（吕佳、屈斌斌、柳春林）、《牡丹亭·幽媾》（沈丰英、俞玖林）。

3月29日，香港中文大学联合书院成立六十周年，邀请香港京昆剧场假香港中文大学邵逸夫堂演出京昆折子戏，包括昆剧《白蛇传·游湖》（张静文、蔡玉珍、邹焯茵）。

4月14日、15日，香港城市大学中国文化中心邀请浙江昆剧团假惠卿剧院演出。14日演出《烂柯山》（鲍晨、王静、汤建华、田漾、吴振伟、曾杰、程会会、薛鹏）。

香港浸会大学"昆曲经典折子戏"演出海报　　"昆曲经典折子戏演出"演出海报

15日演出折子戏《蝴蝶梦·说亲回话》(王静、田漾)、《十五贯·测字》(鲍晨、汤建华)、《紫钗记·折柳阳关》(曾杰、徐延芬)、《连环记·吕布试马》(薛鹏、程会会)。

4月14日，中国戏曲节2016假香港文化中心举行特备节目"我与昆曲的情缘"分享会，讲者张静娴、罗晨雪。

5月6日、7日晚上7时半，京昆剧场主办"香港青年演员展演"(第一届)假油麻地戏院演出京昆折子戏。5月6日演出昆剧《夜奔》(吴立熙)、《白蛇传·游湖、上山、金山寺》(张静文、蔡玉珍、邹焯茵)；5月7日昆剧《夜奔》(吴立熙)、《牡丹亭·闹学、游园、惊梦》(张静文、蔡玉珍、邹焯茵、耿天元)。

适逢莎士比亚与汤显祖逝世四百周年，中国戏曲节2016特别以此为主题，于5月至8月期间安排了一系列专题活动：

5月15日、22日，假香港文化中心举行昆曲艺术讲座，张丽真主讲，讲题分别为"花似人心好处牵——《牡丹亭·寻梦》唱腔赏析"及"灞陵桥是销魂桥——《紫钗记·折柳阳关》唱腔赏析"。

5月24日至8月4日，"汤显祖与临川四梦"展览于屯门大会堂大堂、香港文化中心展览场地、香港"中央"图书馆十楼艺术资源中心、葵青剧院大堂、元朗剧院大堂展览场地展出。

6月1日至7月31日,"书籍介绍:汤显祖与莎士比亚"展览于香港"中央"图书馆十楼艺术资源中心展出。

6月4日至15日,假香港文化中心举行"纪念莎士比亚与汤显祖逝世四百周年讲座系列",由郑培凯主讲。4日,"汤显祖这个人——思想与时代"。8日,"情是何物——爱情与人情"。11日,"汤显祖的自我反思——理想与现实"。15日,"汤公与莎翁——东西文化的历史错位"。

6月5日,古兆申、杨凡假香港文化中心行政大楼4楼2号会议室举行对谈会"情迷《紫钗记》"。

6月16日,假香港文化中心行政大楼4楼1号会议室举行艺人谈"紫燕分飞情益深:谈昆剧《紫钗记》的排演",郑培凯主持,汪世瑜、王奉梅、沈斌、古兆申主讲。

6月17日至19日,浙江昆剧团假香港文化中心大剧院演出中国戏曲节2016开幕节目。17日晚演出《紫钗记》(邢金沙、温宇航、张世铮、胡立楠)。18日下午演出折子戏《风筝误·前亲》(朱斌、田漾、李琼瑶)、《宝剑记·夜奔》(项卫东)、《占花魁·湖楼》(毛文霞、汤建华)、《鲛绡记·写状》(王世瑶、张世铮);晚上演出《紫钗记》(曾杰、胡娉、张世铮、胡立楠)。19日晚演出《蝴蝶梦》(王静、鲍晨、田漾、朱斌、胡立楠、沙国良)。

7月3日,团结香港基金中华学社呈献"纪念莎士比亚与汤显祖逝世四百年论坛"假油麻地戏院举行。郑培凯主持,叶长海、彭镜禧、陈芳、古兆申主讲。

7月8日至10日,假葵青剧院演艺厅举行"纪念汤显祖逝世四百周年:上海昆剧团"演出。8日为《临川四梦》昆曲清唱会,刘异龙、张洵澎、张静娴、岳美缇、梁谷音、蔡正仁、黎安、吴双、缪斌、沈昳丽、倪泓、余彬、罗晨雪、胡维露、谭笑、张莉、蒋琦演唱。9日演出《牡丹亭》折子戏《游园》(余彬、倪泓)、《惊梦》(沈昳丽、黎安、倪泓)、《寻梦》(沈昳丽)、《写真》(张莉)、《离魂》(梁谷音、倪泓、何燕萍)、《拾画》(胡维露)、《叫画》(蔡正仁)、《幽媾冥誓》(黎安、罗晨雪)。10日演出折子戏《青冢记·昭君出塞》(谷好好、侯哲、娄云啸)、《牧羊记·望乡》(黎安、缪斌)、《风云会·千里送京娘》(吴双、陈莉)、《长生殿·迎像哭像》(蔡正仁、侯哲、罗晨雪)。

7月10日,举行"纪念汤显祖逝世四百周年昆剧表演艺术家分享会",由郑培凯主持,刘异龙、张静娴、岳美缇、梁谷音主讲。

7月17日,于香港大会堂剧院举行三维戏曲电影欣赏,播放三维昆剧电影《景阳钟》,黎安、陈莉、吴双、缪斌、季云峰主演。

10月,香港振兴京昆传承中心携手香港中文大学和声书院、上海戏剧学校附属戏曲学院,举办"姹紫嫣红——中国传统戏曲曲艺校园巡演"。6日、7日假尖沙咀街坊福利会会堂演出。8日假香港中大文学邵逸夫堂演出。演出的昆曲节目包括由香港中文大学京昆通识课程学生及校外旁听生演出昆剧《牡丹亭·惊梦》选段、上海昆剧团沈昳丽演出昆剧《牡丹亭·寻梦》(10月6日、8日)、上海昆剧团沈昳丽、胡刚演出昆剧《蝴蝶梦·说亲》(10月7日)。

2017年

1月至3月,香港中文大学戏曲资料中心举办"昆曲研习班",由张丽真担任导师,学习曲目为《长生殿·小宴》。

1月至4月,香港中文大学文学院开设通识课程"昆曲之美",逢周三下午4时半至6时15分上课,讲者包括王安祈、裴艳玲、侯少奎、曾永义、周秦、华玮、岳美缇、邓宛霞、蔡正仁、王芝泉、白先勇、梁谷音、张铭荣。为配合课程,文学院及昆曲研究推广计划于3月31日及4月1日假香港中文大学利希慎音乐厅举办两场昆曲校园演出,邀请白先勇导赏,江

"昆曲之美"课程海报

苏省苏州昆剧院演出。3月31日演出《牡丹亭·游园》（沈丰英、沈国芳）、《渔家乐·藏舟》（周雪峰、吕佳）、《钗钏记·相约讨钗》（沈国芳、陈玲玲）、《牡丹亭·幽媾》（沈丰英、俞玖林）。4月1日演出《狮吼记·跪池》（沈丰英、周雪峰、屈斌斌）、《水浒传·活捉》（吕佳、柳春林）、《昊天塔·五台会兄》（唐荣、屈斌斌、吕福海）、《玉簪记·问病》（俞玖林、沈丰英、陈玲玲、柳春林）。

2月13日至15日，香港城市大学中国文化中心邀请江苏省演艺集团昆剧院赴港演出及举行讲座。13日李鸿良主讲"至美的昆剧——昆剧表演的审美特色和当下的时尚性"。14日演出《玉簪记》折子戏串演本：《琴挑》、《问病》、《偷诗》、《秋江》（钱振荣、龚隐雷、裘彩萍、计韶清、孙海蛟、丛海燕）。15日演出《牡丹亭》南昆传承版：《游园》、《惊梦》、《寻梦》、《写真》、《离魂》（孔爱萍、钱振荣、丛海燕、裘彩萍、计韶清）。

2月18日、19日，香港京昆剧场主办"香港青年演员展演"（第二届），假油麻地戏院演出京昆折子戏。18日演出昆剧《玉簪记·偷诗》（张静文、蔡玉珍）。19日演出昆剧《夜奔》（吴立熙）、《牡丹亭·游园惊梦》（张静文、蔡玉珍、邹焯茵、耿天元）。

4月至6月，香港中文大学中国文化研究所举办"昆曲研习班"，由陈春苗担任导师；并于6月23日与香港和韵曲社举办"仲夏昆曲晚会"，节目包括研习班学员学习成果展示及和韵曲社社员曲唱表演。

4月4日，"进念·二十面体"假多伦多大学戏剧与表演研究中心Robert Gill Theatre演出《夜奔》，柯军、杨阳参与演出。

中国戏曲节2017的演出及讲座活动在5月至8月期间举行：

5月13日、20日，假香港文化中心举行昆剧艺术讲座，张丽真主讲，讲题分别为"惊心动魄谈惊变——《长生殿·惊变》赏析"及"琴韵道情说琴挑——《玉簪记·琴挑》赏析"。

6月2日，假香港太空馆演讲厅举行戏曲电影欣赏，播放昆剧电影《牡丹亭·游园惊梦》，梅兰芳、俞振飞、言慧珠、华传浩主演。

7月7日，假香港文化中心举行"京昆艺术表演与传承"艺人谈，李玉声、邓宛霞、陆永昌主讲。

7月8日,"京昆剧场与山东省京剧院——玉宇霞光隽永"假葵青剧院演艺厅演出京昆折子戏,包括昆剧《十五贯·访鼠测字》(陆永昌、吕福海)、《琵琶记·描容别坟》(邓宛霞、陆永昌)。

8月10日,江苏省苏州昆剧院假香港文化中心举行艺人谈"谈《白罗衫》的排演",岳美缇、俞玖林、唐荣、吕福海主讲。

8月11日至13日,江苏省苏州昆剧院假高山剧场新翼演艺厅演出。11日、13日晚上演出新版《白罗衫》(俞玖林、唐荣、吕福海、陶红珍)。12日晚上演出折子戏《钗钏记·相约、落园、讨钗》(陈玲玲、沈国芳、朱璎媛、吕福海)、《义侠记·戏叔别兄》(吕佳、屈斌斌、柳春林)、《贩马记·写状》(周雪峰、沈丰英)。13日下午假高山剧场新翼演艺厅举行"昆曲之美:讲座及示范演出",由张丽真主持,岳美缇主讲,介绍昆剧的表演特色,并由江苏省苏州昆剧院的演员以舞台演出方式示范折子戏《牡丹亭·惊梦》及《玉簪记·秋江》。

9月15日、16日,"进念·二十面体"假香港文化中心大剧院演出《紫禁城游记:崇祯仙游紫禁城》,石小梅及李鸿良演出、戴培德及许建敏现场演奏。

9月23日、24日,香港城市大学中国文化中心邀请江苏省演艺集团昆剧院假香港城市大学刘鸣炜学术楼讲堂分别演出南昆传承版《牡丹亭》:《游园》、《惊梦》、《寻梦》、《写真》、《离魂》(孔爱萍、单雯、施夏明、丛海燕、裘彩萍、计韶清)及《桃花扇》(钱振荣、龚隐雷、孙晶、杨阳、李鸿良、徐思佳、顾骏、赵于涛、钱伟、曹志威)。

10月6日至8日,香港振兴京

"姹紫嫣红——2017中国传统戏曲曲艺推广巡演"演出海报

昆传承中心主办"姹紫嫣红——2017中国传统戏曲曲艺推广巡演",先后假香港理工大学蒋震剧院、香港中文大学邵逸夫堂、香港大学本部大楼陆佑堂演出。表演包括京剧、昆曲、评弹及越剧,其中香港中文大学和声书院京昆通识课程学员演出"组合身段表演"、昆剧《思凡》选段;蔡正仁孙女蔡乐艺演出昆剧《牡丹亭·游园》选段;上海昆剧团张颋、上海戏校戴国良演出昆剧《百花赠剑》选段。

12月22日,"凤仪红剧社"假新光戏院举行"凤仪红戏曲推广夜",邀请邢金沙担任粤剧折子戏《艳曲醉周郎》、《百花公主之赠剑》(李龙、赵凤仪)之艺术指导。

12月27日,"凤仪红剧社"假新光戏院举行"昆粤折子戏专场",演出《吕布试马》(林为林、谷好好)、《紫钗记·堕钗灯影、试喜盟诗》(温宇航、邢金沙、李琼瑶、白云、鲍晨、毛文霞、田漾)。

2018年

3月5日至7日,香港中文大学文学院及昆曲研究推广计划特邀香港中文大学博文讲座教授白先勇主讲"昆曲之美"系列讲座,并举办"昆曲折子戏鉴赏"。5日为"十部传奇九相思——昆曲中之爱情面面观"示范讲座,白先勇教授主讲,江苏省苏州昆剧院现场示范《牡丹亭·惊梦》(沈丰英、俞玖林)、《孽海记·下山》(柳春林、吕佳)、《长生殿·小宴》(周雪峰、沈丰英)、《风云会·千里送京娘》(唐荣、沈国芳)、《玉簪记·秋江》(俞玖林、沈丰英)、《水浒记·情勾》(吕佳、柳春林)。6日,假香港中文大学崇基学院利希慎音乐厅举行"昆曲折子戏鉴赏",邀请白先勇导赏,江苏省苏州昆剧院演出折子戏《牡丹亭·游园惊梦》(沈丰英、柳梦梅、沈国芳)、《牧羊记·望乡》(周雪峰、闻益)、《风云会·千里送京娘》(唐荣、沈国芳)、《水浒记·情勾》(吕佳、柳春林)、《玉簪记·偷诗》(俞玖林、沈丰英)。7日为"我的昆曲之旅——我与青春版《牡丹亭》及其他"讲座。

3月至6月,香港中文大学中国文化研究所与昆曲研究推广计划合办"寻梦·牡丹亭——昆曲曲唱、表演研习班",曲唱班由陈春苗担任导师;表演班

"昆曲折子戏鉴赏"活动合影

由沈丰英担任导师,并于6月8日与香港和韵曲社举办"寻梦·牡丹亭——昆曲之夜",节目包括研习班学员学习成果展示及和韵曲社社员曲唱表演。

3月9日,香港城市大学高等研究院邀请白先勇主讲"昆曲的情与美",江苏省苏州昆剧院现场示范《牡丹亭·惊梦》(沈丰英、俞玖林)、《孽海记·下山》(柳春林、吕佳)、《南西厢·佳期》(吕佳)、《风云会·千里送京娘》(唐荣、沈国芳)、《玉簪记·秋江》(俞玖林、沈丰英)、《水浒记·情勾》(吕佳、柳春林)。

4月20日、21日,香港城市大学中国文化中心邀请江苏省昆剧院假香港城市大学讲堂演出。20日演出《钗钏记·讲书、落院》(张争耀、计韶清、周向红、丛海燕)、《疗妒羹·题曲》(徐云秀)、《时剧·借靴》(计韶清、李鸿良、孙海蛟)。21日演出《鲛绡记·写状》(计韶清、孙海蛟)、《幽闺记·拜月》(周向红、丛海燕)、《红梨记·醉皂》(李鸿良)、《雷峰塔·断桥》(徐云秀、张争耀、蒋佩珍)。

5月12日,香港京昆剧场主办"香港青年演员展演"(第三届)假油麻地戏院演出京昆折子戏,包括昆剧《南西厢记·佳期》(邹焯茵)及《玉簪记·偷诗》(张静文、蔡玉珍)。

中国戏曲节2018的演出及讲座活动在5月至8月期间举行:

5月12日、19日,中国戏曲节2018假香港文化中心举行昆剧艺术讲座,张丽真主讲,讲题"贵妃宫怨——《长生殿·絮阁》赏析"及"帝王之悲——《长生殿·哭像》赏析"。

6月1日,中国戏曲节2018假香港太空馆演讲厅放映昆剧电影《墙头马上》,俞振飞、言慧珠、华传浩、王传淞主演。

6月12日,西九文化区假香港大学专业进修学院保良局何鸿燊小区书院,举行"昆曲201讲座",陈春苗主讲。

6月13日,中国戏曲节2018邀请上海昆剧团假香港文化中心举行艺人谈《长生殿》——我们一路走来",陈春苗主持,蔡正仁、黎安、沈昳丽、余彬、罗晨雪、倪徐浩主讲。

江苏省昆剧院假香港城市大学讲堂演出海报

6月14日至17日,中国戏曲节2018邀请上海昆剧团假香港文化中心大剧院演出开幕节目《长生殿》。14日演出第一本《钗盒情定》(倪徐浩、罗晨雪)。15日演出第二本《霓裳羽衣》(黎安、沈昳丽)。16日演出第三本《马嵬惊变》(蔡正仁、黎安、余彬)。17日演出第四本《月宫重圆》(黎安、余彬)。

11月27日、29日,香港中文大学文学院及昆曲研究推广计划特邀香港中文大学博文讲座教授白先勇主讲"昆曲之美"系列讲座,27日讲题为"'昆曲进校园'运动及其文化意义",29日讲题为"昆曲新美学——传统与现代:以青春版《牡丹亭》及新版《玉簪记》为例"。

12月2日,白先勇策划"校园版《牡丹亭》——京港联合汇演",由香港中文大学与北京大学合办,假香港中文大学邵逸夫堂演出。演员团队由北京大学联合北京十多所高校之学生,以及三位香港中文大学校友组成,并由江苏省苏州昆剧院担任传承、合作、联合演出单位。